U0067061

立法者與詮釋者

作者：Zygumunt Bauman
譯者：王乾任

弘智文化事業有限公司

Zygmunt Bauman

LEGISLATORS AND INTERPRETERS

ISBN 957-0453-59-1

Printed in Taiwan, Republic of China

大眾社會學叢書發刊詞

張家銘

社會學自從十九世紀由西歐傳入中國之後，已有百餘年的歷史，其思潮幾經轉折，業已大致形成一個完備的學術體系。社會學經世濟民與悲天憫人的特性是很強烈的，特別是馬克思主義一派以降，企圖全然翻轉社會體制，而其他的社會學支派中也不惶多讓，改革社會的想法也都很濃烈。然而社會學卻在學術氛圍之下逐漸形而上，充斥著數不清的專業術語與統計數字，企圖將自己科學化與制度化，而逐漸忘卻社會學知識的根源在於人、在於社會。這樣一個高度學術化、封閉性的知識系統，往往讓有心認識社會學的大眾不得其門而入。

有鑑於社會學批判性格的重要性，再加上社會學長期在台灣本土無法爲社會大眾所接受與了解。於是有了大眾社會學叢書的構想。本叢書希望從國內外社會學著作中選擇具有高度重要性與可讀性的著作，引介給台灣社會，也希望藉由這些作品的引進，讓台灣社會了解社會學所學何事。

本叢書取材廣闊，舉凡文化、政治、身體、旅遊、休閒、風險、消費、人際互動等等不一而足，都是我們所亟欲引介的對象。除了讓社會大眾能夠由輕鬆簡單的社會學著作，了解一些我們從來不以爲意的生活瑣事與食衣住行的重要性與趣味性，進而認識社會學之外，也期望引介一些尖端的世界思潮或重要的思想著作，以期與國人的思想相互激盪，交會出智慧的火花。更期進一步協助思考、觀照台灣社會的特殊性，幫助吾人認識身處社會的特殊性與趣味性。衷心盼望社會大眾的迴響，也歡迎各界在書目方面的推介，讓本叢書更豐富與更有意義。

導　論

知識份子：從現代的立法者到後現代的詮釋者

當「知識份子」一詞在本世紀初期被創造時，它企圖重溫並再度主張社會核心和全球關懷與啓蒙時期知識的生產和分配之間的關連性。「知識份子」一詞指的是由小說家、詩人、藝術家、新聞從業人員、科學家，和其他公眾人物聚合而成的混雜集合體，這些人通常有感於本身的道德責任和集體權利，故期望能夠藉由影響國家意志和鍛鑄政治領袖行動的方式，直接干預政治的過程。當「知識份子」一詞被創發之時，法國啓蒙時期的哲學家群體（les philosoples）和文人共同體（republique des lettres）的後裔，早已因爲分殊化的興趣和地域性關懷，而成爲壁壘分明的一些特殊群體。「知識份子」作爲一個重振旗鼓的號召，其聲音穿透專業的疆界和藝術風格形式，它是一種對知識人（men of knowledge）傳統（或說集體記憶的具象化）的復甦，並具體化且實踐真理、道德價值與美學判斷此三者之聯合。

就像法國啓蒙時期的文人共同體，透過共享討論活動和其共同性話題的整合，知識份子群體由於對上述號召的回應而聚攏在一塊，並接受其中所隱含的權利和義務。表面上「知識份子」是作爲一種描述性的類屬。在「知識份子」所指的範圍內，它並沒有劃定一個客觀的邊界，也沒有預先假設一個邊界的存在（雖然它暗示可以從中尋求知識份子志願者或加以招募的人才庫爲何）。「知識份子」這個範疇期望能夠透過提升關切度，動員忠誠度，和推展自我定義來創造其本身的指示對象(referent)，也因此是援用全體知識人之政治、道德與美學權威內部，部分專家與藝術家的權威。因此，「知識份子」這個範疇可以說是一個寬廣而開放的邀約，讓許多人皆能參與特定的全球社會實踐。而這樣的特性則持續至今。問「誰是知識份子」並且期望獲得一組客觀標準，或甚至要求指出「誰是知識份子」都不具太大意義。而列出一張專家名單，指出誰是知識份子的成員，或描繪一個線性的內在專業層級，指出知識份子座落的位置就更加沒有道理了。無論在何時何地，「知識份子」均是透過動員和自我補充的聯合效果所構成。作為一個「知識份子」的潛在意義是喚醒每個人，超越專業或藝術風格類型的局部偏見，以參與真理判斷和時代感的全球性議題。一條劃分「知識份子」與「非知識份子」的界線，則是決定是否選擇參與這個特殊活動的關鍵點。

「知識份子」這個概念隨著此一名詞進入西歐的字彙，在啓蒙時代的集體記憶中離縷出自身的意義。正是在那樣一個權力/知識共生的時代之中，建立起一種極端顯著的「現代性」態度。這個共同現象是現代初期兩種新興發展趨勢的共通產物：一種擁有資源的新型態國家權力正在產生，根據對秩序模式的預設，形成並管理社會系統。和一種對建立上述秩序模式有所影響之相對自主性的自我管理論述的建立。本書欲探討的假設之一為，上述兩種發展創造了一種與名為現代性的特殊世界觀相結合的知識份子策略。本書還要探討的另外一個假設則為：國家與知識份子論述相互分離的後果，對這兩個內在領域所造就的轉換，使得當前的世界觀與一種名為後現代性的策略更加息息相關。

首先必須釐清的是，本書所提到的「現代性」與「後現代性」概念，不同於那些看似相近但常被混淆，像是「工業社會」、「後工業社會」或「資本社會」、「後資本社會」。也不適於作爲「現代主義」與「後現代主義」的同義詞。「現代主義」與「後現代主義」這組概念是自我形構的，與自我意識、文化和藝術風格類型較爲有關。本書中所使用的「現代性」和「後現代性」，分別代表兩種全然不同「知識份子角色」的脈絡呈現，並有兩種相異的策略發展加以回應。現代性與後現代性這兩個對立的概念，是利用知識份子實踐的角度，對近三百年來西歐歷史（或說西歐主導下的歷史）從事理論化的總結。正是這樣的實踐，可以被區分爲現代和後現代主導這兩個模式（並非意指兩者沒有並存的狀況），現代性與後現代性可以作爲知識份子歷史時期的區分，即使將現代性與後現代性的觀點視爲連續性的歷史時期是存在著爭議性（尤其當它只是點出經由多樣化的平衡，現代與後現代實踐共存，在兩種時代中其趨勢可能由一者主導，或者兩者相等）。但如果只是作爲「理念型」，這兩種實踐的區分依然是有用的，它有助於揭露當前知識份子爭論的本質，和知識份子策略的可能性範圍。

在知識份子的實踐中，現代與後現代的對立代表了知識份子對自然世界和社會世界的了解，以及其對於知識份子工作的相關本質、目的上了解的差異性。

典型的現代世界觀認爲世界本質上是一有秩序的整體，呈現一種非均衡性分配模式的可能，導致如果對事件的解釋正確，則成爲預測和控制的工具（如果能獲得所需的資源），控制（支配自然、計劃或設計社會）與有秩序的行動高度相關，被理解爲對於或然率的操控（增大/降低事件發生的可能性）。控制的有效性有賴於對自然秩序知識的掌握。原則上，這種合適的知識是可以獲得的。控制的有效性和知識的正確性高度相關（後者說明前者，前者證實後者）。無論在實驗室或社會實踐中，在這兩者之間，它們均提供一種辨別既存實踐優劣的一套分類標準。原則上，這套分類是客觀的，也就是說，每一次都可以使用上述的辨識標準，而且這些分類可以公開檢驗和查證。不能被客觀證實的則較爲低劣（比如說，那些需要藉由特定地域和特定時代的習慣和流行性意見，來合理化自身的實踐），因爲它們扭曲了知識，並且使控制的有效性遭受侷限。隨著計算控制/知識共生實踐層級的提昇，意指實踐將向普遍性移動，而遠離地域性、特殊性和局部性。

原則上，典型的後現代世界觀認爲世界擁有無數的秩序模式，每一個都有一組相對自主的實踐。秩序並不先於實踐，因此不能做爲其有效性的評判尺度。每一種秩序模式只有從使其實踐生效的角度看才具有意義。在每一種情況下，帶來有效性的標準是由其特殊的傳統中所發展出來的，它們由「意義共同體」中的習俗、信仰來維續，因而不承認其他的合法性檢驗。上述典型的現代評判標準在此不再是普遍法則，每一種終極評判標準都是由諸多可能的地方傳統來檢驗，而其歷史命運依賴其所屬的傳統。不再存在於傳統之外，在地方之外的特殊實踐之評判標準。知識系統也只能評判來自它們自身內部的傳統。如果由現代觀點來看，知識的相對主義終將在理論與實踐上被反對、超越。但從後現代觀點來看，知識的相對性則是世界的永恆特徵（可以這樣說，相對性鑲嵌於個別的共同體傳統之中）。

典型現代知識份子工作策略的最佳描述特徵就是「立法者角色」的隱喻。立法者角色建構在權威性的陳述上，這種權威性的陳述選擇、決定哪些意見是正確，應該遵守。知識份子藉由比社會中其他部分的非知識份子擁有更高層次（更客觀）的知識，合法化其仲裁的權威。知識份子擁有這樣的知識應感謝程序規則的存在，這些程序規則保障了真理的獲得，有效道德判斷的形成，和選擇合適的藝術品味。這種程序規則擁有普遍的有效性，作爲對他們回應的產物，運用這些程序規則使知識份子專家（科學家、道德哲學家、美學家）成爲那些與維護和完善社會秩序，有直接而重要關聯集體知識的擁有者。後設專家（meta professional），「知識份子特有工作」這種情況的本質，也就是說，回應這些程序規則的陳述和控制它們的正確回應，像知識份子它們所製造的知識一樣，知識份子不被地域性或公共傳統所約束。這給他們判定那些存在於社會各個部門內的信仰有效（或無效）的權利和責任。的確就像波普所觀察到的，否證的不充分證明，或無根據的觀點是程序規則最擅長的。

一個典型的後現代知識份子最佳的工作策略特徵就是「詮釋者」這個隱喻。詮釋者建構在轉譯性陳述上，這種轉譯性陳述以某種公共性的傳統爲基礎，所以對一個知識系統的了解建基在另一個傳統上，有別於傾向選擇最佳的社會秩序。這種策略的目的是幫助自主性的（主權獨立的）參與者間的溝通。基於這個原因，它促進滲入到深層的、性質相異的知識系統，轉譯活動由此產生（如吉爾茲所說的深度描述）。它還促成對兩種相對傳統的微妙平衡，以至於訊息不被雙方誤解（由傳遞者的角度看）和理解（由接收者的角度看）是必要的。最重要的是注意到後現代策略並不是對現代策略的暗中排除，相反的，後現代策略如果沒有承襲現代的策略的，它根本沒有構成的可能。雖然後現代策略放棄了繼承作爲知識份子自身普遍性的抱負，但後現代策略並沒有放棄知識份子自己傳統中的那種普遍性能力。因此他們依然保存了他們後設專家的權威，制定程序規則，使他們可以對有爭議性的見解做出仲裁。並做出有約束力的陳述。不過新的困難是，如何描繪出這個共同體的疆界，以作爲確立它們實踐的活動領域。這個問題對那些在眾多且分殊化的分支學科中，從事局部性活動的知識份子並不是那麼重要，但對當代那些普遍性的知識份子，它們的情況則飽受質疑。在後現代策略中，這樣的一個領域的主張變得有問題且難以合法化。

本書的目的在探索，在何種情況下，現代世界觀和知識份子策略形成的歷史條件，遭到挑戰和局部取代，或由另一種被稱爲後現代世界觀和策略的所補充、取代。本書的前提是：當對工業化的西方和世界上其他地方之間的關係，西方社會的內部組織，組織內部知識和知識生產者的位置，和知識份子自身的生活模式的變化和關係，有了充分的理解，則對這兩種完全不同的知識份子實踐也可以充分了解，進而理解西方知識份子後設敘述中兩種成功的趨勢。在這後設敘述中，其創造者，知識份子，依然是無形的，透明的，而這裡企圖使用詮釋社會學（社會學的詮釋主義）讓那些透明的知識份子無所遁形，成為可見且可以開放考究的。

最後需要注意的一點，我並沒有認為後現代模式是對現代模式的一種向上推升，也沒有認為這兩種模式都可以包含在一種名為「進步」的觀念中，無論進步這個觀念所可能包含的意義有多麼混亂。更進一步說，我不相信現代性作為一種典型的知識份子的模式，會被後現代性所取代，而後者也不能駁倒前者的有效性（儘管有人可以駁倒那些凡事都採後現代立場的人）。我只是有興趣了解在何種社會情況下使此兩種模式的出現成為可能。

這個研究要完全感謝李茲大學（University of Leeds）慷慨的給予研究假期。

在寫作過程中我要感謝許多對我有非常多幫助、批評與建議的朋友，他們是 Judith Adler, Rick Johnstone, Volker Meja, Barbara Neiss, Robert Paine, Paul Piccone, Peter Sinclair, Victor Zaslavsky 和其他在紐芬蘭聖約翰紀念大學的朋友。

Tony Giddens 對本研究從頭到尾的支持和鼓勵。

對以上所有的人，僅在此表達我最真誠的謝意。

Z.B. 于聖約翰李茲大學

目錄

第一章

知識份子的根源，保羅雷頓

「知識份子」的定義紛然雜陳，不過，「知識份子」有別於其他概念之定義的共同特徵就是：它們全都是自我定義。事實上，那些試圖定義「知識份子」的作者，都是同一個少數群體的成員。因此，每一次定義的目的都是試圖爲它們自己的身分描繪邊界。每一種邊界都將領域撕裂成兩半：這裡和那裡，裡面和外面，我群和它群。每一個自我定義最終都宣告呈現一種區別的對立，那就是，邊界這一邊的存在正是邊界另外一邊的缺席。

然而，大多數「知識份子」的定義不願承認完成它們的真正本質，是藉由他們假定其所擁有的劃分邊界的權利，將定義劃分成兩種社會空間。相反的，他們表面上只關注邊界的另一邊，他們假裝限制他們自己只呈現單一面向的特徵，而且對此操弄所必然造成的分離效果保持沉默。大多數「知識份子」的定義，拒絕承認使用這種定義理由（raison detre）的目的，就是造成這兩種空間的分離（而且合法化這兩種特定關聯），而非其副作用。

從而，那些最有名之「知識份子」定義的作者，在既存的，或被視爲理所當然的社會關係進行討論之前，試圖羅列出「知識份子」的屬性。將這種社會關係中被定義的團體與社會的其餘部分離出來。在這個過程中所忽略的就是這個關係自身，而非他們「知識份子」所擁有，作爲組成「知識份子」，一個本質分離的團體特質，作爲他們隨即改造他們這種分離狀態爲自我認同。自我定義是「知識份子」特殊的運作形式，掩飾其普遍性的內容，是既存社會形構和既存（或所主張的）群體地位的再造和強化。

相對來說，上述這條規則很少有例外，除非知識份子將他們所關切的焦點轉移到另外一個截然不同的社會，而這個社會的差異性越大，他們越能脫離上述規則。由他們的實踐來彰顯其結構特徵，但當處理他們自身的社會時，卻鮮少能夠脫離其社會表面的分析。而針對其他社會的知識則提供一個有秩序且具解釋性的參考架構。在實用這個理由之下，不論對這個團體自身地位的保衛或增強，自我欺騙是不可或缺的要項，當它需要掌握相異的經驗時，自我欺騙則會變得多餘（事實上產生不良後果）。李維史陀和迦達瑪都曾說過，只有當遭遇另外一種文化或另外一種文本時（「遭遇它們」，讓我們澄清一下，指的是一種純粹認知上、理論上的模式），「知識份子」才可能認識他自己。的確，與他者的相遇是辨識自身最重要的方式。具體化在理論上的意涵就其他方面來說，將仍然屬於前理論的、潛意識的、混淆不清的。

在跨文化詮釋活動中，或許以美國著名的人類學家保羅雷頓（Paul Radin）的研究工作，最能夠闡述跨文化詮釋活動的特質。這點並無須訝異，雷頓一生致力於「原初世界觀」的研究，原初社會中的宗教觀、道德系統和哲學。人們可以合理的預期，在這個主題上，研究者的角度涉入研究活動之中，而且這種角度對於理解他自己在觀念世界中的角色，是有直接相關的。雷頓如果沒有進到田野中去尋找這些「原初哲學家」，那就不能說他真的理解「原初宗教」。他致力於了解「原初哲學」，使他能夠定位（或者說至少能夠理解）「原初哲學家」。也就是說，如果一個人想要了解研究者社會中知識份子的自我建構過程，那雷頓的研究方法無疑最具啓發性。

雷頓最早在原初社會的原初人類中發現了兩種基本的存在性格類型，這兩種性格類型分別是「神職人員—思想家」型與「普通信徒」型。行動是鑑別「普通信徒」型的標準，而對「神職人員—思想家」型來說，行動的鑑別卻是次要的。「普通信徒」關心宗教現象的結果，而「神職人員—思想家」則關心對宗教現象的分析[1]。起初，在關注日常生活的瑣事，與例行化、週而復始地生產其生存必要條件佔絕大多數的普通信徒們，與那些不關心實際行動，但對行動有所反思的真正虔信的少數人之間，存在著矛盾與對立。這種對立同時是一種關係：那些少數人的團體只是爲了一些「特徵」(或者說缺乏特徵)的「無特徵」的大多數人而存在。也就是說，藉由大多數人團體的匱乏或缺陷，這些少數人團體才能起存在的作用。在某種程度上來說，少數人團體對無特徵的多數人團體，是一種必要的補充存在。而在另外一種意義上來說，少數人團體相對於多數人團體來說，則是一種派生性的存在，甚至可以說是一種寄生性的存在。

雷頓對這種複雜關係間的兩種相互作用做了清楚的描述。生存競爭的不確定性是原初人類所恐懼的一件事[2]。**不確定性是恐懼**

---

[1] Paul Radin, *Primitive Religion, Its Nature and Origin*, Hamilton, London 1938, p.14.

[2] Ibid. , p.23.

最主要的來源，行爲的偶發性是影響人類生存競爭成敗，最關鍵的因素，結果總是難以預測的。許多生活中的未知事務是無法控制的，爲此，這些造成人們實際上精神狀態的不安、痛苦，渴望在智識層面上的覺醒，藉由實際控制來獲得安全感。這種強烈的渴求編造出早期傳奇故事中的魔法師、神職人員、科學專家、政治先知或專家這一類的角色。

> 宗教教義制定（詮釋）者起初無異是利用了普通信徒的不安全感……。他們發展這樣一種理論：每件事務的價值，甚至是那些跟人有關，或圍繞在人們身邊的世界，那些無可動搖或可以預測的事物都陷入危險之中，被危險所包圍。這些危險只有用宗教教義制定者的特殊方法才能予以掙脫[3]。

對於利用「不安全感」表現在幾種特殊的假設中，這些觀點只有在特別的人和特殊的條件狀態下才能獲得，這些人或條件可以通過邏輯，深入偶發性表面之內，使這種偶發性可以被預知。宗教教義制定者在最初，藉由操控知識作爲控制命運的手段。雷頓認爲，這種控制的關鍵要素在於將「對主體的強制力轉換到客體上」（正如當時所生活的社會，正由雷頓所謂的，延續了千百年的自然歷史時代的進程中走出來的法蘭西斯培根所說的：「人們經

---

[3] Ibid. , p. 24-5.

由對自然法則的屈從，來成爲自然的主人」)。一旦決定命運的要素被客體化，一旦主體的意志被強制力、機運或誘惑所否定，使外在客體服從，那麼對原初人類來說，知識則成了可以滿足對確定性渴望的唯一合適力量。作爲知識的代理人，這就是知識擁有者的權力。宗教教義制定者的特殊方法和其他後來種種相同的方法，宗教教義制定者利用不確定感強化了知識的存在。知識的存在是它自己的前提，也是其必然的結果。

不過，我們可以由雷頓的分析獲得更多的啓發。「宗教教義制定者」所主張的那種知識，「普通信徒」意識之中的具體恐懼感並沒有預先被決定或限制。知識探索過程中最顯著的特徵就是，在解決那些舊問題的同時，許多新而神秘的問題又出現了。最初那些爲了控制不確定性所創造出來的方法，卻激發出一個沒有休止的，自我驅動的，和自我增強的進程。這個進程使得所有的努力無法帶來結束，而且在一種精神狀態的平衡和實際上的控制拒絕取代不確定感(在既存生活進程的參數中)。一旦這個進程啓動，即使是那些「不可動搖和可預測的」也看起來顯而易見。事實上，它更深陷並困於危險之中。「知識/權力」象徵一種自我永存的機制，相對在人類早期，它就停止依賴最初的動機，並且創造讓自身可以進一步延續並且發展壯大的條件。更多不確定性的害怕的產生，被引介到普通信徒的生活世界內。許多知識漸漸從實際的日常生活中移除，知識的重要性及其有效性的宣稱，無法被主觀的印象所檢證。這種情況當然可以進一步強化知識和知識守門人的力量。此外，實際上，知識使這個力量無人能及。

在「宗教教義制定者」與「普通信徒」之間，在「關注觀念」與「關注觀效果」的人之間的區分，雖不能說有害，但它們引導出可怕的後果。它們引起社會權力部署的失衡，它不僅導致社會地位、社會影響力，即有權使用社會生產剩餘的兩極分化；也造成（也許更嚴重）一種依賴型關係的對立性格，使得現下行動者得依賴思想家。普通信徒如不求問並接受宗教教義制定者的幫助，則無法處理它們日常生活事務。作爲社會的成員，普通信徒是不完善、不完全、達不到標準的，沒有一種確切的方法可以使這種不健全的瑕疵完全修復，煩擾於這個永存的瑕疵，普通信徒永遠需要那些巫師、魔法師、神職人員、神學家調解這個對立的兩極。

隨著不確定性的增加，對這類知識需求的增加（從而造成依賴性的增加），使巫師、魔法師等在普通信徒的生存中的獨占性程度增加。正如雷頓所指出的，宗教教義制定者被增強其自身權威的意圖所激勵[4]。或者，更諷刺的說，被「獲取並提昇」其「經濟保障」的意圖所激勵。他們能夠使用最理性的策略，就是以上述的方式，操縱普通信徒的信仰，增強普通信徒不確定性的經驗和它們個人對潛在災難後果的無力感（這個策略是運用普通模控論（cybernetic）法則的一個個案，根據此模控法則，系統愈複雜，次系統愈不穩定）[5]。如果對於處理不確定性或不可或缺的知識非

[4] Ibid. ,p.18.
[5] W. Ross Ashby, "The Application of Cybernetics to Psychiatry" , in Alfred

常機密（或者最好保持神密），如果處理不確定性所需要的工具不被普通信徒所擁有和知曉，如果巫師、神職人員等這類人的參與被認爲在這種過程中是不可取代的因素，那麼就能最有效的達成增強普通信徒對不確定感的無力感。在「專家—普通信徒」的關係史上，可以輕易的找到所有這些策略原則的應用。

雷頓在一項對知識份子角色的語用學研究中，最有名的見解就是試圖尋找到原初哲學家模型的最初源頭：巫師。

> 巫師和醫生的基本特質在團體組織化更爲簡單的愛斯基摩人和阿蘭達人中，是它們的「神經官能—癲癇症」。非常明顯的，當我們進入更複雜的經濟組織時，這些資格依然存在，但變成了較高級的一種新型態，這個我們早已解釋過。換句話說，當正式的報酬增加時，許多並沒有特殊資格的正常人也進入神職人員的這個行列，然而行爲模式在此早已被固定了，那些無癲癇特質的巫師也必須接受這個規則，這個規則形成於最早的發展，和後來那些具有精神官能症的同事。這種形式由三個部分組成：第一是對精神官能症此一氣質，即一種實際所遭受的和狂喜狀態的描述。第二是對於團體其餘成員肉體上、精神上隔離的陳述。第三是對最好被稱其爲目的的一種執念識別的仔細描述。由第一部份，產生了

G. Smith（ed.）, Communication and Culture, Harcourt, Brace and World, New York 1966. p.376.

神職人員所必須經歷的磨難考驗的本質性理論。由第二部分，產生的是關於禁忌和淨化的主張。第三部份所形成的理論是，無論是神職人員所執著的目的，或是它所依附的目的，換句話說，都是與「精神—擁有者」概念相關連的[6]。

這種正確的連續性歷史重構，不是我們這裡所關心的，它也許只能被視為一種本質上無可檢測的「起源神話」。與我們的主題更有直接相關的是，雷頓所指出的，當代知識份子角色的合法性要素，與那些民族學文獻中普遍描述的巫師特質有著驚人的相似性。假使我們仔細考察巫師的各種特質，便能一清二楚的掌握當代知識份子的基本特質。不同時代中的知識份子表現出不同的型態，這些型態的色彩和樣式紛雜錯亂。而上述特質則隱藏在這些變化多端、相互糾結的色彩和樣式下。而我們可以對此樣式的基本形式進行考察。

磨難、潔淨和著魔的共同特徵，這三種原初的、具爭議性的、永恆地構成神職人員權威的合法性。它們將神職人員的智慧和技藝擺放在非神職人員所無法企及的地位。它們藉由貶低非神職人員的方法，抬高了神職人員的地位。而且他們提出一種作為服務和自我獻祭的方法以結生統治支配關係。

我們可以在許多的偽裝之下，從歷史中看見（而且至今仍然

---

[6] Radin, Primitive Religion, pp.131-2.

可見）這三種方法。我們可以根據每個時期的主導形式識別「磨難理論」體現爲：肉體的禁欲主義、自我奉獻、僧侶式的謙卑、寒窗苦讀、離棄休閒和消費社會的享樂。尤其熱衷的傳頌「禁忌與潔淨」面向，從抱持禁欲立場的古代作者，到波希米亞式的浪漫派藝術家，到「免於價值涉入」和放棄立場的現代科學家，和尋找確定性「先驗還原」自我強制的胡塞爾學派，此面向使知識人的分離處境在某種程度上被體制化，在體制外面的事物被視爲不純，而且可能已經遭受污染。同時此面向精心設立了用來防止非法入侵者論述的實用標準，它存在於所有的時代之中（不過沒有現代社會多）。「著魔」面向曾是最有可能抵抗體制化的，它作爲一個專業的神話，從未被體制所放棄，在知識人其專業生涯開始的時候，不論神聖或凡俗，都必須發誓完全徹底地獻身於智慧的追求，和用他們成效卓越的技藝來保護自己，專業保護他們的立場除此之外別無選擇。

自我犧牲的活動引導了知識的誕生。但是這種知識卻又消除了自我犧牲活動的榮耀與高貴性。手段與其效用彼此尊崇，而且這個進程一旦啓動，則不斷增強彼此的權威性，而且爲對方提供合法性。結果是他們的有效性原本是由社會對他們的需求來檢驗，現在則由這種社會需求之中獨立出來。「形式化」（formulation）享有崇高的聲望，因爲普通信徒沒有能力，也不願意追隨創造「形式化」的那些「制定者」（formulators）的生活。另外一方面，那些制定者持續創造那些形式化，已獲取他們的尊貴地位。現在，

「形式化」與「制定者」之間僅僅是相互需要的關係，以保有他們所關注的崇高地位。

我們到目前爲止，對雷頓一九三七年出版的《原初宗教》的描述（客觀的說，作了一些自由的改變）已經夠了，那使考慮到上述的分析，其某些解釋也已經超出他研究的字義（就算不論本義爲何）。這裡可以肯定的是，在原初宗教中，雷頓激進地打破了手段與目的之間的自我虛構（詮釋），但只是使「思想家」神話體制化，無論神聖/凡俗，「原初」或「現代」（前者是雷頓遭遇的對象，後者是它研究的主題）。雷頓希望揭示一種社會關係，即思想家活動的合法性是獲得保障的，但是這種社會關係卻在神話中幾乎找不到。如果將《原初宗教》與雷頓十年前所寫的《作爲哲學家的原初人類》相比較，一定會有極大收穫。雷頓後一書的大部分資料在前一本書中都已經出現過了，但是這兩本書的結論看來卻全然不同。

下面用的這段文字可用來說明《原初人》一書的基調：

> 人類大部分的行動特徵就是傾向適應對象，只關心實際的成效，而不關心人自身內在自我的要求和騷動。他承認它們，但也立刻拋棄它們，認爲它們不論在影響或解釋他的活動都是無效的。另一方面，儘管「思想家」也渴望關注實際成效……，但是他的天性迫使它將相當多的時間用於分析、解釋他自己的主觀狀態。而且認爲對自我狀態的解釋，對解

釋他自己的行爲及其發展都是非常重要的。

前者滿足於既存世界和已經發生的事情。解釋是思想家的思考成果，思想家難以接受就在他身旁的前者，實際上這兩者完全無關。然而，他顯示出對另一種對立類型的解釋的癖好，思想家喜好對事件間的純粹機械式關係進行解釋，這是思想家特殊的偏好。思想家精神韻律……的特徵是，要求對同樣的事件進行無止盡的重複……思想家對千篇一律感到心安……

於是，思想家的精神韻律是完全不同的了[7]

在這段詮釋中，思想家與非思想家（行動家）的區別，是根據他們兩種精神氣質與資質的差異。這兩種群體之間的差異，卻並不是因爲上述原因而產生或維持，既使這種差異的關係可以由上述的差異之中推論和描繪出來，但也只能向美國精神病學家Kurt Goldstein所說的：

所有在原初社會中的人們只能被區分爲兩種類型，一種人順從社會法則，乖乖的生活，即雷頓所說的「非思想家」；而另一種則是進行思考的人，也就是所謂的「思想家」。思想家的人數很少，但他們在社群中扮演了重要的角色，他們

[7] Paul Raidn, Primitive Man as a Philosophy, Appleton, New York 1927, pp.21-3.

形塑概念並將它們組織爲系統。然後，「非思想家」毫無批判地接受著些概念[8]。

雷頓在《原初人》一書中的觀點，與十年後的《原初宗教》不同。在《原初宗教》中，雷頓認爲「思想家」與「非思想家」的關係是歷史鬥爭、社會鬥爭和複雜的依賴關係的產物和因素。在《原初宗教》中，雷頓認爲這兩種關係依然有「神話學上的」、「自然化」的外觀。在《原初人》中，人們不能幫助他們自己成爲他們想要成爲的人，有些人生來就是要思考，其他的則從事勞動，後者安其天命。事實上，後者非常適合日常生活中單調與重複的瑣事，這些單調與重複可以使它們擺脫生活中的焦慮。然而，「思想家」則只能思考、懷疑和發明，他們的生活必定是非常的不同，一個「非思想家」也不願仿效的生活。「思想家」是被讚揚和尊重的文化英雄，但不是可以被「非思想家」所輕易仿效的。有人認爲造成「思想家」如此不同的原因是「思想家」自然特質的與眾不同，而且「思想家」與社會上其餘人的特殊性地位產生關聯。

雷頓認爲，人類學家所謂的原初文化，事實上，是只「非思想家」的精神韻律的一種表達。雷頓的意思是，原初性的自我定

---

[8] Kurt, Goldstein, “Concerning the Concept of ‘Primitivity’”, in Stanley Diamond (ed.) , Culturein History, essaysin honour of Paul Radin, New York 1960, pp.111-112.

義與在解釋學上具自我包含和自我滿足的性質，這個概念只有在指涉所有現實存在的特徵時，才能被理解。在此，我們發現對知識份子的「神話學式」定義的另一個令人困惑之處。這不只掩蓋了知識份子的歷史特質，和正如上述知識份子孤立或優劣之間的衝突，但是他反轉了形成這個對立的關係，這顯示了原初性作爲對立，被注意的那一面，而且也顯示了未被注意的另外一面（這一面似乎是爲了否定第一面的特質才存在，因此稱爲非原初性）。這是第一個反轉，無論由社會學（知識份子經由否定對立面定義非原始性，而非相反情況）或語意學（原初性意味著正是缺乏對立面所有的特質，不論用何種方式否定原初性，其意義都是肯定的—即對另一面所缺乏的特徵進行解釋）來看，知識份子是一種特殊的社會形構的組構，其自身具有某種程度的自我意識，和爲自己的地位遊戲所設計的策略，並且將社會的其餘份子拋棄一邊。後者被排拒在這個封閉的層級之外，而他們自己也形成了一個有自己特徵的整體（即使這整體是由「特質缺乏」所組成的），原初性成爲對立面的存在，而原初性爲知識份子自我建構的副產品。

因此，原初性是一個相對性的（或者，確切的說，一個從屬性的）概念，是由那些清楚的知道自己存在，而且身處於其所指稱的原初性之外的那些人所創造的。這條邊界是由那些置身其外者的自我意像所建構而成的，它建構來指認出「世界的其餘部分」。

讓我們注意一下，上述原初性概念的派生性與從屬性特徵，應用在所有根生於權力不平衡脈絡的概念家族，做爲這個派生性和從屬性面向結構再生產的一個因素，不同概念的運用，端視社會權力分配的特殊統治或面向的危險而定。雷頓所用的原初性概念，暴露了這個概念家族的親緣關係，這類概念通常只被用於當西方（發展的、先進的、複雜的、文明的等諸如此類的）社會和世界其他地域的區分時，就西方人的角度來看，世界的非知識份子這部分被摧毀了。而在另外一種統治結構脈絡下，也是如此的被使用著，這是因爲在屬於這概念家族間共享的特徵，在某種程度上是可互換的。這種互換之所以可行，而不至於產生語意上的混淆，是因爲本質上的共同性質權力分配的不平衡。然而，更有趣的是，至少可以找到一部份的解釋。事實上，不論什麼統治結構，都是對一個既存概念的反應和支持，都是被創造、琢磨或邏輯推導出來的，並不是藉由整個權力結構的統治面向，而是藉由知識份子這一部份創發出概念的。知識份子的自我意像（或者更根本的說，知識份子經由實踐模式所創發形成的認知傾向）與所有的權力不平衡關係所賦予之虛假面具的結合，並不令人感到驚訝。

儘管與其他那些被統治群體或範疇所下的定義截然不同，這樣的不同都會指涉某部分的精神缺陷，不管支配群體是原初的、傳統的，或野蠻的、建構的；也不管這些群體是由非歐洲文化、非白人種族、下層階級、女人、精神病人、罪犯所組構的，他們一般都被視爲心智能力低落，而且缺乏掌握道德原則的能力，或缺乏自我反思和理性自我分析的能力。在這些群體中，其定義的特徵永遠顯而易見，普遍性的總體效果就是知識的君臨天下。這些特質與知識份子的實踐模式有強烈的相關，成爲其社會優越性的合法性的核心。同樣的，任何有關統治支配權和優越性的主張，如果只藉拐彎抹角的方式，對知識份子及其權力合法性因素的主張，都必須有所稱頌。

我們現在已經收集足夠建構本研究知識份子意義所有需要的元素，這樣元素還將用來描繪一種策略，這種策略我們打算將用來分析現今與過往的知識份子此一社會範疇。

首先，在本研究，知識份子的概念，並不是指任何實際的或假設性的特徵，這些特徵可以被歸於社會的某些特定群體，如天性、後天見解，或所獲得的屬性。可以這樣假定，知識份子的範疇，從來不會永遠只是「自我滿足於被定義」，而且沒有一個當前的定義，其目的是在知識份子範疇自身的特徵下來解釋，知識份子在整個大社會中的位置和角色。它們可以超越知識份子他們所合法化的合法性和社會形構，這些定義都深深依賴於知識份子自己發展的權力修辭學，當前的這些定義可以這樣說：「錯把問題當成解決的辦法」。

其次，我們避免任何試圖經由「列舉」的方式，建構知識份子的集體性定義。像是舉出技術、職業態度、生活類型等等，這些或許在一些特定的時代或社會中，被要求需要從屬，或認爲是知識份子的範疇。我們甚至避免參與那些目的在決定知識份子的個人或群體「依然存在」或「正好不是」的那種知識份子範疇的爭論。在我們的觀點，這些爭論既是由知識份子範疇本身的某些領域發展出來的權力修辭學的基本元素，用來結束鬥爭；或許也是那些缺乏洞見的人，把權力修辭學與社會學分析混爲一談的結果。這種情況再一次把問題當成解決的方法。我們拒絕涉入爭論的背後，而保有一個希望，希望由理論對當前變化莫測的政治鬥爭有所預見，要不就是使用那些參與鬥爭者所使用的武器，採用政治手段來解決真理性的問題，以試圖干預這種爭論的結果。然而，我們的研究將採用相反的做法，把知識份子的範疇定位成大社會結構中一個特定的「點」，在這結構中的一個「領域」，這一領域置身於一個人口遞嬗，而且和社會上其他所有的領域一樣會面對入侵者、征服者和對合法性的主張。

我們將知識份子範疇視爲一個社會型態的結構性要素，不能藉由其自身的性質作爲要素的定義，而要由這個結構要素在社會整體結構型態所展現出來的依賴系統中所佔的位置出發，由這個結構要素在維持和推動整體結構的發展中所起的作用出發。

我們可以假設，只有透過作爲總體的結構型態研究，才可以獲取知識份子範疇的社會學意義。但我們也可以這樣假設，知識份子的範疇作爲型態的結構性元素這個事實，對於反過來理解所要討論的整體型態是非常重要的。對理解凝聚整體依賴性和整體再製機能的本質，即整體的自我再生產與創新是非常重要的。分析知識份子範疇和其型態，顯現出這兩者被不可分割的綑綁在同一個詮釋學循環中。

知識份子範疇的型態做爲其結構要素必然有以下特徵：

第一、在所要探索的問題中，許多成分交織在一起，而其相互依賴主要建立在個體（個人、或個人所形成的群體）處理日常瑣事的無力感，這種無力感是種社會性產物，有些人的日常生活活動的舞台，無論物質面或精神面的，實際層面或理念層面的，都超出他們的控制，因此他們需要來自他人的建議幫助與干預。

第二、這種不足造成了一種真正的依賴，因爲這種不足使「助人者」成爲結束不確定性的資源，並且進駐支配統治的位置。這種權力形式被傅柯描述爲「牧人式（pastoral）」權力的形式，他們關心的是被統治者的利益，而對其日常生活事務進行適當的，完全性的指導。

第三、被統治者缺乏（因此出現了牧人式權力）知識，或缺乏運用知識使其行動的資源。同理，統治者擁有被統治者所無法擁有的知識，分配並控制這個分配，或擁有運用知識的能力，並分享知識份子運用的結果。而進行統治的，就是那些聖賢、教師或專家們。

第四、在那些由既定的聖賢、教師或專家所控制的知識那裡，他們的統治程度和範圍依賴於普通信徒因無知所產生的不確定感和被剝程度的嚴重性，還有依賴前者激發或強化後者這種不確定感與被剝奪感的能力。換句話說，這個社會必要性要看他們所控制的知識而定。

然而，有兩點需要進一步加以澄清。第一、我們上面所談論的，使其整體得以再生產的依賴與統治形式，很少只有一種。缺乏對日常事務的控制，使得其他的統治形式不只是知識的權力統治與引起（一個眾所週知的例子就是對生產資料的佔有和對分配消費品權力的掌握）。因此，對知識份子範疇的分析，本研究不只要求知識份子這個面和知識份子所服務的對象這另外一面的關係，還要求對眾多互爲主體的統治要素，即所產生的各種社會群體間的複雜性競爭關係進行研究。第二、形構性方法(figurational method)，這個術語可以清楚的表達上述關於知識份子範疇的分析方法，但這個方法並不僅限於對與總體性社會（global society）有關的問題的研究，這個方法似乎可以被用在一個單一的階級，組織化的群體或社會生活的功能領域的形構研究之中。

第二章

法國啓蒙時期哲學家：原型與烏托邦

對我們來說，「知識份子」這個集體性名詞的起源並不太遠，這個名詞的起源有時被歸功於克列孟梭（Clemencean），有時，又被歸功於在德雷福斯案（Dreyfus trial）所簽署的公眾抗議書。無論如何，它所誕生的時間決不會早於二十世紀。起初，它試圖重新喚起在許多廣泛而不同職業與社會地位中男人與女人的聯合。若非如此，那些科學家、政治家、作家、藝術家、哲學家、律師、建築師和高級工程師們仍然只是各自追尋他們自己的專業目標，而不可能彼此接觸，並且相互結盟、合作。「聯合」是這個新詞所隱含的暗示性元素。知識份子在所有行業中所扮演的核心角色，知識份子所分享的親密關係不但使這些男人、女人們從社會的其他人中分離出來，而且決定他們權利與義務的相似性。最重要的是，賦予現今知識份子角色，一種理性代言人的身分，向民族國家說話，並且超越各種強硬黨派與世俗教會宗派的利益之上的權利和義務。這種親密關係也將賦予他們排他性的正確性和道德權威，而只有作為理性代言人的知識份子，才能被賦予這種排他性的正確性和道德權威性。

由於考慮到社會學上的興趣與研究分工上的價值，導致當原初的理性統一體處於一種逐漸加速瓦解狀態的時候，才提出知識份子在其地位和目的的共同假設。現代性的核心特徵之一是，科學論述、道德論述和美學論述三者間的無情分裂。當代知識份子概念形成之時，三種論述的自主性已經發展到一種無可轉譯性（non-translaability）的地步。用哈伯馬斯的話來說：「相互背離的多元化論述屬於特殊的現代經驗…，現在我們不能單純的希望這種經驗會自己消失，我們所能做的只有否定他…」[1]。否定多元化，並且再三的否定，公開地以一些共同前提的名義－所有的理性思想必然包含這種過程或結果創造（並且積極採用）的共同名義—將其他各種錯綜複雜，完全不同的論述，包羅在這個共同名義之下，這是一個驚人的成就，而不只是想簡單的否定（除非真的希望他消失）。這個進程已經順利開展了一個多世紀，而且其勢不可逆轉。三種理性論述方式的分化，並無法使整個解體過程崩解，新的論述自身離開（真實或想像中的）原初統一體，已經走了一段很長的路。每個「知識人」只要付出應有的努力，就可以期望成為專家。只要藉由學校教育和書籍，就可以期望掌握百科全書式的知識（至少是對所有有價值事物的所有知識），這樣的時代在上個世紀初就已經結束。從那個時候起，客觀存在的知識總體，與任何無論是已經存在，或者是可能存在的主體性所掌握的知識相分離。所謂理性思想的統一性，知識領域生產者間的互惠合作不再是事實，而只是一種假設，而且沒有任何有效的控制手段。這種統一體的存在或缺席無法經由經驗歸納來證成，只能訴諸有限的權威性，並且也只能建構在有限的權威性上。

在眾多可能的歸因中，「知識份子」這個集體性名詞的創造（和稍後的許多複雜應用）具有特殊的位置。對知識份子的每一

---

[1] Richard J. Bernstein (ed.) , *Habermas and Modernity*, Polity Press, Oxford 1985, p.192.

次命名，都是一次的分裂。但這次內含知識份子集團孤立性的分裂，將知識份子這個有才智、擅於思考、富有教養文化的精英集團直接切成兩半。它默認一個多世紀以來被無情分裂的勞動，但在由專家割據之碎裂化領域的上方，卻有（就思想家自身而論的）幽靈漂浮。他們爲了思想而生活，並且依靠思想而生活。他們的思想不被侷限在特定的功能或利益成見的污染內，他們憑藉理性和普遍性的道德法則，向他們社會中的其他人（包括那些有教養的精英在內）言說。他們保有這種能力，他們每個人都有某種專業或職業，每個人都屬於一個功能性的專業團體。但除此之外，他們每個人更將自己提升到更爲普遍性的層次。在這個層次上，理性和道德之聲純粹而無干擾，這些自我提昇在某些職業中比另外一些職業更方便，更有可能性。但本質上，這並不完全視職業的世俗性功能而定。就根本上來說，這類型的自我提昇，是種個人選擇，並承擔責任的問題。一旦一個人接受知識份子稱號的同時，也接受了該團體其他成員所共同承認並承擔的責任。在本質上，這種接受就是一種承諾，試圖用「列舉」專業或教育程度的方法，在知識份子集團周圍畫出一條客觀的界限，將他們從非知識份子之中區別出來是沒有意義，而且是種完全失敗的舉動。

知識份子的概念，被鑄造成戰鬥性號召，和復興過去未竟之業的努力。作爲戰鬥性號召，這個概念和從前那些受遭受忽視的民族一樣，後者在本世紀初開始讓世界看見，他們成爲公眾語彙的一部份。儘管可以用廣播將訊息發送到某些地方，傳播到更廣大開闊的社會空間。但是聲音之所以會被聽見，仍然要靠每個接收者豎起耳朵仔細聆聽。意思是說，知識份子作爲一種宣傳行動，期待著他的聽眾。表面上來說，他所中意的接收者要具備這個概念所訴諸的那些特質。然而實際上，知識份子的概念暗含指向未來的某些目的和行動，作爲重新要求實現過去受挫折希望的知識份子概念，他必須求助於上個世紀輝煌而令人振奮的記憶與弘願。當時醫生、科學家、工程師、鄉紳、牧師、作家都屬於共同的啓蒙哲學家這個快樂的大家庭，彼此閱讀交流研究著作，彼此討論且分享這個集體性，評判指導和人類良知承載者的責任。而這個新生概念的第二層意義，也是指向未來的。這個真實的訊息，令人重新憶起那已成往事，並離我們遠去的時代精神。甚至在對過往的追憶中，這個時代精神使我們無法在今天這個日新月異的世界中，辨識、凸顯知識份子概念。也許可能將有文化和有教養者之間的破裂關係重新縫合，也許能再現或再創一種共同的論述統一性。或許在這個基礎上，已經氾濫成災的專門性論述，奠定其共享目標和共同責任。只有共享這個責任時，責任才會轉變成權利。而這種權利所產生的社會影響力的地位，才能與啓蒙哲學媲美。

無論歷史學家如何詮釋十八世紀哲學家到二十世紀受過高等教育的專家，這個令人困惑的發展進程。也無論他們藉由旁徵博引所論證的這個進程是連續性抑或是斷裂的，在現代知識份子自我建構的進程中，啓蒙哲學家們是真實地存在的。這個事實與我們所要討論的主題有直接的關係，對啓蒙哲學家的追憶，他們的神話或他們理想化的意象（好像對過去歲月的回憶又重新浮現在今日的夢中），是最強而有力的自我建構元素。藉由對過往的追憶和追朔性解釋，啓蒙哲學家的生活方式和角色被視爲一種「積極性烏托邦」（active utopia）理想，一種權衡批判和框正夢想與實際的標準。也許有人會猜測，如果啓蒙哲學家這一源初的語詞不曾直接運用在現代知識份子的自我集體命名之中，這只是因爲哲學家自身已經變成一種侷限於狹隘範圍的專業。從專業出發，對統一性的呼喚，不可避免地，將被理解爲帝國主義式的活動，而且遭受批判，或者一笑置之（確實這種情況不斷重複發生）。至少「知識份子」的觀念，站在一個復興（這個沒有限制的意識）的機會上。這使我們自然地想到啓蒙時期的哲學家，因此我們現在需要藉由對這些哲學家的探索，或許還能提示我們時代中支持知識份子觀念的基本型態。

啓蒙哲學家不是一種「思想流派」。因爲實際上，這些哲學家筆下的論點或實證觀察，都可以由另外一個哲學家的作品，甚至他本人其他的作品中，找到相反的意見。要清楚闡明造成哲學家聯合，他們之間沒有障礙的交流，對共同目標的基本典範（在孔恩的意義上）是十分困難的。在個人經歷與教養方面，這些哲學家之間並不具備共通性。與十九世紀的俄羅斯平民知識份子（raznochintsy）一樣，啓蒙哲學家把現實社會所有的等級和階級都算作他們自己的成員（可能除了那些罪卑微者之外）。他們並非氣質或品味的相似性而結合，在這方面正如其他方面一樣，使他們相互區別的力量，超過統一他們的力量。

另外，無論在別人或是在他們自己眼中，人類歷史上從沒有一個時代或地區，有教養的思想家階層像大部分十八世紀時間中的法國啓蒙時期思想家一樣，被視爲一個統一體。是什麼使他們聯合起來，而且團結成群體？在當時，這個力量並非大眾所公認的，而且同時背後是活生生回憶有力地在強化。我認爲這唯一堅強有力的元素，不應在哲學家們的論述中尋找，也不應該在他們的表述方式中尋找，而應該到這種論述活動的意圖和價值觀中尋找。賦予這個論述活動意圖和價值，一方面出自啓蒙哲學家自己，但根本上來說，還是出於他們在政治史上那一段短暫而壯麗、令人難忘的遭遇。啓蒙哲學家（而不是哲學家個人）始終浮現在鮮活的歷史回憶中，作爲積極的烏托邦理想，是個仍然期待著兌現的承諾，是一種自我定義的模式，是美好社會藍圖的基準，是特定環境下的產物。啓蒙哲學家的活動只是部分的決定這種環境的形成，而使知識與權力在瞬間聯繫的那些社會條件，對於上述環境的形成亦起著決定性的作用，而後者作用的重要性不亞於前者。

在這些社會條件中，特別需要指明的是，當中任何一個條件都並非法西斯所獨有的，也不是得到了 20 世紀的前四分之一才出現。但是這些條件卻只有在這個地方同時出現，並且只存在一小段時間。這種獨一無二的巧合，可謂空前絕後。

第一、專制君主政體即將發展到顛峰，其弱點正如其長處畢露無遺。專制君主政體存在的前提條件尚未完全實現的同時，仍然殘存革命的潛在可能性。

第二、貴族這個舊統治階級正走向沒落，而這個趨勢在維持社會秩序所必須的新陳代謝諸因素中，留下了兩個巨大的缺陷。爲了彌補他們，則需要一種全新的、賦予政治權威合法性的法則。

第三、在貴族完全喪失政治重要性之後，出現一種新的社會力量、他的強盛使他要求成爲那無主政治財產的繼承人。也就是說，政治等級被公開拍賣，每個前來競標的人都可以獲得他。這些競標者可能是基（激）進的，他們並沒有考慮建立起自己的利益。

第四、法國啓蒙哲學家缺乏傳統上的地位或適合他們的專門、特殊的社會職能。德國啓蒙時期的代表人物，通常是大學教授或政府官員。在新教國家，一般來說則爲牧師。但是在法國，沒有一種傳統的天職可以由他們自己的意象中，衍生出哲學家作爲整個社會的自由知識份子階層[2]。

第五、儘管沒有任何制度的束縛和特殊忠誠的要求限制啓蒙哲學家們，還不只是一群知識份子個人的集合。他們組成一個嚴謹的團體，在密切而頻繁的互動中，形成一個網絡。其中範圍包含了文人共同體（la repubblique des letters），思想家共同體（les sociétés de pensée），俱樂部，卷軼浩瀚的信件相互評論

[2] Richard J. Bernstein（ed.）, Habermas and Modernity, Polity Press, Oxford 1985,p.192.

與造訪。在費內（Feyney）的伏爾泰家中，就是他們自己的宗教法庭。那些坐在陪審席上的人的意見，就是他們自己的審判和懲戒系統。他們是一個集團，一個自主性團體。他們將輿論、著作、言語視爲基本的黏合劑，並廢除其他的社會黏合方式。

第六、不可能有更適合的時機形成文人共同體。這是一個經營組織和管理的世紀，網絡習慣成爲立法對象的世界。生活方式被視爲文化，而不是被質疑。這是一個私人領域，與公共領域獲得空前擴展的時期；這是個需要實踐性知識技術、技能來處理過往只被視爲稀鬆平常事件的世紀；這是個追求權力知識的世紀。

我無意指陳這六項社會條件便是完備的，我們不難想像，還可以找到更多其它的相關條件，任何研究法國近代史早期的史學家（我並非其中一份子）都可以輕易地找到另外一些社會條件，是這個時代的法國有別於其他時代或其他國家之外的特殊現象，而且它們或許也非常重要。但上述指陳的這些條件對我們的研究已經足夠。單由這幾個條件的表現形式來看，也足以告訴我們當時的歷史背景和意義，之所以是一個如此充滿張力的時代，是因爲這些問題在其他國家或時代是相繼發生，或者根本不曾發生過。但是在這裡卻被凝聚、碰撞、攪和在一起。其次，這個條件已經包含足以解釋推動這個不可逆轉的歷史進程諸要素之「權力/知識」的融合，是此一進程的永恆遺產。

在許多歷史文獻中可以發現，對這樣現象（土地所有權制和政府行政責任之間的這種封建制原則衰落）的描述。更精確地來說，與此同時，繼之而起的是對政治權力的重新分配。從社會的角度來看，這是種專制主義的興起。

權力由土地等級中轉換出來，貴族保住了財產權和財富，但卻失喪了作爲政治階級的社會角色。至少是因爲政治權力、等級地位的喪失使貴族不再擁有特權，而這原來是貴族這個社會階級世襲的一部份。由土地所有者那裡分出來的權力，從根本上被重新分配。專制君主制是韋伯學派所謂「現代國家」的第一個樣本，其特徵是國家宣稱擁有壟斷暴力的權利，君主政體建立了一套法規，讓生活在這塊土地上的所有人均臣服於君主的強權之下。專制君主制在讓這些人民從封建制的臣民（人臣），轉變爲現代國家的公民（從共同體權利義務的共同參予者，轉化爲個人）的過程中，扮演主要作用。此時個人公民與國家君主兼有一種直接而相互聯繫的互賴關係。公民對國家有責任，國家也對公民有責任。彼此共生共存，卻又相互分離。行政機構成爲這種專制主義體系兩種極端的調和。但他只在沙皇的許可時，才能這樣做出於後者的命令。所有權力都來自至高者（國王）。

土地等級的「去政治化，使王家法庭肩負一項進程。政府不曾面對的任務，至少沒有遇過類似的情況」。托克維爾（Toqueville）可能是法國第一個強調專制主義，這個最重要，而又出人意料的結果的人：

封建領主已經被剝奪他們的權力，領主不再負傳統的義

> 務，而且也沒有地方性的權威，沒有貧民救濟會或教區議會能夠取代他們…。中央政府毅然決然地、獨自擔負起這些責任。議會每年由公共基金中撥款給各省救濟貧民。

議會每年還要決定在專門指定的地區建立貧民救濟院，窮困的農民可以在那裡賺取最微薄的薪資。

但是救濟貧民只是中央政府式國家每年必須作的數千種工作中一件微不足道的小事。他們讓國家到處充斥這類的專制君主政體，對於政治權力的壟斷並不只依靠暴力這個要素：

> 國務大臣們始終警惕地關注著所有國家發生的事，由巴黎對他們想到的每個問題發出命令。隨著時間的推移和行政效率的提高，這些監控習慣幾成中央政府的堅持。

這些新而前所未聞的、急需處理的國政事務，必然導致政治體系中出現同樣前所未聞的「頭重腳輕」現象。中央官員的數量與影響力快速增長。達爾讓松（d'Argenson）早在一七三三年便已經觀察到：

> 在政府部門頭上的公務多的嚇人，他們事必親躬，事無大小均由他們決定。倘若有限知識無法使他們對手中的巨大權力運用自如時，他們便不得不把事情交給自己的屬下處

理。這樣的結果是後者漸漸成爲國家中真正的掌權者[3]。

政府官員所面對的艱鉅任務，造成權力的膨脹。又讓專制主義統治令人意外的脆弱，在當時觀察家的眼中，權力必定讓他們感到困惑。政府擁有在其領域制定法律的權利，並得以繞過地方性的差異，建立起具有普遍性約束力的標準。此外，權力延伸到一些從未被法律和外部權威統治的生活領域。故從表面上看來，權力在一種不受約束，無人佔據的空間中奔馳，在沒有人的政治領域中運作。在此立法者的意志不受任何約束。在這些政治處女地上，國王至少扮演上帝的角色。他的任務就是從無中創造出人類社會。愛爾維修（Helvetivs）對此竟無疑問，誰形塑立法者開明君主[4]。杜爾哥（Turgot）曾告誡路易十六，無人能夠阻止你改變他們制定的法律或認同制度，只要您認爲改變是公正有力且可行[5]。專制權力把社會視爲一塊可殖民的荒涼土地，在此建立殖民法律，選擇政治模式、凝聚社會權力。

如果這種真實而令人震驚的力量的意象。反應了專制君主制的一個側面，那麼其另一個側面的意象則是虛弱的。其實這兩面是無法分離的。要憑空建構一座專制君主制的大廈，需要一幅線

---

[3] Alexis de Tocqueville, The Ancient Regime and the French Revolution, transl. By Stuart Gilbert, New York 1976,pp.69,88,89.

[4] Cf. John Passmore, The Perfectibility of Man, Duckworth, London 1972, p.173.

[5] Cf. Enlightened Absolutism, A Documentary Sourcebook, by A. Lentin, Avero, Newcastle 1985, 1985, p.15.

條粗曠而又精心勾勒的設計圖。這是前所未有的工程，沒有任何可供借鏡的經驗。設計這樣一座大廈，或許是件令人望之卻步的事，他對於管理技術的要求，將遠遠超越那些很久以前，爲了單一目的，而曾經協調出現的「海上帝國」(hydraulic emprires)。當這種管理技術被創造的需要，對資訊進行收集、儲存和處理，而在等級分明的封建制的權力結構中，如此規模的資訊採集儲存和處理技術，既無必要也沒有用處。無論是制度設計、管理技術還是執行手段的提昇，以及必要的資訊處理，沒有一種可以依靠的傳統技能或一般的方法去完成。傳統的風俗習慣和管理社會的技術，已成爲建立新秩序的障礙，必然會被視爲迷信、偏見。爲了保護派系或私人利益，而反對公共利益（即反對新秩序），因此新的管理技術和技術書籍是必須的。這樣才能不再被陳舊落伍的階級和地方利益所束縛。

土地貴族是最不可能創造新的管理技術和生產新技術精英的階級範疇。托克維爾曾經說過：「人們在封建時代對待貴族的態度，正是如今我們對待政府的態度…。」貴族維持秩序，主持正義，執行法律，賑貧濟弱，處理公共事務[6]。一項不可剝奪的貴族行政權力就是限制土地貴族行政司法裁判權的範圍，只要社會仍由分成一塊塊的地區結盟所組成，貴族政治管理活動便能保障這類型社會的運作。土地貴族的管轄範圍和行政熱情，與他們的所有

[6] de Tocqueville, The Ancient Pegime, p. 60.

權密切地相關，並且受到所有權範圍的限制。他們本身並沒有基礎，而且也沒有足夠的彈性讓他們輕易的適應，並服從於中央集權政府和法律系統，因爲後者超過貴族階級的邊界。

沙爾克（Ellery Schalk）最近的研究發現，法國現代時期剛出現的時候，貴族「與其說被視爲一種通過繼承而獲得的身分，不如說被視爲一種職（專）業或功能的具體實現」[7]。事實上，沙克爾收集了充分的證據顯示，證明貴族被認爲（他們自己也認爲）是繼承與實踐，兩者共同存在，並且在這兩者之間有密切相關。這樣的密切相關（在繼承與實踐行爲間不可分割的結合）是貴族形象和合法形式最明顯的特徵，必須在繼承與行爲實踐間選擇一個。當可以不需通過貴族的行爲實踐，而只需通過繼承（遲早也會發生不需要繼承因素，而只需要行爲實踐）來認定貴族時，便標誌了貴族統治時代的結束，和新興精英階層的興起。

在步入現代早期之時，貴族階層是個「戰士階級」。出身貴族家庭的人，從事並壟斷戰鬥功能。作爲繼承者和行爲實踐兩個概念所意指的兩種類型的人，依然重疊。這兩種概念仍然具有相同意義。在近代的文獻中，這兩者的同義性獲得強力的表述論證和辯護。這是個不祥之兆，象徵著兩者之間的分離將會接連發生。整個十六世紀，構成論證貴族政治合法性的論述，圍繞著世系（race）和美德（德性，vertu）這兩個概念。前者代表與血統相

[7] Ellery Schalk, From Valor to Pedigree, Ideas of Nobility in France in the Sixteenth and Seventeenth Centuries, Princeton University Press, p. xiv.

關的東西，後者源自拉丁文，涵義與詞源密切相關（vir 源自 vis，vis 意指力量，vir 意指具有男性氣概的人。vertu 暗含勇氣，敢於向強敵挑戰，並贏得勝利的意思。這些含義在相對文明化的 virtuoso 一詞中，依然被保留。到了現代初期，可用勇猛一詞表述的行為範圍縮小了：vertu 一詞只被用於戰爭的範疇，vertus 是騎士的所有物戰士的特質）。不言而喻的是，貴族是世系與美德的統一體。不過這種一體性思想，和持續不斷重申對這種統一性的要求，頻繁地出現在大量的書刊和論文中。這讓我們想到在這種統一中，可能已經出現裂縫，如果不是一種，而是有兩種標準，可以對貴族進行鑑別的話，我們可以合理推斷，這兩個方面的涵義，可以同時在同一個人身上具備，但也可能不是。如果兩者欠缺其中一種，則是其貴族性的缺陷，並且啓人疑竇。

貴族（Noblesse）越來越常被視為一種專業（profession）和志業（vocation）來討論。例如在蒙田看來，法國貴族唯一正當和根本的存在方式是其軍事專業。顯然至少在原則上，這個存在方式的正當性已經不再能自動獲得保證，於是必然會出現以下的變化過程。先是告誡兩者的分離將不被承認，隨後是尋找導致分離的病症，並期望對它進行治療。最後是針對兩者分離的哀悼，這些作為起先是遮遮掩掩地進行，後來才動員所有的力量。早在一五三九年到一五四〇年間，在佩里埃爾（Guillaume de la Perriere）所出版的《政治密鑑》（le mirror politique）一書中寫到：「當前最大的謬誤之一就是，我們這個時代的某些貴族，只將自己的身分理解成是通過世系而獲得的。他們想做一個不必具有美德的貴族。」此書爲往後一個世紀，關於貴族合法性的討論，確立了主題。但同時，也超越了這些主題。佩里埃爾在分析這個現象發生的原因之後，所提出的解決之道是：「假若他們的小孩（你們的小孩）受過良好的教育，他們便會展現他們自己的高貴和良好德性和習慣。就另外一方面來說，如果他們所受的教育不足，缺乏良好的教養，他們容易成爲壞人，不好的德性、敗壞的人。」佩里埃爾對此的關懷，並非出自道德情操，而是出自更爲現實的原因，正是因爲這些現實的原因，而且感覺事情的急迫性，他才提出警告。正如拉盧埃特（Francois de l'Alouete）在數十年後（一五一七年）所出版的《貴族及其行爲方式的美德之論文》(Traite des nobles et des vertus don't ils sont forms）中所論證的，因爲貴族背棄了具有美德的生活。結果使得那些出身最高貴和最古老家族的成員，不再被視爲享有最高榮譽。而那些曾經掌握王室（maison de Roi）要職的貴族（gentilhommes)，不再擔任法官。他們反而往往成爲一些罪惡名昭彰、邪惡而毫無禮貌，且類似平民（roturiers）的人。路易繆塞（Louis Musset）曾於一五八二年明確表示：「一個人不是憑藉祖先，而是其行爲來評斷是否爲貴族。」[8]

在整個十六世紀，對於合法性問題的討論，得到許多新而革

[8] Ibid., pp.57-8,60-1,73,79.

命性的觀念闡發。它始於從舊的美德概念所固有的軍事意含中跳脫，這是個潛移默化的過程。美德是過去用來引證有關政治階級權力和社會優勢地位合法性討論的核心要素。現在他獲得更廣泛的含義，指涉那些運用公共生命必要性的技術，而且指運用於國王行政管理力所必須的那些技術。專制君主政體的出現，快速的改變了政治環境，而不再需要騎士的英勇情操。但迫切需要的是對政府行政和法律具有熱情，又有相關知識的政府官員。如果說美德原來的意義正好適用於封建權力階層體系，那麼轉變意涵後的美德，則回應了新的需求。不過有另外一些新的說法，可能更爲重要。首先，美德不再被視爲與生俱來的才能（天生的禮物），而可以藉由學習或努力爭取獲得（在這裡一個清楚的轉變是討論由身分歸屬轉變爲成就取向）。其次，這樣的觀念具有更大的開創性意義，只有透過傳授，才能獲得美德。於是德性的獲取，成爲一個教育引導的問題，而不是個人天賦取向得以展現的問題。

就這樣，隨之出現一種古怪而混淆的語意。一方面，在一種描述性的意義上，貴族這個詞仍然被使用著。作爲擁有自己的血緣和頭銜的貴族，在傳統與法律的共同作用下，這些貴族成了一個整體，貴族與許多事物一樣，也是個普通等級（Estates General）結構所固有的。然而值得注意的是，這個結構並非由這裡所討論之劇烈變動的時代所召喚，而是出於政治立場和階級情感的差異。有的作者對這個結構加以稱頌，有的作者則抱持著嘲諷奚落的態度。另一方面，現在，貴族一詞被視爲一種規範性或評價性的概念，一種理想性的名稱。它被作爲一種令人稱羨的人性理想的指稱，有種自由轉換的特徵，擺脫與任何國家法定階層的特定關係。

在第二個意義上的貴族指的是，用那些在第一個意義上必須努力追求的東西。如果在第一個意義上的貴族，渴望獲得他人認同的話。十七世紀初，在夏農（Pierre Chnon）所寫的《智慧》（De la sagesse）中，明確區分「人爲的高貴」（noblesse personelle）和「後天習得的高貴」（acquise）與「天生的高貴」（noblesse naturelle）。儘管忠誠不曾妨礙他對事物的深刻觀察，卻使它採用一些相互對立的語彙來澄清上述那種混淆。貴族作爲一種卓越，一種在公共生活中扮演出類拔萃的角色和作用的名稱，顛覆了世系貴族賴以生存的基礎。也就是說，只要那些提出要求的人受過良好的教育，貴族身分可以向所有的人開放。

從十六世紀末到十七世紀中葉期間，貴族學校有如雨後春筍般的在法蘭西境內四處林立。有許多討論教育制度，課程設計，和理想學校教育綱領的著作和論文一一完成。普呂維內爾（Plurinel）稱爲「美德學校」（ecoles de la vertu）。「美德」一詞在現代意義上被討論：宣稱其目的在於訓練貴族後裔，使其成爲公共事務的管理者。賦予他們優美與高雅的言談舉止，這對其宮廷生活（一個新的公共生活活動場所）的生存和發展不可或缺。因爲粗俗、不加修飾日常生活行爲，在宮廷中都是極爲不合宜的。雖然開設課程的提議中，有不少被專門用來教授武術，但這樣的訓練，與其說是實際運用的考量，不如說被視爲一種符號象徵，當成一種社會地位的符號，和留戀傳統的標記。比起那些新技能，在此這裡騎術狩獵和決鬥技巧，和一個世紀前的貴族，幾乎沒有任何關係。貴族角色所發生的微妙變化可見一斑。在提議開設的一份課程設計中，我們可以發現，在學校，傳授貴族男子「外國風俗制度，貴族政治軍事技能，古典學榮譽和高尚的行爲舉止，以及其他許多能觸發學生對美德和善的追求之事物。」9

總結以上所言，專制主義的興起始於世襲或爵位貴族喪失作爲政治階級的集體性角色(需要補充說明的是貴族地位逐漸衰弱，他們藉由官職與爵位的關聯，大量佔有行政職位的現象已經完全消失)。貴族性作爲一種卓越的理想，一種影響政治的合法形式來說，並沒有放棄其訴求。但現在，貴族這個訴求不再與他們的遺傳和血統有任何關聯。相反的，它需要一種同樣本質的新聯繫:「教育」。要獲得卓越，人們就需要受教育。貴族需要教師，他們需要那些了解他們需求的東西，這是現在通往美德之路的關鍵。至於教師爲何在那些出身氏族人士的美德觀念的轉換過程中，扮演這唯一的角色，這個原因還需要進一步討論。

讓我們回過頭來關切一下這些教師。

在那個時代的史學家中，奧古斯丁科尙（Augustin Cochim）

9　Ibid., pp.181,192。

是個擁有非常罕見社會學洞視的人，他提到：「要從身體的社會角度來解釋精神，理解其共同信念。教會先於此，創發了福音。教會是為了形成真理而統一，而不是通過真理使教會統一。文藝復興或啓蒙運動是一種社會現象，而非道德或知識現象。」[10] 科尚是研究法國大革命的歷史學家，死於第一次世界大戰的壕溝中，時值壯年。他希望能理解雅各賓黨短暫統治時期中的恐慌現象，而正是對這個問題的探究，導致他將目光轉向啓蒙時期哲學家群體。從他死後才出版的那些充滿熱忱的論文中，我們獲悉他那試探性的發現：只有把雅各賓政治形式視為啓蒙運動哲學家的生活方式的延續和具體化，才能理解這個現象。同時由雅各賓黨的實際行動出發，理解有關啓蒙哲學家的故事。雅各賓黨實際上是解開啓蒙哲學家群體之謎的關鍵，他這些研究讓我們意識到，**啟蒙並非一種觀念的結合，而是一種生活方式**。

直到大約七十年後，被弗朗索瓦菲雷（Francois Furet）重新發現之前，科尚的小書一直被束之高閣 [11]。在菲雷自己的研究中，他們遭遇到一些幾乎同樣被人遺忘的托克維爾的觀察。他們不約而同地進入一個新而超然且具有自我意識的社會學概念。這個概念就是現代性早期知識份子史的英雄時代，他只有站在後現代及「局部性知識份子」（partial intellectuals）的地位，才

[10] Augustin Cochin, Les societies de pensee et la democratie moderme, Plon, Paris 1921.p.14.

[11] Francois Furet, Penser la Revolution, Gallimard, Paris 1978.

能發現這一概念。

托克維爾在我們貴族故事的結束部分，引介了知識份子的主題：

> 在貴族政治的強盛時期，不僅領導公共事務的完整進程，而且支配輿論，決定寫作基調，提供新觀念的權威性。到了十八世紀，法國貴族完全喪失這方面的支配權，他們的聲望隨著權力的下降而下降，他們原先對公共輿論所佔有的統治地位，現在已經成為真空因。此作家不費吹灰之力地篡奪了這個位置，而且不必擔心會有被趕走的一天[12]。

這些事件所發生的年代自是毫無疑問，但是對於這些事件所發生的實際進程，由今天看來，比托克維爾所想像的要複雜多了。僅僅將這個進程描繪為一個穩固不變宮殿前的「守衛更替」（changed of guard），並沒能正確地理解這場革命的意義。在這場革命之中，那些「文人學者、窮人、社會底層、不負責任的人或平民百姓，或許是那個時代實際的、真正的政治領袖。但是只有前者，才擁有權威的口氣說話。」[13]那些文人學者是現代知識份子的先驅，是今天知識份子的原型，是烏托邦理想的發源地。他們沒有「接管」輿論的領導權，他們成為公眾，創造輿論。而

[12] de Tocqueville, The Ancient Regime, p.164.
[13] Ibid.,p.161.

由於這樣的創造，他們贏得了使其能與掌握「廟堂」大權的人，進行談判或競爭的權威身分。事實上，他們拾起了由世襲貴族落下的美德，重新設計這項武器，使之再度重生。事實上，貴族的退位，爲文人學者的重新設計和磨亮美德這項武器，提供了堅實的基礎。但是對知識份子的推論僅止於此，甚至是這種歷史連(延)續性觀點，也是難以證成的。舊貴族從未成爲文人學者後來所扮演那種意義上的輿論領導者。政府領導階層不僅被更替，而且政治本身也被改變。正確的說來，不是政治領導階層先發生變化，而是政治本身率先被改變。與過往不同的是，現今政治爲權威性的文人學者預留了空間。

弗朗索斯菲雷說，這種新政治的主要內容在於形成一種全新的「政治上的社交性」(political sociability)世界，而它建基在輿論的基礎之上:「這種紛亂吵雜的輿論由咖啡館、沙龍、劇院、包廂和『社交團體』(societies)構成。」[14]

此一完備和自我封閉的新政治世界，遠離了實際的行政權力和政治的控制。因此在這個新政治空間中的人，能夠採用局外人的眼光，來看待對這些行政官員和立法者來說，是關係在現實中如何有效行動的問題。與其說那些在新政治空間中的人，根據實用原則，視政治爲一種藝術的可能性；毋寧說，他們提供了一種根據原則體系來思考政治問題的路徑。他們未曾獲得行使其觀念，

[14] Furet, Penser la Revolution Francoise, p.59.

在現實中考驗其可行性的機會，唯一有意義的檢驗是不能獲得參與辯論的同意者（持相通論調者）的認同。從而產生出一種新的、真正的革命性判斷真理的標準：同意（consensus）。

在這種新政治中，產生了一套截然不同的（對我們所能憶及的前現代歐洲的任何事物的生產和傳播觀念的來說）新社會架構。它並不反對貴族政治的生存方式：貴族政治的權力是一種暴力和行政操控的權力，而非觀念性的權力。教會才是它的對立面，它所要反對的東西。啓蒙時期的文人學者是觀念生產機制的基礎，他們提出要求取代教會等級制度的新激進立場。教會的垂直結構為思想家和作家提供了一種無法撼動的超驗真理基礎：神聖性的智慧，確切地表現在教會的穩定性與延續性上。然而宗教改革破壞了這種穩定性，更為嚴重的是，它在上帝真理的一貫統一性解釋中，引進多元價值觀。結果導致確定性的虔信陷入了懷疑主義的危機之中[15]。在十六、十七世紀整整兩百年中，這個問題一直圍繞在新出現的世俗哲學家的腦海內。出於對這個危機的回應，水平結構的啓蒙文人學者給了一個答案：同意是確定性的新基礎，是後者的新仲裁法庭。

啓蒙文人學者的水平結構，使那些進來參加的人，擺脫了那種固定垂直的權力結構。他們「思想自由」的自我意識，在垂直權力結構前觸礁了。事實上，無論集體意見多麼一致，對於個人

[15] Cf. Richard H. Popkin, The History of Scepticism from Erasmus to Spinoza, University of California Press, 1979, pp.104 ff.

思想的強迫性限制有多嚴重，幾乎都要比教會典型的「思想管制系統」來得鬆散與溫和。擺脫國家權力，大大的加深了對自由的體悟。不同於萊茵河以東的哲學家，法蘭西哲學家成員，在諸多行業與制度中謀生，抵銷了他們對自己行業的依賴感。在所有的外力之中，沒有任何一種佔有壓倒性的地位。當然相對於另一面來說，思想自由還不怎麼引人注目，因而也沒有受到廣泛的稱頌，聲勢也不怎麼浩大。宗教或世俗的壓力都尚未達到令人無法忍受的地步，他們還離啓蒙哲學家遠得很。

這是個獨一無二的社會架構，它在爲現世真理所制定的一系列規範的尋求中，找到了自我的表達。這些規範賦予啓蒙哲學家，現代知識份子生產和發展進程中永恆的作用。這些觀念在今天依舊存在，它或者被明確的闡述，並且公開而默默的被遵守，或者被投射到所渴望的進步所指向的最遙遠之處。就像哈伯馬斯著名的烏托邦理念「真實溝通」(undistorted communication)一樣。

科尚觀察到法國啓蒙思想家社群的「成員，似乎是自由的。他們擺脫了任何依附強制，和一切社會責任。」[16]菲雷補充道:「爲了扮演好他們的角色，每個成員均需經過淨化，除去他們在現實生活中的具體型態和特殊性...，對於每個成員來說，思想社群的特點在於他們只與思想產生關聯。」[17]當然，這個反事實的假設

[16] Augustin Cochin, Les societies de pensee et la democratie moderme, Plon, Paris 1924, p.xxxvi.

[17] Furet, Penser la Revolution Francoise, p.223.

是文人學者公民所所共同擁有的。除此之外，所有可以想像的地方，都與他們不同。他們置身於廣闊的社會中，有的是窮人，有的富翁，有的屬於權貴階層，有的屬於弱勢族群，有的交友廣闊，有的孑然一身。但是在這個哲學家群體中，唯一被認可的權力就是思想論證和邏輯的力量。通過使用這些力量來實現「同意」這個目標[18]。人類理性是最高權威，做為人類實踐的施令發號者。人是自給自足的，現實聽命於人，由人塑造。根據人（良善或邪惡）的意願實踐、毀滅或重建這套社會架構。只有透過社會中不確定的個人彼此相互討論，與輿論而整合。它反應了一種由主體意願形成，並改造世界的看法。這是個沒有任何限制，而敵人充斥的世界。

因此，啓蒙哲學家群體是一種實踐的模式，它的社會基礎是廣闊而綿密、彼此相關的溝通網絡。它的思想基礎是一套反事實的約定，後者使這種密切溝通成爲可能。這兩種必要的存在條件來自於一種極其特殊，而或許不可能再有的社會政治環境。這個環境開啓了一個擺脫政治力干預的自治領域，其延續的時間已使這種新的實際模式制度化，並且獲取某種力量。以使它在其邊緣所發生的種種變革安之如貽。這些變革受到歷史利益的推動，而非政治因素的影響。

擺脫權力的進程（自然的體驗）並沒有延續多長的時間，上

[18] Cochin, Les societies de pensee, p.8.

述已略有提及原因。專制君主政體在面對極其龐大的行政事物，已無法使用傳統手法來面對。社會結構的錯位，使傳統的社會控制和整合機制的價值大幅降低。許多爲數眾多且有質性方面變化的新問題亟待解決。現在集中在專制君主手上的權力，似乎是無限大。而這無限大的權力，使專制君主被全面改造社會的實驗所吸引。因爲社會在強大權力面前顯得溫和而任人擺佈。然而這需要更爲美好的社會，提供一個宏偉的計劃。因此在那些專家（那些知道什麼是更美好的顧問專家）手中是不可或缺的。

當被問到什麼是「更美好的社會」時，啓蒙文人學者公民對此的唯一回答是將其生活模式投射到「美好社會」這個巨大的屏幕上。這是它所知道最好的和最滿意的生活方式。維根斯坦在多年之後（一九三一年）在筆記本上寫到：

> 如果說，我的書只是爲一個小圈子的人而寫（倘若可以被稱爲一個小圈子）的話，這並不意味著我認爲在這個小圈子當中的人就是人類的精英。不過他們的確是我渴望訴諸的對象。不是因爲他們比其他人更好/壞，而是因爲他們成了我的文化背景（kulturkreis），他們是我的故人，而不同於其他人之於我而言不過是異鄉過客罷了[19]。

---

[19] Ludwig Wittgenstein, Culture and Value, Basil Blackwell, Oxford 1980,p.10.

這當然是對知識份子價值等級制度心理條件的深刻洞察，只有在啓蒙哲學家發動的時代結束後，才會有這樣的洞察。當作一個特殊的社交圈，而不是一種普遍有效的生活方式的知識份子團體才顯示出其真實的型態：一種相互理解和從容自在的純熟溝通所形成的溫馨親密人際關係網絡。但是上述所提及的那種把自己的生活方式投射爲「更美好社會」的心理條件，與維根斯坦確切表達的那種類型極爲相似。即使在維根斯坦那裡，這個特殊因素依舊將自己打扮成一種人類特有的性質。其成員依舊戴著反事實的面具，以體現「這類人」的純淨本質。

無需再問「啓蒙哲學家群體」創造了什麼，答案就在這裡，唯有文人學者的集體經歷才造就了他們。

第三章

「權力／知識」共生現象的社會起源

啓蒙哲學家們用一種與前人不同的方式觀看世界。從他們眼中所看到的世界，是由許多毫無干係的個人所構成，這些個人需要知識來啓發他們生活，使他們能夠應付日常生活中的事務，期盼著國家採用明智的政策，爲他們提供較爲合適的環境和指導。這確實是一種全新看待世界的方式。不過，啓蒙哲學家們所看到的，確實是個與他們的前人完全不同的新世界。

呂西宮費布弗（Lucien Febvre）描繪站在現代門檻上的人類世界是個「無時不恐懼，無處不恐懼」的世界。[1]這是一個令人恐懼的世界，它之所以可怕，或許是因爲人類靈魂的軟弱，而個人自我保護能力之薄弱，使得幾乎無法抗拒可怕的威脅。當然，還有面對死亡所產生之無盡的恐懼感，在頻繁爆發的戰爭和瘟疫鮮活的記憶之下，加深了這種恐懼。還有在面對變化無常、尚未馴服的自然時令的恐懼，對個人不幸、喪失健康或面子的恐懼……我們可以替凡人的無盡恐懼感，羅列一長串名單。但是，在所有的恐懼中，最強烈的或許是對這個新產生，並且日漸增長的不確定性的恐懼。不確定性停留在熟悉和習慣事物的邊緣，然而，這些邊緣正開始激烈地壓迫日常生活世界的邊界。乞丐、流浪漢、波希米亞人進入這些邊緣地帶，從大眾戴著恐懼的有色眼光看來，他們被視爲痲瘋病人、傳染病患者和盜賊。他們正是威脅人類生存的根基，對於缺乏有效吸收、壓制或驅逐制度措施的社會而言，

[1] Lucien Fébvre, Le problème de l' incroyance on XVIe siècles, Paris 1968, p. 380.

他們的威脅更為可怕。

「高密度社交性」(dense sociability) 是前現代人類學會運用來保護自己的安全，與危險爭鬥的唯一（儘管是脆弱的）武器，，一種「複雜的人類關係遊戲」。

> 農夫和城鎮居民一樣，必須依靠他們自己來保護自己，無論是身體上，還是心理上的安全感。人們使用一套社會連帶（social solidarities）設置作為安全感的保障。就像穿衣禦寒一樣，他們也在自己周圍圈上稱為家庭、同族、鄉黨或城鎮社會……等層層相連的人際關係。
>
> 城鎮共同體（社群）形成一種有效而且基本的社會連帶形式，由家庭、朋友、鄰居和各種社團構成。像是城市的象徵性城牆一般，劃了一道區分意味著危險的「外部」，和凝聚各種各樣社交結點的「內部」基準線。
>
> 這意味著當時的社交性需要的空間相對有限，使聯繫能夠變得密切而頻繁，這種為人們偶遇而預備的場所，數量上既不能太多，距離上也不能太遙遠，應該正好能夠充分地實現其目的。[2]

在這幅由共同體所構成的世界圖像中，最讓我們感到震驚的

[2] Robert Muchembled, Culture populaire et culture des elites dans la France moderne (XVe-XVIIIe siècles), Flammarion, Paris 1978, pp. 45,52.

是，這種用來產生安全感（而同時也是共同生活的基本條件）的方法，無論在傳統社會環境（setting）中如何有效，一旦社會溝通的空間擴張，它便完全無法應付。由於這個特徵的緣故，這種方式只能運用於相對有限的領域和小團體。它也較爲適合於相對穩定的社會環境，因爲在這種社會中，使人與人團結的社會關係網絡較爲穩固。在那裡，同樣在此生活的其他同伴，就是每個人的參考點，在漫長的時間中與其共同生活，缺乏變化，時間之長足以讓他們領會他們之間的共同權利、義務和責任，他們實際行爲與可靠性都可以經得住考驗。

建基於「高密度社交性」上的安全感，是無法被移植到一個擴張或流動的社會環境之中，因爲產生這種安全感的有效手段，就是使「他者」變熟悉，改造他/她成爲具有完全穩固的身份，讓他/她成爲這個彼此熟識的社會裡面的一份子。這種技術可以運用於所有「他者」，只要他始終處於社會的「眼界之內」（within sight）。鄉人和城鎮居民對他們經常遇見的人大多非常熟悉，因爲他們有充份的機會（透過重大聚會，以及在各種場合中的碰面機會），來觀察他們。這是一個透過彼此觀察而得以持續存在而自我生長的共同體。「透明性」這個人們日常生活中的真實，乃是那些有著烏托邦傾向的現代作家所嚮往的理想社會標誌之一。每個共同體中的成員，都在他人的凝視（gaze）下生活，就整體來說，每個人的生活都是公開的，「透明性」是這種生活方式下的自然產物。然而，目光所及之範圍的有限性，限制了這個世界的大小，儘管在這個世界中，或許能夠形成並維持一種頗具安全感的社會生活。

前現代的人，生活在一個微小而穩定，而且因此能夠牢牢控制的世界，但是在十六世紀，這個世界遭受到巨大壓力，並且在下一世紀永遠冰消瓦解。像是英格蘭，這個壓力開始在以一五九〇年爲起點的後半個世紀當中；當時，開始感受到「日益增長的人口，加劇了飢荒、瘟疫、貧窮的程度，也增加流浪人口，這些現象對社會造成的衝擊」。[3]在那個時候，整個人類經歷了一次人口的劇烈增長。但是，除了統計學意義上的因素－人口數量爆增之外，土地所有權的重新分配，以及相關的農業技術和耕種效率的提高，都使傳統的鄉村共同體無法吸納新勞動力，無法養活新增的胃（人口）。人口數量的增長，造成經濟學意義上的勞動力過剩，相對的便是整個社會中，出現許多無家可歸的人。引起我們注意的是，正是在這個時候，即由眾多共同體和社團構成的傳統世界正罹患絕症時，歐洲的理論家們也正歌頌著兄弟情誼、友誼與互助是人類組織的法則，這種對友誼與互助的讚美，在布丹（Bodin）和阿爾都修斯（Althusius）的著作中給人留下了無法磨滅的深刻印象。[4]

上述的變化導致兩個對於當時親身經歷社會秩序崩潰的人而

---

[3] Fletcher, Anthony and Stevenson, John (eds), Order and Disorder in Early Modern England, Cambridge University Press, Cambridge 1985, p. 36.

[4] Antony Black, Cuilds and Civil Society in European Political Thought from the Twelfth Century to the Present, Methuen, London 1984, p. 153.

言是一目了然的相關後果。第一個現象是突然出現的「無主之人」（masterless men）之數量，持續的增加，在傳統的社會秩序看來，無論如何，這種現象的出現都極其危險，因爲「無主之人」置身於（更爲精準地說，遊移於）任何現存的社會控制和管理手段的有效範圍之外。「無主之人」不屬於任何地區，也沒有任何可以承擔他們行爲之社會責任的管理者，他們不服從任何共同體（像是村社、城鎮或教區），以換取基本的生存基礎。第二個結果是「流浪漢（vagabond）」（他們和那一些「無主之人」一樣，只不過他們被視爲其另一個側面，並界定爲四處遊食的無家可歸者。）突然湧入狹小穩固的地方性共同體世界中。「流浪漢們」是如此萎靡不振而數量眾多，因此不可能用慣常的熟悉化或合作方法，使他們融入共同體，並加以馴服。「流浪漢們」無聲無息地出沒在人們的視野之內，頑固地保持作爲世界異端分子的角色，當共同體咄咄逼人的目光迫使他們屈服，以將其納入自己的正軌之時，他們卻又消失蹤影。「在世紀連坐法這種制度下，行政區中的任何一個居民對其他人的行爲都負有法律責任，但在對付這些四處流浪的陌生人時，卻一無用處。」[5]

把無主之人－流浪漢獨自分爲一類，視爲不祥而危險的力量，反映了當時社會控制手段的不足。從社會學的角度來看，無主之人－流浪漢暴露了傳統的社會繁衍機制已經陳舊不堪；結果

[5] A. L. Beier, Masterless Men, The Vagrancy Problem in England 1560-1640, Methuen, London 1985, p.146.

是，由於新不確定性的出現，他們自己成了焦慮與憤怒的焦點。恐懼在自我證成著，它依然強勁如初，因為這個正在進行而封閉和壟斷的進程，將愈來愈多的人拋上街頭，因為這些無主之人－流浪漢慣於四處遊蕩，在公眾的感覺中，他們比實際上的人數更多，因為這些無主之人在相當短的時間內造訪了許多地區，並令當地人驚恐萬分。

對此異常激烈、出人意料的反應是傳統的社會控制破產的徵兆。

首先被徹底修正的觀念是，在傳統的觀念上，窮人受到上帝的保護，是慈善的基督徒布施的對象。

> 「身強體壯的懶散乞丐」此一刻板印象開始四處傳遞，這種說法與中古世紀全盛時期的聖方濟修會的清貧理想全然不同。相當數量學者的工作成了翻來覆去地講述這些刻板印象，最後，這些觀念被編進法律……由於貧窮、無家可歸、沒有主人，學者似乎成為陰謀摧毀社會的一部份。[6]
>
> 到了十八世紀中葉，這些曾經被視為耶穌之子的人，愈來愈少受到他人的祝福，他們反而常常被描繪成暴徒、醉漢和惡人。[7]

---

[6] Ibid., p.12.

[7] Alan Forrest, The French Revolution and the Poor, Basil Blackwell, Oxford 1981, p.19.

在英格蘭，約翰葛雷（John Gore）把流浪漢們描繪成無根而危險的人，因為他們的生活中沒有上帝、地方官員或主人；在法國，特羅斯勒（Guillaume le Trosne）把他們描繪成一群既無規矩又充滿危險的傢伙，從事著「永無止境的陰謀判亂活動（une rebellion sourde et continulle）」。這個社會對窮人公認的新定義的焦點放在，某人由於缺乏謀生的能力，而道德上被視為可恥的人。這並非只是因為推崇勞動的價值，而且事實上是由於勞動通常暗指擁有主人，從屬於一個共同體，而且還意味著在別人的監督之下做事，也就是置於社會控制之下。作為一種沒有工作的存在，由另一方面來說，就是擺脫社會控制，待在「社會看不到的地方」（social invisible）。最可怕的是無主之人的社會身份（認同）令人難以捉摸，這幾乎等於有了蓄意串聯、陰謀反叛現存社會和秩序的嫌疑。窮人被指責為有意不工作，羅伯克羅萊（Robert Crowely）指責他們為「國家的寄生蟲」，「靠著吸食勞動者的血汗為生」，托馬斯亞當斯（Thomas Adams）認為他們寧可生病也不願意勞動。[8]不過，無主之人的危險並不在於道德上對貧窮的嫌惡，而在於他們的無根與漂泊狀態必然會對社會造成危險。

人口過剩顛覆了共同體作為社會秩序的基本單位，而最大後果或許在於引發了一系列的立法決議，最後徹底改變了國家在社

---

[8] Cf. Beier, Masterless Men, p.86.

會繁衍中的角色。共同體無法應付新問題，它們缺乏充份的經濟資源。最關鍵的是，曾經順利運轉（從而被忽視）的「我盯你，你盯我」的共同體控制系統，一旦作爲凝聚共同體成員基礎的相互聯繫被削弱後就崩潰了。於是便出現了要求重新配置社會權力的危機。

傅柯（Michel Foucault）將社會歷史學家們的注意力轉向「監視」（surveillance）或「規訓性權力」（disciplinary power）的形成，轉向「社會控制凝視技術」的發展，後者出現於現代之初，它使後來成爲一個對人實行規訓，並使個人的所有行爲，以及行爲的所有領域，都被納入嚴密控制的時代。[9]不過，我們知道，這種權力不是到了現代社會才新出現的。在現代之初所發生的實際上是傳統監視性權力代理人（agent）的破產。因此，規訓性控制已無法再像過去那樣運用於現實。此時，顯而易見的是，必須重新關注、構想、組織、安排並留意這個問題。需要一個更新、更加強大、更有力的代理人來擔負這個使命。這個新代理人就是國家。

十六、十七世紀的英國和法國一樣，瘋狂地從事立法活動。新的立法見解已經確立，新的國家利益和義務的合法領域已經描繪完成，新的懲罰和改造技術也已經被發明。在這接二連三社會改革風潮的背後，是因著新的社會危機而產生的不祥幽靈：無家

[9] Michel Foucault, Power/Knowledge, ed. Colin Gordon, Harvester Press, Brighton 1980.

可歸而無主之人。這個群體後來被稱爲「危險階級」，他們是權力和社會秩序危機生動、普遍存在的徵兆。一開始，國家的立法試圖從缺乏的角度來解釋，在他們的環境之中，哪些被認爲是一般生活所需的「正常」要素卻爲他們所缺乏？作爲一種普遍傾向，答案完全在意料之中：必然是在一個人能夠回憶起來的權力歷史中所獲得的知識範圍內，必然是採用舊瓶裝新酒的方法，必然是用陳舊而屢試不爽的辦法來匡正這個新群體，使他們「安居樂業」，融入社會。不過，正是在這個過程中，社會秩序的「正常」因素成爲問題，並且被理論化。正如海德格經常舉的例子，你不知道什麼是錘子，除非錘子壞了。一五三一年制定的法案對流浪漢的界定是「任何無土地，無主人，沒有以某種合法經營或手藝技能來維持自己的正常生存，但具備工作能力的人。」這個界定把從屬於某個主人，或者擁有財產，作爲行爲正常，可以不受懲罰的條件。基於同樣的理由，它也爲流浪漢們如何改變恥辱狀況指出了一條明路：重新獲得這些條件。一五三一年法案和之後的所有法案，對下述情況要求依舊：主人、土地、手工作坊之所看來療效顯著，是因爲在人們記憶所及的過去，它們是把民眾牢牢綁在運作良好控制機制上的繩索，民眾在那裡受到了共同體持續的監視，並且強制改造人們的行爲。與其說這種沉默是出於惡意，不如說是出於無知。反對流浪者的早期立法家們，還不知道有其他手段來達到他們的目的，這才是真正令他們憂慮的事情。

傳統手段首先必然暴露出它的侷限性與無效，隨後「監控」

（control-through-surveillance）這個問題自身才浮上檯面，才能有目的地尋找或創造一種更新、更有效的措施。強迫流浪者回到他們的故鄉，卻漸漸地發現這種方法不能達到預期效果。無論在鄉村或城鎮，他們都是多餘的。地方鄉紳，既沒有辦法，也沒有能力來安頓這些日益增多的失業人口。窮人被他們自己的鄉鄰所厭棄，被微不足道的機會吸引，成群結隊地湧入城鎮，躲避對他們的驅趕。歐洲的市鎮到處成爲「孤苦無依的絕望赤貧者的避難所；成爲貧民的墓地……貧困導致的種種現象，在城鎮出現，它們在城鎮中的蔓延，使公共秩序面臨嚴重問題，它們對公眾健康造成威脅，對傳統的供給模式帶來了壓力。」[10]最重要的是，維持社會秩序的傳統模式已經無法承受它所導致的壓力。

時光壬冉，共同體那套單調的秩序系統無法迫使無家可歸的人返回自己的家鄉，無法輕而易舉地恢復秩序。立法者們很快意識到，問題的關鍵是流浪者有能力但逃離對他們進行「監控」的地方性社會。不管到什麼地方，他們永遠居無定所，永遠是異鄉人。這也就是說，他們永遠在社會監視範圍的外圍。因此，立法者們把注意力轉向如何恢復這些無主之人的「能見性」（visibility），使他們重新被置於法律的監視之下。

一種最爲簡便、容易執行的方法來自於實際上已知的牲畜飼養：烙印。在詹姆斯一世（James I）統治之下，這種對付離群之

---

[10] Olin H. Hufton, Europe: Privilege and Protest 1730-1789, Harvester Press, Brighton 1980, p.37.

羊的辦法被利用到了流浪者身上。一六〇四年的法律規定，「在遊手好閒者身上烙上個『R』，烙印要深入，使其永不磨滅，讓他們一直到死都帶著這個標記。」[11]該法案的意圖在於將這個特別危險的群體從普通人中間區別出來，從而可以密切注意他們的動向。至少這樣可以在某種程度上消解他們四處遷徙的不良後果。

不過，在對共同體的控制機制瓦解而產生的各種回應中，最重要的是強制性監禁的發明。監視，這個經受考驗（儘管到目前爲止尚未受到重視）共同體的控制手段，通過有意的創造和維持某些條件之下，可以人爲地使用。沒有鄰里監視流浪者，並使他們的行爲齊一化。沒有自然形成的「集體的監視者」，能夠在夠長的時間內把這些流浪者置於自己的眼皮底下，並且（不是短暫的）影響他們的行爲；流浪者精通如何逃避「受監視的區域」，知道如何避免在任何地方停留太長時間。不過，可以強迫他們進入一個有限的區域，使他們無法遁逃。在這裡，隨時都可以看到他們的一舉一動，監視者始終跟著他們，監視者的人數足以保證持續性的監視。他們在那裡的行動（實際上，他們所有的生命活動）都被置於嚴格的控制之下，服從外部指定的生活安排，從而不再是不穩定的根源和社會秩序的威脅。只要被關入監獄，這個「危險階級」就又重新變成「透明」的了，也就意味著變爲無害的了。

監獄、少年感化院、救濟院、醫院、精神病院，都是同一個

[11] Beier, Masterless Men, pp.159-160.

強大的推動力量的副產品，這個力量就是使模糊變爲透明。一旦傳統「監控」手段所賴以維生的各種條件愈來愈被證明無效，這個力量便構想出另外重新安排監控措施的環境。現代早期產生的各式各樣創新，雖然從表面上看來，各自所處的領域相去甚遠，從功能上看來，彼此之間也沒有什麼關係，但是讓人吃驚的是，它們同時產生，這提醒了我們，這些創新遠不只是針對某個具體問題的偶然發明。不僅僅是解決某些具體「社會問題」，而是社會控制機制，這才是關鍵所在。隱蔽在監獄或醫院等具體表象後面的普同性，後來在邊沁著名的「全景敞視監獄」（panopticon）中出現了：

「全景敞視監獄」一詞在此至關重要，它指出了這個系統的原則。邊沁不單單從建築設計的角度提出一種構想，來解決這個特殊問題，如建造一所監獄、學校或醫院。邊沁聲稱這是個真正的發現，他自己把這稱爲「哥倫布的蛋」。實際上，邊沁的主張正是那些醫生、刑罰學家、企業家和教育家一直找尋的東西。他發明了一種解決監視問題而設計權力技術。這裡的重點在於：邊沁構思並且闡明，他的監視系統正是權力實施的便利性和有效性所必需偉大的創新設計。這個系統實踐的濫觴始自十八世紀末以降。[12]

[12] Foucault, Power/Knowledge,p.148.

我們已經知道，把秩序的控制和衍生這個問題界定爲一種監視，並沒有什麼新意。然而，從古代到現代的監視技術，卻在一些關鍵性的面向上，發生了一場革命。這些革命所共同要推動的是一個完全不同於過去的社會結構的降臨。

最重要的變革或許是終結了監視的相互性，另外一種起而代之的是建基在控制不對稱性基礎上的新機制。現在，監視活動把受它影響的集團一分爲二，使之成爲兩個完全獨立的、永遠分離的部份：監視者與被監視者。權力的不對稱並不是什麼新發明，它在我們已知的所有社會都存在。但在前現代社會，不對稱權力所涉及的，與其說是物的擁有者，不如說是對物的佔有；與其說是人，不如說是物（除開一些顯而易見的例外，像是常備軍、僧侶）。權力的不對稱主要表現在社會剩餘產品的再分配時，此時，生產者被迫或被強制、心不甘情不願地把他們的一部份產品以有利於統治者的價格賣給他們。總的來說，那些掌握著權力的人對此已經心滿意足，也就是說，只是到了打算再分配剩餘產品的時候，他們才作爲一種鮮活的力量，出現在生產者的生活。他們除了手中的權力，絲毫不關心具體的生產過程。他們對週而復始地進行著農業生產的方法，既一無所知，也不聞不問。掌握著權力的公侯或領主的生活，與臣民的日常生活相去甚遠。掌權者享有不定期地（一般是每年一次）對物產進行再分配的權利，他們的興趣也僅限於此。故而，他們與臣民僅止於暴力的關係。對他們來說，讓生產者相信，反抗他們的徵收是愚蠢的作爲，而失敗更是必然的後果。而生產者對此的確信，通常表現在信仰的形式上，即相信他們對那些超人負有義務。由於經常地運用強制性的高壓政策，才能實現這樣的效果，而頻繁地（通常是儀式化了的）展示權力，在某種程度上使得這種效果得以維持。國王公侯們常常公開展示其扈從部隊的威力，以及威嚴的外貌。這時所期望被看的是掌權者，而看的人則無權無勢。臣民毫無疑問地屈服於皇威之下，日常生活也始終受其監視。不過，一般來說，這是一種分散的監視，共同體中的所有成員，同時並且永遠都是監視者。這種監視建立在人類學家所謂「無分化的互惠性」(generalized reciprocity)的基礎上，在這種情況下，在相同或不同的場合中，彼此之間都具有相互控制的權利，從而使這種互相控制的行爲合法化。

邊沁的「全景敞視監獄」這個宏大設計的制度，作爲一種「常態」的社會權力技術表徵，開始大量的展現於不對稱性的監視中。它把【作爲】權力客體的多數，永遠放在了「被監視者」的位子上，後者既沒有權利，也不可能有希望來實現相互監視，或與監視他們的人調換位子。這項變革導致制度內權力的切割，以及隨之而產生的兩個非常重要的創新。首先，完全而連續性的單方向監視替一種全新控制性質的到來創造了條件。國民的行爲，不僅在某些經過刻意選擇、苛刻的場合中，要依據被指示的設計來進行改造，而且他們整個生活方式現在也遭受嚴密的控制，在一個適合的鑄模中，燒鑄成中規中矩。他們的身體活動被強行賦予一種周而復始而合乎規則的節奏。他們的行爲與動機無關，因此，他們的意願遭到漠視：一旦外在持續不變的習慣穩固，個人動機就不再是值得認真考量的情境因素。連續性的單方向監視使得表面上的高壓政治成爲多餘，至少毋須那麼明顯；這種高壓政治在規訓初期顯然是必要的，隨後它必然會愈來愈少發揮作用，直到成爲一種潛在或象徵性的力量。其次，連續性監視的單向性，使得社會定義的被監視者，由於被權力關係所界定，他們成爲了相同範疇的類屬。他們全部的社會地位，被他們所臣服的同樣的監視實踐所決定，這種監視實踐的目的在於，藉由讓每個人被置於監視狀態下，形成一種相同、普遍的人類行爲模式。單向監視傾向消除對象的個體性差異，傾向於能夠在數目上進行統一性的管理取代質方面的歧異性。這種傾向後來體現爲對這個對象進行科學的「客觀化」分類，使合於統計學上的處理技術，在這種統計上的處理過中，個體性、人格意義、動機等等，都是多餘。在人之間分類，也是權力操運的結果；同樣的，也是分類實踐的結果，即挑出一定數量的人，把他們置於一個或多或少有些差異的例行程序，並且使他們在事實上從屬於這個例行程序（像是有危險性或沒有危險性的罪犯，痴呆、聰明和愚昧的學生等等）。

另外一個不對稱監視的深遠影響的結果是要求將專家放在監視者的位置上。現在，監視行動把監視者從群體中的其他部份中區分出來；這是一種需要全身心的投入的專門性（全職）工作，它當然會成爲一種「職業」——一種監視措施得以源源不斷地存在的來源。正是因爲這種控制的連續性和永恆性，使它可以確實建立自身的目標，與貴族權力所夢寐以求的那種「分散式」監視相比，它的目標無疑更加雄偉。不對稱監視產生了對人類行爲模式進行整體改造這項艱巨任務，就是把千篇一律這個不合理要求規則，強加在有著各種各樣愛好現實活動的個人之上，就是把各懷鬼胎的居民個體，納入一致性的客體範疇內。這項任務異常艱巨，要完成它，徒有暴力遠遠不足。它需要具備專業實踐知識和技能的人參與，它需要人類行爲工程師。不對稱性監視所產生的，與其說是一群徹底施行高壓政治的專家，不如說像是「教育家」這種角色的人物（儘管這兩者並不必然對立）。

只有在一種連續性的不對稱權力想要塑造或改造人類行爲時，才有可能出現專家這個角色。專家的出現，實際上是帶來現代社會權力重新分配的另一項重要結果。產生了一種新認識：與人類渴望的社會秩序相適應的人類活動，不能聽憑個人的判斷或「自然力」的支配，在過去，個人行爲或「自然力」能有效指導滿足社會秩序所要求的人類行爲。這項新觀念的產生，是新現實的產物。不對稱監視的制度化提供了一種對於人類的「有限性」、「缺陷」或「內在的不完備性」的認識典型結構，在這個結構中能夠重新被塑造成一種實踐活動，從而得到證實和強化。一方面，這種實踐使人類個體的不完備性得以再造並且「客觀化」，但另一方面，最終它將把教育家（專家）帶入權力領域，他們教化人類，使後者臻於至善，這種至善是社會秩序不可或缺的，我們可以恰如其分地把它稱作「共同利益」(the common good)。教育由此成為構成這項權力結構不可或缺的。掌權者必須懂得什麼是共同利益（人類的共同利益、整個社會的共同利益或委託他們統治的那個部門的共同利益），他們還必須了解最適合這種共同利益的人類行為模式。他們必須知道如何來誘發這種行為，像是某些特定知識。權力需要知識，知識賦予權力合法性和有效性（兩者有其必然聯繫）。擁有知識於是就是擁有權力。

這項產生於社會整體結構的新型權力具有兩個清楚的特徵：牧人式的權力和思想改造的權力（proselytizing power）。

我們得再一次承認，這兩種特徵都不是什麼新的東西，至少不是全新的。在前現代的諸多歲月中，它們已經被創造，經歷了發展，承受了考驗，並且在基督教會的神靈統治時代，發展到了無與倫比的境界。用傅柯的話來說，這種牧人式的權力不是為權力自身，而是為了臣民的利益；不是為了個人一己之私，而全然是為了臣民的至善。它不將臣民視為集團來處理，它反而一個個地面對臣民，也就是說，它的目的在於每個人的至善，因此，它把個人理解為集體性中的自主性單位。它假設，個人至善的關鍵隱藏在臣民人格中，因而這個權力制定了一套獎懲體系，使個人成為權利自主性的力量。權力的思想改造性質的特點在於使臣民從一種生活方式轉向另一種生活方式；它認為自己是更理想的生活方式的認知者和實踐者，臣民則沒有能力使自身提升到更高的層次（必須指出，就像基特里（Kittrie）的「治療性權力」（therapeutic power）或康澤洛特（Donzelot）的「監護情結」（Tutelage complex）等這些權力類型一樣，思想改造的權力並不一定要依據自身意象來改造臣民，所謀求的並不一定是臣民對於這個權力自身所代表的並源於其自身權威性的生活方式優越性的承認，並且不屈不撓，堅定不移。接受是臣民能夠獲得救贖的基礎，由於他們承認掌權者宣揚的生活方式的優越性，從而把優越性賦予統治者所具有的那套知識。這種承認使權力持有者與臣民之間的裂隙不但沒有得到縫合，而且在進一步地強化和永久化，這正好與激烈的思想改造運動所公開宣稱的目的相背離）。思想權力的基本原則在要進入現代很久之前，就已經在基督教會的實踐中運用，並且遭受考驗。

在現代權力結構中，真正產生的新東西，是牧人式和思想改造技術的世俗化，儘管原來就有這些技術，但是它們現在擺脫了教會等級體系，根據國家的需要而重新配置。這也就意味著，這兩種技術比以前更野心勃勃、更想全面性地謀求它們目標的實現。教會牧人式和思想改造式的權力，目的在於形成並維持一種信仰的優越地位，這是一種信仰對另一種信仰或其他信仰的優越地位，它削弱後者的勢力，使其過於薄弱，無法得到堅定、全心全意的信奉。而國家的牧人式和思想改造式的權力，則不單單要求征服臣民的精神，實際上，信仰在這裡並不是關鍵所在。國家向一切看來可能對它的統治造成麻煩的潛在根源宣戰。在國家謀求生存的藝術當中，一種最需要的專門技術就是如何使國家得到認同；臣民們不得不承認，國家及其委任的專家（他們旨在使國家獲得合法性）比他們自己更清楚什麼對臣民有益，他們該如何過活，怎樣行動才能趨吉避凶。如果沒有博學多聞者的監督、幫助和改正的話，臣民們不僅被認爲沒有能力自己找到通往上帝之路，而且被認爲沒有能力過像人一般的生活。

第四章

從獵場守衛到園丁

艾尼斯特葛爾納（Ernest Gellner）曾經說過：「蠻荒文化（wild culture）中的人，一代又一代地複製他們自身，毋需察覺到計劃、管理、監督或專門養分。」相反的，「農耕」(cultivated）或「園藝」（garden）文化，只有依靠專業知識階層的存在，才得以存續。[1]爲了文化的繁衍，他們需要計劃和管理，若無這兩者，田園就會被蠻荒所侵蝕。在每塊田園中，都有一種因爲人爲而產生的不確定感，田園需要園丁持續不斷的悉心照料，只要片刻的疏忽或一點兒的心不在焉，田園就會重回自然狀態（然而自然狀態必須被消滅、驅逐或受到控制）。無論田園在開墾之後是如何完美，但對於田園永遠無法依靠它自身的再生產，或者依靠它自身的資源來自身延續。田園中的野草是一種不請自來、漫無章法、自生自滅的植物，增強了強加於自然的人爲秩序的脆弱性，它們讓園丁們想到需要對田園進行沒有間斷的管理和監視。

現代性的出現就是一個從蠻荒文化向園藝文化（garden culture）的轉化過程。或者，更確切地說，它是重新評價過去構築園藝文化過程當中的一步，而且在那些新的藩籬背後延伸開展，或者在自己的田園中，阻礙農人耕作並無法逾越的田地，都成爲「蠻荒」。這個過程從十七世紀開啓，到十九世紀初歐洲半島的西端，已經大致完成。由於在那裡所取得的成功，它成爲世界其他地區（或被強加於其他地區）的夢想模式。

---

[1] Ernest Gellner, Nations and Nationalism, Basil Blackwell, Oxford 1983, p. 50.

要從蠻荒文化過度到園藝文化的轉變，光在一塊土地上埋頭苦幹是不夠的，它更需要園丁（gardener）這個新角色。園丁的產生是出於一種前所未知的目的以及技術的需求。園丁現在取代了獵場守衛的角色。守衛不以農耕或畜養家畜爲生，他們沒有想過要改變自己的狀況，以便讓他們的生活環境更接近於人爲的「理想國家」（ideal state），他們反而只試圖保證動物和植物的自我再生產（繁衍）能夠不受干擾，他們相信托付予他們東西自身的能力。就另一方面來說，他們缺乏一種干預受托物之永恆不變自然習性的事態，對他們來說，不可能成爲一種可以考慮的現實選擇。守衛的追求更爲簡單：確保能夠從永恆的自然過程中分享部份的生存資源，確信可以藉由採集的方法分享自然果實，防止假守衛（盜獵者被貼上了非法守衛的標籤）闖入，防止他們攫取真正守衛應得的那份資源。

支配現代性的權力（即國家的牧人式權力）正是對園丁角色的摹仿。前現代社會的統治階級曾經是一個集體性守衛。首先，通向現代性之路就是園丁角色的誕生，其次則是集體性守衛的衰落並終將被取代的過程。由於守衛的需求劇增和打破自然過程本身的生產能力之間的平衡之緣故，發動這個進程的原因並非園藝活動的發明，而是因爲蠻荒文化對於維持其自身的平衡和一年一輪、周而復始的繁衍已經愈來愈無能爲力，只要後者依然由其「永恆習慣」（timeless habit）而自生自滅的話；而最後是因爲如果統治者還滿足於傳統的消遣和娛樂活動的話，那就無法確保他們所需的利益。

守衛並沒有能力支配自己生活的這個偉大思想信奉者的人類（或他們自己）。換句話說，他們是自然宗教的信仰者。在蠻荒文化中，人類的管理活動，不是一種「模仿」(patterning)、「鑄造」(moulding)，或「塑造」(shaping)；他們缺乏關於人類世界的人類起源、人類自給自足和人類景況的可塑性等等思想的經驗。他們自己缺乏干擾未開發自然的自發進程，這導致後者在實際上的「不可接觸性」(untouchability)，這個反映在他們的哲學中（假如他們需要的話），表現爲世界秩序的超凡特質。蠻荒文化本身不能被視爲一種文化，也就是說，不能被視爲人類強加（無論這種強加是有意，還是無意的）給自然的秩序。即便它是一個完全被創造的東西，顯然也比通過人類（無論是公開宣稱，或默認）的約定所形成並維持的東西要強大得多。這就是被視爲上帝創造物的自然，上帝的超凡神力使創世計劃得以實現，並守護祂的創造物，使其永恆。從智識的層面來說，重新界定社會秩序，就是約定人類活動的範圍，這是迄今爲止通往現代性道路上最爲重要的里程碑。然而，爲了使這個重新界定得以開展，在通往重新劃定社會秩序的路上，一場革命在所難免。統治階級的守衛態度，必然暴露出他們對那些毫無準備的困境束手無策。

霍布斯（Hobbes）用兩三句話便解決了「自然狀態」(natural state）的概念，霍布斯視之爲一種對「無恥、獸性和貧乏的」人類生存景況的描繪，在十七世紀思想家中，霍布斯的「自然狀態」

是所有流傳下來的「概念」中，引用得最頻繁且最出名的。它引起許多人的關注，並且已經成為現代社會哲學、政治科學和社會學公認的出發點。帕森斯（T. Parsons）認為，我們或許可以把整個社會科學的發展歷史，視為對霍布斯這個隱喻，漫長而迄今仍無定論的論戰過程：霍布斯的問題讓我們產生一個「困惑」，就是現代社會科學的典範如何形成。在最近三個世紀的歐洲思想史中，始終沒有否認過霍布斯命題的重要性。雖然關於霍布斯思想的評論卷帙浩繁，但是有一些問題基本上卻沒有被討論過。像是霍布斯「自然狀態」的意象從何而來？完全出自他的想像嗎？還是完全由知識人從虛無（ab nihilo）中所創造出來？或者，和大部分的想法一樣，更可能是霍布斯經歷了一些新現象後的反應，儘管這些反應或許過於誇張並且異於尋常的強烈。但是，這些新體驗在他原來就已關注的面向，激發了他的想像？

除非能夠證實相反的意見，否則，我們將採納這個看似合理的假設。果真如此，那麼接下來要問的便是：在霍布斯所生活的時代中，激發他對「自然狀態」的可怕意象到底是什麼？

霍布斯看似是一種幻覺的受害者，他把已然崩潰、完全由人為建立的社會控制體系的陳跡，誤以為是自然狀態尚且存活的遺跡。這些從霍布斯的生活世界當中湧現而令人憂慮的異端分子，預示著他們是即將來臨的社會先驅，這些散布於各地的極少數異端，是將會出現的「常態」中的典型人物，「常態」，指的是由以獲利作為行為取向的自由個人所組成的社會，這些個人由於共同體監視系統的崩潰而獲得解放。在一個真正的蠻荒文化中，這些個人被安全而恰當地放在個別受監視的位置上，社會控制難免會有不成功的時候，這種辦法是用來應付控制失敗所產生的後果；這些人數目固定，身分清楚，行爲循規蹈矩，因而被認爲是可以預測和容易管理。由於前面幾章所討論的原因，所有消化他們的手段現在都迅速解體了。就是在蠻荒文化自我再生系統坍塌的時候，霍布斯自以爲瞥見了自然狀態的原有樣貌。

然而，在種種因共同體退出所引起的，令人瞠目結舌的後果中，最重要的是，我們看到了人類日常互動、溝通的基礎，在本質上的脆弱性。的確，發現這些原則的存在（不是說它們必不可少），本來就很困難。如果一個社會「無需有意識的計劃」（without conscious design）就可以自我繁衍，也不曾因爲不可預測的副作用涉及範疇廣闊而使得管理系統難以應付。我們幾乎無法從此推敲或讀取這些原則。正由於這些原則開始受到愈來愈頻繁的破壞，以至無法被貫徹，我們才發現它們。更準確地說，只有「缺乏設計」（without design）的社會開始大範圍的產生無法預期和控制的現象，才可能出現對已經不再被奉行的那些現實或理想的原則的追問，才可能提議修補因破壞而導致令人婉惜的現象，這樣的建議才具有了意識進行設計的性質。一旦社會秩序不再是事物自身的自然展現，那麼，唯一能夠直接處理這個問題的構想就是「社會契約論」（social contract）（一個立法者或「設計－規劃暴君」（design-drawing despot）的設想）。

對（人爲的）社會秩序和自然（包括人的本質）間關係的新理解，表現在理性（reason）與激情（passion）的著名對立中。激情愈來愈被視爲人類與生俱來的「自然稟賦」（natural equipment）（既非自我努力的結果，也非他人幫助的產物）。理性源自知識，必須由能夠明辨善惡真僞之人「傳授」。理性與激情的區分，與其說源自不同的道德立場，不如說從一開始就註定了；這個區分暗含關於社會的固有理論，它表現爲「自然」和個人（反社會現象根源）與社會（有組織的等級制的社會制序機制）之間的對立。這裡清楚地表明了，爲了維護人與人之間關係的秩序化並使之永恆化，（國家的）超個人權力不可或缺；權力控制的任何鬆懈，或者，對人類「易變性」的任何信賴，都會造成可怕而災難性的後果。

艾伯特赫希曼（Albert Hirschman）注意到，爲激情所統制的個人和爲理性所推動的國家之間，存在著明顯的矛盾，這個矛盾困擾著那些運用這對術語進行思考的哲學家們。[2]在現實中，生理原則如何對僅被激情引導的人類行爲發生作用？既然「激情」代表人類所有的「自然稟性」，代表人類身上一切的「野性」，在人爲的法律中沒有它（人爲的、有意識）的起源的話，那麼，理性又如何能對「激情的人」說話，並且認爲後者能夠聆聽它的話語，更重要的是，能夠聽從於它？赫希曼在另一部使人獲益良多

[2] Albert O. Hirschman, The Passions ans the Interests, Princeton University PRess, 1977.

的研究著作中，沒有注意到這個問題的實踐性（而不僅是邏輯的）特徵。得從政治實踐，而非從道德理論中找尋答案；赫希曼所引用的那些思想家，忙於發展一套社會（國家）權力的理論和語用學，而不僅限於討論「人類稟性」。

斯賓諾莎曾對有一些參與這個問題討論者普遍運用的共同看法，此做過一個簡要的摘述：「就善惡的真知識而言，僅僅作爲真知識，絕不能克制情感，唯有被視爲一種情感，才能克制情感。」[3]如果我們從社會秩序的語用學角度來解讀這段話的話，那麼，這個時代的主要問題便十分清楚：情感。情感是反社會的根源，它不會區辨是非。不能用理性的論述解決這個問題，就連討論與傳播真理的知識也不行，或更精確的說，只有對知識自身產生作用的人，或許還有那些能夠被哲學家引發類似激情的極少數人類精華。至於其他人，問題並不是怎樣把他們的感情導向正確方向，而是怎樣抑制或消解他們的強烈慾望。在斯賓諾莎看來，愛上帝，祈求上帝賜福，相信能夠從宗教中獲得救贖，這些才是能夠引導「社會上的」其他人走向所需要結果的道路。

赫希曼察覺到，在當時的學術討論中，利益（interest）被視爲激情的一種，受到愈來愈多的學者同情，從而寄予越來越大的希望。當然可以把當時學者的這種選擇化約解釋爲未來資本主義的「先驅徵兆」（prodromal symptom），從而把十七世紀哲學家

---

[3] Baruch Spinoza, Ethics, transl. by N. H. White, Oxford University Press, Oxford 1927, part iv, prop. 14.

們置於預言家的位置上，或者至少視他們爲未來社會的信差，因爲他們的選擇，預言了一個半世紀以後化爲現實的資本主義體系。但是，這樣做便意味著，把無論在此之前還是之後的哲學家並不從事的活動，歸咎於他們。更重要的是，當這些哲學家把利益設想成一種有價值的激情，推崇它來抑制其他病態的激情時，他們全面而徹底地思考其所處時代的現實，以期作出自己的結論。他們試圖用當代意指解決當代問題（這也包括藉由對歷史回憶下理解的「當代性」）。實際上，現代讀者要把十七世紀的利益概念，放到今天他們所熟悉的那個利潤取向（profit-orientation）的利益概念中，是要花費一番功夫。十七世紀思想家所使用的「利益」，是對反社會激情的補救，而其涵蓋面相當廣泛。在 La Rochefoucault 一六六六年出版的《箴言錄》（Maxims）中，「利益」更多地用於令人尊敬和具有榮譽的事物上，福利或財富只是眾多面向之一，利益絕不等於福利或財富。與其說利益是由自然，不如說是由社會所推動；與其說利益源自人類自然稟性，不如說是社會所引發；利益是加之於自然易變性的人爲產物。再者，利益和激情間的真正對立，就是社會所規劃的秩序，與沒有改造過的、人類的原始自然狀態之間有所差異。利益的具體內容，遠不及它的人爲性來得重要，也就是說，利益問題的關鍵在於它的社會面向。

在利益與激情的對立中，還有（也被赫希曼忽視的）另外一個面向：階級。與其說是階級劃分了個人自然稟性的兩個不同面向，或者說劃分了同一個人所能採取行爲的兩種不同類型，不如說是區分了兩種類型的人。「利益人」(Un homme intéressé) 可以是對個人生活中某個特定面向的命名，但是，它確實並且還可以意味著被眾人當中的自然本能牽著鼻子著走，並且是追逐著社會導向的目標。通過這個區分，我們可以將其他人從「利益人」所構成的階級當中分離出來。使他們得以分離出來的決定性因素是：支配他們行爲的動機是「爲了」(in order to) 某種目的的實現，這是一種典型的「工具－理性」行爲。關於利益的討論只是諸多概念化活動進行僞裝的其中一種方式。這是舊秩序瓦解時代中，社會秩序建構的新階級基礎的理論化。

利益行爲，愈被當作有益於社會行爲而遭受推崇，那些爲激情所推動而出自天然的自發行爲，似乎愈具有危險性並且遭受指責。參與論辯者將其目的性行爲，設定成對社會有益和値得推崇的生活標準，從而勾勒出新階級的整體輪廓，爲新的社會繁衍機制確立了「參考門檻」(terms of reference)。然而無論論辯所使用的概念及其語義背景的差異如何巨大，在本質上，其社會功能正如尼采在討論基本道德論述範疇時所講的那段極富洞察力的話一樣：

這些都是「善」自身，也就是說，那些高貴、強大、居高位、慷慨的人們，判定他們自己和他們的行爲是善的，亦即比之於那些低下的、卑賤的和粗俗的人，他們屬於最高的等級。只有這種因距離而產生的悲劇，才賦予了他們創造價值和命名價值的權利……

貴族往往是層級階級意識中的基本概念，藉由「善」這個概念的歷史必然性產生出包含「高貴心靈」、「卓越精神」的意思。這個發展的另一種轉化，必然伴隨著平庸、粗俗、低等這些概念最終將轉化爲惡的概念。[4]

這是段神話式的道德起源闡述，在尼采那個時代非常流行採用自然史（naturgeschichtliche）的思考方式。然而尼采對權力的社會學洞察，發現機制賦予社會統治相關行爲肯定性的判斷特徵，值得我們注意。對利益的尊崇並不自外於這條普遍法則，激情的貶值亦不例外，激情逐漸（首先是）成爲無價值而低劣的同義語，與其相對立的，則是受到推崇的「上位者」(better man）的「利益」行爲，後者的生活風格成爲秩序社會的基礎。

用奧斯丁（Austin）的話來說，「理性對抗激情」這套論述最重要的語言表達效果，就是把貧窮和卑賤之人視爲危險階級，必須重新鑄造、管制和教訓，以防止破壞社會秩序。貧窮和卑賤之人的生活方式被重形塑爲一種出於動物本能的行爲，缺乏理性並且與之衝突的生活。這兩種結果都意味著蠻荒文化的去合法性和對後來的文化園丁這個合法（而被動的）載體的歸還。對此，

[4] F. W. Nietzsche, The Genealogy of Morals, transl. by Francis Gotfrey, Doubleday, New York 1956, pp. 160-162.

雅克勒書爾（Jacqus Revel）曾有過辛辣的概述：

民眾被視爲這個過時而陳腐的社會和文化遺跡的載體，這個看法既顯示了民眾的屈從地位，又顯示其自身的正當性。從而，民眾的實踐代表了一個逝去的時代，它不過是一個關於錯誤的人性信念的倉庫，一個人類的幼年時期。……那些曾經以公認的理智或科學知識的名義被公開批判的東西，現在因被貼上了低等社會集團產物的標籤而失效。……民眾的領域現在成爲非法活動、反覆無常的怪異行爲、不受約束的現象和反文化本質的否定世界。[5]

勒韋爾證明了，雖然那些理性與理性利益的維護者在觀點上有許多眾所周知的分歧，但是，他們在根本上的一致性仍然可以使他們團結起來。對於爲什麼理性優於自然激情這個問題，他們各有所執，但是無論他們如何激烈地爲自己辯護，只要是在指責那些「理性貧弱或毫無理性的」人的緊要關頭，他們就會盡釋前嫌。對於每一次重複普遍性的理性能力，總是伴隨著運用理性能力乃是一種罕見特權的暗示。再用勒韋爾的話說：「這整套論述可以被合理地解釋爲有一種『封閉－排外』的功能，一種不知從何

[5] Jacques Revel, "Forms of Expertise; Ingtellectuals and the 'popular' culture in France (1650-1800)", in Understanding Popular Culture, Europe from the Middle Ages to the Nineteenth Century, ed. by Steven L. Kaplan, Mouton, London 1984, pp. 262-4.

發出的集團聲音，使這套論述永恆化。這個集團的同一性源於對這套論述的運用，源於建立在一種專業技術能力之上的獨立性。這個集團運用這套論述來定義它自身。」[6]這種具有一致性的論述分佈得非常廣泛，它把那些本來完全不可共處的人聚集起來，大衛霍爾（David Hall）最近寫道：「到了十七世紀末，『教士、自由思想家、哲學家和科學家』不顧他們社會地位的差異，聯合一致，將人類從激情和迷信的可怕力量解放出來。」[7]

思想史教科書曾經告訴我們，當時各種不同的思想學派正忙於一場彼此消耗的戰鬥。如果我們依循著教科書的思路，把這些學派之間的關係與時代的整體社會政治形式分離，那麼，使我們大惑不解的是，這些思想學派之間所表現的高度一致性。相反的，如果我們把這些思想學派之間的關係，與時代的整體社會政治形式結合起來考慮，我們就絕不會感到驚訝。所有的教士、還俗教士、哲學家、正在增長的科學家等等群體，都面臨著眼前正在發生的，從蠻荒文化向園藝文化過渡時期所產生的一整套「社會需求」的時代問題。他們相互競爭，以期提出最好的建議，成爲最專門的社會控制專家。這套社會需求設置的數量愈來愈多，愈來愈迫切。這些需求絕非哲學家的論述活動所創造，甚至也不是思想態度轉變的結果。這個過程深深地扎根於國家在倉促地填補因共同體控制的破產所留下的裂隙時所採取的實踐行爲。岡塞路特

[6] Ibid., p. 265.
[7] David Hall, "Introduction", in Understanding Popular Culture, p. 6.

(Gunther Lotte)指出:「早期現代國家竭盡所能地規範臣民的日常生活。事實上,就我們已知的現代早期,有關教化平民的大量文獻中,既有出於這個目的而發佈的命令、訓令、佈告,也有違反這些法規而保存下來的記錄。」國家迅速擴張干預的範圍,它想要控制一切面向,「所有的生活面向都置於其控制之下」。[8]

高壓政治席捲整個十七世紀的歐洲,戴著神聖文化改造(cultural crusade)的面具,其波及範圍之廣與執行強度之大,可謂是前所未聞。羅伯米尤琴布萊德(Robert Muchembled)描述路易十三、路易十四(Louis XIII and Louis XIV)統治的時代,是一個對平民百姓進行「奴役的時代」(un siècle de fer)。「肉體的桎梏和屈從的心靈」成爲新的權力機制。大約在一兩百年不久之前,平民百姓還「具有更多的人身自由,他們不必在任何時刻都抑制他們的性欲和情感」。然而現在一切都改變了。在專制君主王權的統治下,社會整合的方式遭遇到全面性的翻轉。

> 問題現在不在於尊重個人所屬的集團規範,而在於服從一種在任何地方,對任何人都有效的普遍模式。這意味著文化上的壓制。由朝臣組成的上流社會、學者文人、貴族、富裕都市居民,換句話說,由少數特權者共同精心構製了一套新的文化模式:在十七世紀的「良善之人」(l' honnête

---

[8] Gü nther Lotte, "Popular Culture and the Early Modern State", in Understanding Popular Culture, pp. 167, 162.

homme），和十八世紀的「有教養的人」（l' homme éclaire）。顯然，這是個平民大眾是無法接近的模式，但他們卻被號召來模仿。[9]

可以非常敏銳地覺察出來，統治者日益強烈地感到依賴一種統一而普遍遵循的文化模式的同時，存在一種與專制主義權力技術密切相關的統計－人口數量上的穩定增長，與這個新政治進程之間的依賴，存在著密切的關係。本質上，臣民、公民、法人都是國家中完全相同的基本組成單位，他們擺脫了地方的束縛（從而能夠從屬於超越地方的國家權力），這要求他們消除自己身上的特殊色彩，而以公民的統一顏料覆蓋。這個政治意圖充分表現在對行爲模式的普遍性觀念之中，而沒有任何對其效仿的限制。這個模式爲了宣稱自我合法性對立模式的存在，或許會其容忍引用地方性傳統，但這只是由於爲了得到地方支持的專制君主，才縱容那些引用古代（無論成文或不成文）法律的地方風俗。無論如何，這都意味著國家權力將像鏟平作爲共同體自主性及其特權象徵的孤堡一樣，兇猛而果斷地鏟平所有盤根錯節的地方文化。國家政治的統一，需要伴隨文化改造運動，需要假設文化價值普遍性，後者既是政治統一在思想層面上的反映，同時也是思想層面所賦予政治統一的合法性。用米尤琴布萊德的話總結如下：

---

[9] Robert Muchembled, Culture Populaire et culture des elites dans la France moderne (XVe-XVIIIe siècles), Flammarion, Paris 1978, pp. 230, 229, 226.

> 在「太陽王」的統治下，無論是城鎮還是鄉村的平民文化（popular culture）幾乎都遭到了毀滅性的破壞。無疑其內在統一性已不復存。它不再是一種賴以生存的制度，或生活哲學。理性的法蘭西，和後來啓蒙的（les lu mières）法蘭西，成為唯一關於世界和生活概念的空間：這是一個屬於宮庭，屬於城市精英的概念，是理性知識的文化載體。在儘可能廣泛的範圍內，削弱多樣性，使其趨於一致，這個努力構造了法國的「文明化征服」（civilizing conquest）的實質基礎，像是逼迫人們在精神和肉體上屈服，無情地鎮壓平民反抗，殘酷地壓制異常行為、異端信仰和巫術的例子都是明證。……到了約莫快十七世紀中葉的時候，「大眾」文化（mass culture）形成的各種條件均已齊備。[10]

如果我們根據那個時代的學者和評論家們對於當時危機的譴責，來尋找文化改造的根源，最有可能找到的緣由就是認為那些在今天再度被稱為迷信和偏見的傳統方式，違反了文化精英對於理性而適宜的人性的理解。我們另外還可以這麼想，無論教權和王權做了什麼，它們都是為了鄉民或市民自身的福利，它們都得到神學家或哲學家的幫助和支持，那些民間文化評論家們，一心

[10] Ibid., pp. 341-2.

掛念的只是民眾的福利。總而言之，我們知道，古代民俗之所以遭受批判，被挑剔、指責，被法律所禁止，因爲認爲它們是虛假的，在道德上是錯誤的。民間風俗推崇的觀念，與有智之士宣稱並且證明的科學或道德真理正好對立。

只要對批評通俗風俗的具體內容進行一下分析，特別是把不同的批評意見放在一起互相比較，便可以輕易地發現，上述那些解釋非常容易誤導我們。根據勒韋爾的觀點，貫穿十七、十八世紀的理性知識與民眾生活方式持續而劇烈的對立，隨著時間的推移，學者和批評家們所提出反對古代風俗的論據，和提供鎮壓的理由也產生明顯的變化。在文化改造運動之初，古老風俗遭受嚴厲斥責，被視爲「不真實」，與宗教有關的傳統節日被指責爲與歷史無據，或者是對歷史事實的扭曲，因古老風俗而加強了平民的愚昧。關於這個問題的辯論，隨後轉爲對「合理性」的辯護，此時的鄉村或城鎮節日、遊行、遊戲和表演，被視爲發洩情慾、壓抑理性，因而罹罪。最後，大約在十八世紀的後半葉，已經確立佔據新核心地位的權威性的聲音，它的堅固或許足以使它對地方傳統及其載體進行迫害，這種行動被認爲是合法，理由是地方傳統與「社會普遍接納的」行爲規範相抵觸。[11]論辯主題的轉變，對現實生活中的迫害行爲似乎沒有產生什麼影響。作爲實踐基礎的連續性，撐起了表面上爭論主題的斷裂性，它爲社會學家提供

---

[11] Jacques Revel, “Forms of Expertise”, pp. 257-258.

解開文化改造運動真正起源及其機制的鑰匙。

在伊夫－瑪麗貝爾斯（Yves-Marie Berce）對現代初期通俗節日命運的出色研究中，[12]他搜羅了許多令人吃驚的證據，這些證據表明，不僅在不同時代的前後變化過程中，即使在同樣時代的反傳統風俗論戰中，也存在互不連貫和彼此衝突的現象。例如，天主教作家曾經對佛蘭德斯鎮街頭的傳統神秘儀式演出提出批評，他們認爲這種聖經故事的表演含有反天主教的弦外之音；另一方面，新教徒則對神秘主義宗教表演中的幼稚和粗陋深感厭惡。這兩個陣營的作家一致譴責這種神秘主義和那些遵循傳統節日風俗的民眾。不幸的是，無法指望從這兩個敵對宗教勢力的任何一方，獲得絲毫寬容。

從宗教改革和天主教的反宗教改革開始，到雅各賓黨人的革命狂熱，對通俗文化的迫害，存在著一條不間斷的過程，而後果是鄉村和城鎮的普羅階級（classes populaires），他們的文化完全被剝奪、消滅。極端而徹底地厭惡通俗風俗、蔑視非理性和奇風異俗（現在已經被視爲是愚夫愚婦、「沒有教養者的」行爲），或許是國教會、新教徒、詹森教派、自由派、博學的啓蒙哲學家以及革命家之間唯一的共同點。在伏爾泰一七六六年出版的《哲學辭典》（Dictionnaire philosophique）中，對兩個世紀以來的討論（和壓制的實踐）作了總結，他把節日（fêtes）定義爲：「農夫工

[12] Yves-Maine Bercé, Fête et révolte, Des mentalitée populaires du XVIe au XVIIIe siècle, Hachette, Paris 1976.

匠們在他們所喜好的聖徒節日裡，飲酒作樂、爲所欲爲。」[13]歷史學家通常認爲，在這個時代中的知識界基調就是，理性由屈從於傳統的被奴役狀態中艱難地獲得解放。他們這個觀念，經常誤導對著名的「現代人」與「古代人」討論的理解。其實，可以適當地把這場討論的其中一個面向解釋爲普遍權力的重組，而文化改造運動是一個重要的體現，也是不可或缺的條件。這個時代急速變革的形象與重新評估傳統密切相關，這種急劇變革，已經在民眾的日常生活方式中體現。「在主導時代興趣與國家著述者的眼中，過去的形象和遺跡，已完全改變。他們再也不會提什麼民風淳樸，什麼黃金時代，『任何過去的時代都只不過是一些愚昧而野蠻的時代』（豐泰內勒，1688）。他們反覆講述人文主義者的那些陳腔濫調，用現代理性反對『哥德式』粗鄙……」這是一個重估一切價值的時代，通俗文化『被認爲是過去時代的遺跡』，低劣而可笑。然而最重要的是，他們認爲通俗風俗日漸邊緣化、萎縮而且在劫難逃。[14]

貝爾斯認爲「有教養的精英文化」與通俗文化決裂，始於在十六世紀。前一種生活方式確實與「文化」這個名詞相稱，因爲這種生活方式自覺地圍繞著一些公認的觀念而構成，並且同樣自覺地與另一種生活方式相對立。而與其並列的通俗文化這個名字卻是前者所賦予。至少在十六世紀，教會已經單方面的棄絕了與

[13] Ibid., p. 154.
[14] Ibid., pp. 117-118.

地方傳統及其儀式長期以來的融洽共存關係。僵硬而普世性的教會曆法已經被用來反對與傳統節日有關的地方性曆法所取代。那些從事高度複雜、理性化和抽象化宗教研究的神學家們，比那些粗俗而又充滿活力與激情的「沒有教養的信仰者們」更被看重。現在，那套複雜的教會法規被奉爲宗教信仰唯一承認的形式，使平民大眾無法跨越的樊籬，使後者永遠處於服從地位的簡明易行手段，於是平民大眾成了教會精神指導的對象。教區的教士和教會從共同體事務中抽身，他們不再是教區居民在所有日常生活中，自願而像朋友般最重要的人和參與者，他們成爲教區居民生活的監督者和審判者。這種轉變的一個象徵就是，在教堂和公共墓地周圍樹起籬笆，教會拒絕把教會的房產租借給農民或市民舉辦市集、舞會和其他慶典活動。這是在「高級」文化與「低級」文化相當漫長的分離過程中的一個象徵性措施，在這個分離過程中，「低級」文化「被對象化」的活動中，國家統一了承擔園丁職責和思想改造功能。

無論在哪裡，權勢集團與富人都不再參與和支持共享性的公共活動。這種活動現在又被單方面地認定爲粗鄙而令人厭惡，與理性法則、社會利益和正像日後發展所表明的，惹惱了統治階級，並使他們背棄這些他們以前曾熱情參與的活動的原因，正好與他們自己所說的原因相反，絕不是因爲這些活動本身的性質，當然也不是因爲形式，而是因爲實際上「人」已明確分裂成兩個部份：推動社會的主體與被推動的客體。後者是一個缺乏區分的混合體。

更重要的是，普羅階級時常藉由傳統，賦予他們領導權神聖性，他們平等地參與活動的計劃和實行；權勢集團的退出表明一場爲了奪取權威的漫長對抗已悄然展開，這裡的權威首先指的是社會主控權，指的是成爲社會運動主體的權利（杜衡（Touraine）所謂的歷史性（historicity）)，統治階級需要爲自己奪取並且壟斷這個權利。從來沒有清楚地闡明過這場鬥爭的策略性目標，事實上是想要迫使「民眾」成爲被動的行爲接受者與公共活動的旁觀者。而今，「民眾」確實已經成爲權勢集團威嚴堂皇權力表演的旁觀者，和有錢人富麗堂皇炫耀財富的旁觀者。到了十八世紀，與其說公共節日的輝煌程度和範圍在縮減，毋寧說在擴增，但是，這些節日「已經完全貴族化，節日活動已被專業化。作爲觀眾的民眾固然還是在場，至於想要參與並共享這些輝煌的演出，他們已經不再受歡迎。他們的熱情固然還是被嘉許，但是，介入則被視爲愚蠢或缺乏教養。」[15]

感謝埃倫和斯代芬耶奧（Eileen and Stephen Yeo）搜羅了十九世紀早期在英格蘭權威爭奪各方面上數量龐大的材料，看了這些材料以後令人留下深刻印象，從中也可以看到曾經自主而成熟的通俗文化在遭受了可怕摧殘後所剩下的最後的一些殘餘。國教徒、非國教徒、世界進步觀的佈道者，競相描繪一幅令人膽顫心驚的恐怖畫面，在這幅生動的卷軸中，通俗風俗（尤其是保留

---

[15] Ibid., p. 117.

在由平民階級自己規範的風俗）被描繪爲野蠻而獸性。對通俗風俗的攻擊主要集中在像鬥牛、鬥雞這樣的「流血運動」，這些攻擊可以從許多衛道人士所留下的大量記錄中得到充分證明。然而，人們卻沒有注意到，那些名聲最顯赫的攻擊者，正是出自這個以狩獵，就是對動物集體性和習慣性的屠殺爲運動的階級。Malcolmsom 對現代初期的英格蘭通俗娛樂的全面性研究，闡明並解開其中的矛盾：

> 正如漁獵法對紳士運動另眼對待一樣，「輿論」也是如此，它們贊同或者至少普遍默許這種紳士運動，一個評論家這樣說道：「對於所有那些高於卑賤等級的人來說，鄉野中的消遣，當然是一種愜意和正當的娛樂」；所以，對於傳統娛樂方式的攻擊，正是他們從自身的社會、政治權力環境出發的結果，從而使他們把自己的注意力集中到多數人的文化，並使他們的道德抗議與社會紀律的要求相符。[16]

在不同面向的論戰中，有三個插曲尤其値得一提，它們清楚地呈現文化改造運動的三個階段。

第一個有名的例子是聖靈降臨節時，在德比市大街上舉行傳統足球比賽。比賽時的情景特別像錫耶納賽馬會一樣，所有的德

[16] R. Malcolmson, in Popular Culture: Past and Present, edl. by B. Waites, T. Bennett and J. Martin, Croom Helm, London 1982, p. 41.

比市居民都參加，這個球賽在賽前很長一段時間，爲人們提供閒暇時的活動，在賽後很長一段時間，它則成爲公眾的話題。在很長一段時間中，這個一年一度的賽事得到地方貴族和僧侶的支持以及慈善資助。但是到了十九世紀初期，情況有所變化。參賽者被指責行爲粗野，而所有的競賽觀念被拿來與基督教共同體中所不屑的導教儀式相提並論，因爲這種觀念認爲比賽中的每個人都是參與者，在比賽中只有參與者。另外，球賽還被宣稱危及公眾健康和秩序。德比市市長要求他辭職的呼聲所淹沒。在安東尼戴維斯（Anthony Delves）索引用的兩段談話當中，我們可以嗅到當時「輿論」的那種特殊氣味：

這是烏合之眾無法無天的聚會，他們使商業爲之停頓，給勤勉的生意人招來損失，他們把恐怖和驚慌帶給安分守己和酷愛寧靜的人，他們對人施予暴行，損壞那些沒有防衛和可憐之人的財產，他們使參賽者的道德淪喪，使許多人淪爲赤貧，使他們的健康受到損害：傷筋折骨，甚至喪命亦不罕見；他們拋家棄子，留下孤苦伶仃的孤兒寡母……

可恥而野蠻的表演……這種場面在異教的羅馬比在基督教的不列顛更加合適……這個一年一度的野蠻殘忍演出……本質是如此地低級和墮落，應該從我們的土地上被徹底地掃除，就像最近幾年對待鬥牛、鬥雞及其他殘忍的運動一樣。

17

道德義憤產生於窮人物質和精神福祉遭受巨大的損害（無論什麼時候，這種威脅都將成爲「納稅人」的負擔），另外還摻雜著一些假仁假義，只是在這種慶典時候，由超然的穹天臨空而降，從而揭開了突然爆發的抗議，蘊藏在反對古代節日浪潮下面的東西：公共空間作爲論戰起緣，愈來愈被理解成一種警察管制的空間，一種秩序井然的空間，一種溝壑與高牆環繞而壁壘森嚴的保護新興社會權力的安全體系。一八三五年的德比市，已經建立警察機構，一道明確頒佈給他們的指令就是：「對那些漫無目的地在人行道上停留或閒逛的人，以妨礙他人通行自由……可以將其拘押並押到地方法官那裡。」[18]

從教堂中驅逐通俗樂隊，以管風琴演奏家取而代之，是這場文化改造運動中的另外一個事件，這個事件具有爲了公共領導權的鬥爭的所有典型特徵。對於這場競爭的實質意義，維克甘蒙（Vic Gammon）的研究解開了我們的疑雲。教會贊助的報刊直截了當地呼籲開明教區的居民應該立即行動。《教區聖樂團，一八四六年到一八五一年》（The Parish Choir, 1846-1851）的作者寫道：「把

[17] Anthony Delves, "Popular Recreations and Social Conflict in Derby, 1800-1850", in Eileen and Stephen Yeo, Popular Culture and Class Confict 1590-1914: Explorations in the History of Labour and Leisure, Harvester, Brighton 1981, pp. 90, 95.

[18] Ibid., p. 98.

演奏音樂的事交給那些粗鄙而俗不可耐的人，是最不幸的事情。」這些呼籲很快的就有回應了。一八五七年的《英格蘭教會季刊》（The Church of England Quarterly Review）滿意地寫到：「幸運的是，那種認爲一把小提琴和一支巴松管，就可以成爲教堂合唱的合適的伴奏樂器的日子已經不長了……現在，幾乎所有教堂都有了管風琴。」甘蒙總結說：「爲了推崇精英文化，必須使窮人文化沒落，必須連他們都看輕他們自己文化的價值，這是非常重要的。於是，中產階級的譴責，取代了對窮人文化家父長式的寬容……精英們決定了一切藝術的評價標準。」[19]這些當然是事實，但競爭的籌碼並不僅僅是爭奪評價美學的權利，甚至也不僅僅是爲了詆毀通俗（大眾）的趣味，而涉及到更廣泛的內容，控制可能產生明確權威性的場所。這就是在那些自願前來擔任「提琴和巴松管」演奏的自由樂手，與職業管風琴家之間真正的區別，前者是自主的，而後者受教區教會的聘雇，聽命於教會。

埃倫和斯代芬・耶奧在著作中，準確地掌握到上述研究中那些事件的意義：「本書描繪的這些鬥爭，除了各自內容上的差異之外，它們所爭奪都是時間和空間的控制權。它們爲了社會的主導權而鬥爭，渴望將其佔爲己有。」現代初期不列顛非職業性競技運動的研究是耶奧自己的貢獻。埃倫和斯代芬耶奧引用一八七二年的《政府體育公報》（Sporting Gazette）證明他們的論點：「在

[19] VIc Gammon, "'Babylonian performances': the Rise and Suppression of Popular Church Music", in Popular Culture, pp. 77, 78, 83.

名義上向紳士和業餘愛好者開放的體育活動項目，必須緊緊地限制在那些真正擁有爵位之人中間，必須使出身低下階級的人明白，行爲端正、有教養和無需爲生存奔波並不足以使一個人成爲紳士和業餘愛好者。」又比如說，在一八八〇年的《時代》(The Times)雜誌中有過這樣一段話：「門外漢、工匠、技師以及諸如此類的雜務纏身者，這裡沒有他們的位置。無論如何他們都必須被排拒在外。」從上述引文可以看到在重新分配權力，這爲即將來臨的新權力模式灑下種子，這種即將到來的新模式就是：「行政人員、教師、『社會』科學家們將給予人民所需要的東西，這與那些主辦活動者們（如夜總會主管娛樂的秘書）所做的事非常相似……給人們他們所要的東西。」[20]

經歷了前現代蠻荒文化到現代性園藝文化的發展，經歷了始終充斥著邪惡、殘忍而漫長的文化改造運動，經歷了爭奪社會主導權及時間、空間控制權的社會權力之重新分配，經歷了逐漸確立的新統治結構，其真正、最終而最重要的結果是，知識的統治和作爲一種統治力量的知識。傳統那種自我管理和自我繁衍的文化已然瓦解，其權威地位已被剝奪，領地與制度財富已被侵佔，專家與管理者已經淪落，並遭到驅逐或貶抑。貧窮和地位低下的人陷於孤苦無依的處境，只能聽憑訓練有素的專業行政官員指導。前現代通俗（大眾）文化的瓦解作爲一個重要因素，導致一種對

---

[20] Eileen and Stephen Yeo, "Ways of Seeing: Control and Leisure versus Class and Struggle", in Popular Culture, pp. 129, 134, 136.

專業「行政管理人員、教師和『社會』科學家」的新需求，而後者的專長就是改造和培育人類的靈魂和肉體。對於創建具有自我意識和自我實踐對象的文化來說，條件都已齊全。

第五章

教化民眾

剝去傳統的虛僞外衣之後，人將變成一種純粹而原初的人類的典型－「人自身」。人類之間只剩下一個共通點：按照無限能力而行動、形塑和完善。在脫掉古老而襤褸的那件衣衫之後，他們準備再穿上新衣，這一次的衣服將會以公眾利益爲尺度，而以理性爲準繩，精挑細選，悉心設計。設計師的意志將唯理性是從。最後被迫穿上這件新衣的將是那些既沒有能力，也不可能憑自己意願做出正確選擇的人。人類已經認識其沒有限制的完善之力，然而，這類的特質並不能轉入其個別的成員。相反的，他們（個人）缺乏將其轉換成引以自豪的類存有真正成員的資源。只有那些與理性對話，從而能夠認識到何謂公眾利益真正需要的人，才能引導轉換。如果沒有中介者幫助解釋理性法則，並據之而行動，建立個人自願或被迫地按照其志業來行動的條件的話，則無法認識人性的巨大潛能。

這是近代精英所共享的觀點。更重要的是，這種新的狀況也是通俗文化毀滅之後順理成章的結果。在文化改造之後，人們立即發覺自己已經身無長物、無依無靠，他們已經喪失應付生活挑戰、維持自身生存條件的技能和共同體的支助。要求塡補這種人爲產生的空虛感，無助的要求領導人，盲目的需要引導。教育並非理性時代所創發，亦非人類這場即使不被視爲現代文明的孕育者，也會被視爲助產士知識革命的產物。教育反而是，一種事後諸葛的思考，一種「危機－管理」（crisis-management）類型的回應，一種失去控制後，企圖恢復控制的孤注一擲的努力，它試圖讓這個首次喪失其自我規約機制的社會，恢復其社會秩序。由於通俗文化和其自身權力基礎的潰敗，教育成爲一種必要。

教育理念與日後學校教育的發展，如此緊密地聯結，導致全面性的認識這個起初所確定的遠大理想目標變得困難。如果說，在理性剛起步的時代，學校理念不可避免地與教育理想緊密結合，而這個緊密結合也只意味著藉由學校教育，使得人類個體學習、運用和實踐合理參與社會生活的藝術，塑造整體社會、人類的生活環境。教育在這裡不能被視爲一個與社會勞動分離的部份，相反的，教育必須被視爲所有社會制度都具有的功能，日常生活的一個面向，一個根據理性之聲來設計社會的結果。如果說有需要承認特殊學校和專業化教育者，在當時，這也只是一種臨時性方法：使遭遇錯誤、非理性法律和迷信者，能夠接受理性的祝福，接受新社會秩序，並且參與這個新秩序的建構，這一切都導致學校數量的增加。這些臨時性的方法明顯不同於範圍更爲廣泛，啓蒙哲學家寧可稱爲國民教育（l'instruction publique）的公共教育策略。對此，孔多塞（Condorcet）曾作了極爲清楚的說明：「在構造這些新制度的工作時，我們始終應該想像著不再需要這些制度而令人快樂的時刻儘快來到。」[1]與這些臨時性學校教育完全相反的是，「教育」理念意指一項人類型塑計劃，作爲一個社會整體的全部和獨占，尤其是其立法者的責任。教育理念意指國家有權利和義務型塑其公民（德文中的教化Bildung，是這個理念最恰如其分的表達），並指引他們的行爲。意味著管理社會（managed society）的概念和實踐。

法國大革命期間的大量文獻資料，有助於我們重新發現現代權力格局初生之時，教育概念與實踐的發源地，我們必然會從「卷帙浩繁的著作」、「不同時期立法機構中的辯論、法令草案、散見各種報刊和公民讀本中的文章」等等文獻資料中受益良多。儘管時間上的不一致並不一定意味著會發生錯誤，管理型社會的基本條件，即一個由中央權力有意識地對社會進行設計、計劃和監督的社會，在法國大革命期間獲得巨大的進展，然而，這個構想畢竟只不過開始於理性時代，而啓蒙型社會的討論在大革命時期的實踐中獲得充分發展。於此之前，還沒有足夠的力量使理論的處方提升到政治實踐的層面上。在法國大革命極度激昂的氣氛中，理論與實踐這兩個層面似乎要融合爲一，與其說行動是對思想的限制，不如說實踐活動試圖無限制地滿足理論要求。法國大革命期間，在教育實踐和理想這方

[1] "Rapport et projet de decrét sur l' instruction publique presenté à l' Assemblée Nationale le 20 et le 21 avril 1792", in Une education pour la démocratie, Textes et projets de l' époque révolutionnaire, ed. by B. Baczko, Garnier Frères, Paris 1982.

面的研究領域， Bronislaw Baczko 的造詣之高，無人能望其項背。他認為，這個時代的教育政策依循著啓蒙時期的遺產，他的意思並不是指教育政策的制訂受到了某個特定作者的具體著作或思想的影響，他是從一個更廣泛意義的方面來說，即教育策受到了對教育的激情（l' élan pedagogique）的影響。[2]信仰愛爾維修（Helvetius）的「教育萬能論」（l' éducation peut tout），相信人類能夠創造一種完全從「偏見」中解放出來的新人類，相信唯一制約共和教育發展潛在能力的是立法者創造力的大小，所有這一切塑造了當時的教育政策。從永無止境的議會辨論中，明顯地可以看出啓蒙遺產另一個確切的信念：「任何有關開明教育立法提案所遭到的挫折，任何拖延新人類產生的，都可以且必然地被解釋爲黑暗勢力的陰謀詭計。」以啓蒙哲學家及其政治上追隨者的反思智慧爲形式，對於社會的管理，思想改造活動，對個人生命節奏和精神活動的干預，這些都是形成教育理念的脈絡；同時，對於理性與偏見、知識與愚昧的區辨，與其說因爲教育的有無，倒不如說僅僅被視爲好的教育與環境教育之間的差異，這也是教育理念形成的脈絡。人類所有品行的形式，越來越被視爲是不同教育類型的產物，當務之急並非在一個不曾有過教育的社會引入一種教育活動，而是以理性權威指導既有益於社

---

[2] Ibid., p. 20.

會，又有益於個人的教育，取代由錯誤、落後或錯誤方向的教師指導下，有害的舊式教育。換言之，當務之急在受教精英的變換。尚未完全被淘汰的舊式教育力量的反對結果是阻礙教育改革迅速成功的因素。教士、老村婦們和古代箴言皆被視爲黑暗勢力的代表。當然，教士代表教會精神等級制度，他們是爭奪知識統治權的直接對手，是與此不同的另一類知識精英，他們將被解除權力並被取代。更有意思的是，老婦人代表的是地方共同體的權威，如果說，整個社會場域將要根據一般的設計進行重塑的話，則此權威亦不得不連根拔起。古代箴言意味著傳統力量，民間文化，迷信，頑固、粗俗、無教養、非理性的生活方式，所有這些在將近兩個世紀的文化改造中都已被宣判死刑。

大革命期間狂熱的立法奔忙可以視爲啓蒙的實踐。時值新興君主專制國家的長期練習，社會權力幾乎完全重新分配，國家的牧人式權力在過程中逐漸成熟，從而使大革命時期的立法者的聲音具有權威性。正是在他們的演說中，終將發現革命實踐的全部理論形成。

讓我們記住那些參與公民教育（l' instruction publique）論辯者們，視教育爲社會自身的隱喻；畢竟他們所提議創建的學校只是一個「臨時而過渡性的考量」；學校只是視社會爲學校的社會，一個被理解爲龐大「終身教育」社會制度的來臨而作準備。因此，把學校規劃視爲可能產生的未來社會的縮影，似乎是理所當然。因此，對於教育論辯文獻的閱讀，比當今狹隘而專業化的教育理論提供了更爲豐富的訊息。爲了理性王國的降臨，啓蒙哲學家的政治追隨者們希望確保其所擁有的國家權力，其中包含關於社會以及國家權力的首要權力類型的整體理論，或更準確地說，「是對這個社會及其國家權力的」完全設計。

察看這些言辭，確實令人吃驚，學校幾乎毫不關心要傳授給學生的實際知識內容。還記得爲「貴族學校」所制定的那些詳細課程表嗎？後者採納了爲使貴族美德臻於至善而設計的制度化模式，從而限制了作爲代代之間傳遞媒介的專業化教師在這些學校中的誕生。相反的，未來公眾教育制度的設計，媒介本身就是訊息，學校環境和其嚴格的規章，倒是意向中的教育內容。到目前爲止，在這場討論中，出現最頻繁、討論最詳盡、最仔細、最認真的話題，就是如何制訂學生的日常行爲準則，而對於如何確保在任何場合中，對規範的遵守與否進行觀察的方法的關注，則在意料之中。教育權威的未來形象（校長和教師）首先被視爲監視並以強制手段維持紀律的專家。或許，這個教育制度的模型適合作爲整個社會「具體而微」的地位，也適合作爲普遍社會生活訓練根基。徹底可視性的個人行動、互動關係，用與視覺有關的「透明度」隱喻來描述最爲恰當不過，這種可視性是使他們所建議的學校教育的結構和理想社會圖像之間相統一的最重要親緣因素。

爲了證實這個觀點，讓我們再來研究一下巴克茲科所搜集研究的檔案文獻。

最廣泛而著名的國民教育規劃（雖然與大多數其他的立法創意一樣半途而廢了），由 Lepeletier 起草並由 Robespierre 親自提交國民公會（the Convention）審議，這個規劃認為理想的學校特質是，學校中的所有一切都必須是顯而易見的，每個人都必須置於觀察之內，沒有任何微小的事物可以離開規定章程。理想學校的主要特徵是嚴厲的紀律，在此不存在沒有任何規則章程存在的情況，只有完全排外的規範中立行為（norm-neutral conduct）。

> 經常地置身於監督者的眼神和積極的支配下，時時刻刻都被貼上睡覺、吃飯、工作、運動、休息，全部的生活秩序都是不變的規律……這種有益健康的統一規章詳細規定了每一處細節，它的穩固不變和實施簡便確保其成效良好……一種新的，強而有力、辛勤、嚴守秩序和訓練有素的人種「即將」被創造出來，將我們前人偏見中所有不純淨的溝通，藉由密不透風的高牆，區隔開來。[3]

不久之後，另一個由巴雷爾（Barere）所提出的計劃，對同樣的國民教育基本理念的闡述可謂更加精確而富於想像力。世界在此被描繪成一個到處充斥規範的整體，需要

[3] "Plan d' éducation nationale présenté à la Convention Nationale par Maximillien Robespierre le 13 juillet 1793", in Une éducation, pp. 377 ff.

鏟除個人所有的癖好；在此，數量上的非人格秩序，消解了會阻礙通則推行質的多樣性。勒佩勒蒂埃關於必須從那些「具有偏見的人類」(prejudiced species）中隔離並封閉的觀點，也可以得到更為實際的解釋。

> 共和國教育首先是來自於對受監督的平等性和純粹性、終身的道德規範的透明性秩序的體驗：依照共和系統的區分原則，學生們被分為數千人、數百人和數十人構成一個單位；並透過抽籤指定職責；區分單位的依據並非個人財產的多寡……禁止靠近圍牆十步之距，甚至是和其雙親說話之時。[4]

教育的目的在使學生學會服從，整個訊息或許是暗示性，或甚至無意向性，但卻毫不含糊。本能與樂意服從，聽命於，由統治者界定的公眾利益的需求，對於一個精心規劃、徹底而全面的理性化社會中的公民來說，服從是一種不可或缺的技能。傳授給學生們的不是知識，而是一種循規蹈距並且在行為整體上具有可預測性的氛圍，而只有在這種氛圍之中，才是引向通往知識之道的關鍵要件。田園文化的先驅們並不指望個人能夠根據社會利益或自己所學的知識來作他們自己的決定。社會在任何個人作出自己

---

[4] "Rapport sur l' education révolutionnaire et républicaine, le 13 prairial, an II", in Une éducation, pp. 440-441.

決定之先，就已經決定了什麼是符合公眾利益的行爲，爲了滿足社會利益，個人所必須具備服從紀律的能力。

這似乎是出乎意料的結論。畢竟在我們頭腦的集體記憶中，一種根深蒂固的印象認爲，啓蒙強勢地將知識帶給民眾，除祛了人們心中的迷信，爲蒙昧者帶來智慧，鋪設了一條通往進步之道，從黑暗走向光明，從蒙昧走向知識。這些正是啓蒙哲學家們所鼓吹的。這些爲哲學家們在大革命期間的國家行政管理的熱情事先提供了正當性。但是，進一步地研究表示，啓蒙激（基）進主義的本質，與其說是傳播知識，毋寧說是推動制定法律、組織化和規律化。當時，最重要的關鍵性問題在於必須彌補個人內在的弱點，然而其手段是由代表整個社會的行政權力，導引出社會的無限的「教化」潛能。盧梭的「人類必須被迫自由」(Men must be forced to be free）這句被頻繁引用但更多遭詆毀的格言，與自以爲是的主流知識份子哲學並無二致。相反的，這句格言有一種驚人的自知之明，明確把握並表達了這種觀念（被視爲人類社會完美秩序的理性，並不置身於個人之中，理性與個人意識兩者不可相提並論，它們各自服從一套截然不同、彼此獨立的目的和行爲系統，當兩者相遇時，理性必定被賦予相對於個人意識的優先性（這乃是一種正當的要求）)，後者是對以整個啓蒙計劃爲基礎的時代結構性震蕩的一種回應。從一開始，凌駕於個人之上的開明君主或立法者的牧人式權力，就是啓蒙哲學家們所設計的社會秩序的基礎；後來基特里（Kittrie）把這種社會秩序準確地描述爲一種「治療型國家」(therapeutic state)，在這種國家之中，充斥著唐澤洛特（Donzelot）所謂的「監督（護）複合體」(tutelage complex)。

只有當遺忘理性時代的社會根源時，觀念管理（從表面上看起來是啓蒙的核心）和以監視爲基礎的規訓之間看似矛盾和荒謬的共生現象之間似乎一致。讓我們回想一下，一開始的時候，我們曾提到過所謂的「十七世紀危機」。在本質上，這個危機是既存（而尚未理論化的）社會控制手段的崩潰，最少也可說是呈現越來越嚴重的缺陷。在這個強大而富裕的時代，出現了所謂「無主之人」，他們居無定所，無家可歸，四處流浪，他們是一群暴民，鳥合之眾，一群矇昧而無知的流民（mobile vulgus)，危險階級（les classes dangereuses)，這個新現象，讓人感到現存控制與的社會秩序處於威脅之中。努力壓制他們所感受的威脅，驅散這些威脅所帶來的恐懼，形成了一種政治實踐，用從蠻荒文化轉向園藝文化的發展來描述這個實踐最爲恰當不過。在新產生的園藝文化中，出現了用以維持與再造社會秩序的新興中央集權國家。這種具有全新特質，對特定地區進行控制和維持秩序的權力，產生對於新的專門知識的需求，產生對於新而關鍵、具有系統價值的功能的需求，專業化、專門化「教師／監督者」的功能便是糾正人的行爲，「使其整齊一致」，弱化或抑制出於脫序或反覆無常的舉止所產生的結果。啓蒙的計劃綱領，是對上述這些體驗與實踐問題和需求的回應。只要牢記這一點，不僅上面所說的那種矛盾會自然化解，而且，啓蒙的計劃從一開始所必然具有的雙重性，亦可一目了然：一方面，啓蒙注意國家及其政策和策略的「開化」；另外一方面，注意對臣民的控制、馴服或其他類型的管制。啓蒙哲學家們向掌權者說：所提及的內容與民眾有關；言說行動的意義在於傳播理性思想；言說的主題社會秩序再生產方法論的理性化。

基於同樣的理由，另一個經常被提及的矛盾：公認的啓蒙哲學家對於「民眾」模棱兩可的態度，也消解了。爲更突顯這個顯見的矛盾，可將此模棱兩可性分爲兩個部份。首先，他們指出民眾應該成爲公民，也就是成爲 Shilsian 所說，被納入環繞「核心」的軌道當中的「邊陲」（periphery），這裡充斥著核心所規定的價值規範，但同時，他們又被認爲是一群隨時需要監控的流氓，必要時可以不顧他們的意願對其施行暴力，使他們處在「核心」的控制之下，不會危及「核心」的統治秩序。其次，啓蒙哲學家們一方面對那些矇昧迷信、行爲變化多端和不可預測的愚昧無知的流民懷有一種恐懼、蔑視和嘲笑的複雜情感，另一方面，每當他們把民眾（le people）視爲他們牧人式關懷和監護的預設對象時，他們卻表現出仁慈和憐憫之情，啓蒙哲學家們在這兩者之間存在著令人困惑的矛盾。

雖然對上述所列舉的種種矛盾，心理上困擾（「認知不諧調」)，但是，一旦考慮到啓蒙計劃所構想並實現的任務的雙重性，則這些矛盾便不那麼刺眼。正是這個系統性任務的二元性，造就了他們眼中民眾形象的固有矛盾性，這種二元性源於國家、統治階級及其啓蒙教師的觀察角度。第一個任務就是使國家的政治全具有理性，即使其有高效率；第二個任務就是使危險階級的行爲易於管理、可被預料且不再危害社會秩序。第一個任務非常清楚地要求系統地闡述並傳播正確、合理而有效的思想。第二個任務的要求並非立即可見。對那些以思想爲主，並深信其自身創造力的人而言，他們自然本能的反應就是希望能夠用完成第一項任務的方法來完成第二項任務，但是同時，每個人都同樣能接受理性嗎？爲了掌握和吸收真正的思想，不是需要一種專門的學習嗎？不是只有精挑細選過的人才有能力從事這些工作嗎？最重要的是，理性思想的傳播是否已經證明對所有人有益，而不管他或她（尤其是她）在整個社會等級中所處於地位？這些疑慮給前面的念頭潑了冷水。

最後的問題解釋了哲學家在寫作與「民眾」有關的大部份著作中明顯表現出來的矛盾。無論啓蒙哲學家們如何詳細規劃民眾接受教育的方式，他們永不會忘記他們所認爲根本教育的目的：理性思想及其傳播應該爲和平（守序）社會的建立和鞏固而服務。秩序意味著社會角色的多樣性，財富分配不均和其他社會利益提供，意指社會層級和階級分化的永存不朽。理性的社會制度應該確保每個人都能滿意，不管他或她位於等級制度中的哪個層面。但是，同樣的理性制度原則又不利於有教無類的理想，相反的，社會秩序公認的必要條件是，根據人們所處的階級地位，相對而命定地分配給他們所應得的教育與內容。我們可以在霍爾巴哈（Holbach）的《自然政治》（La politique naturelle）中找到對這個思想的最直言不諱的表述：

> 開明政治應該確保每個公民，無論生於哪個階級，都能夠幸福地過生活。存在著對所有社會階層而言的共同幸福；如果國家組織恰當，就會出現一條從君主一直延伸到農夫的幸運之鏈。生活在幸福中的人很少會想到改變他的生活領域，他會熱愛他祖傳的職業，孩提時代的教育已經使他習慣這種生活。只要人們沒有感覺生活變得更糟，他們就會心滿意足，他們就會侷限於簡樸而自然的需求，其眼光很少會超越。[5]

所有基要的觀念都在這裡：人們對社會秩序的滿意(「幸福」、「幸運」）與開明的國家政策有關，而與開明國家的主體無關；開化國家目的在幫助統治者，讓老百姓安居樂業，以防他們起來反抗其命運。最後，尤其在最後一句話中，我們可以感受到，把那種並不能算作幸福的生活強加給民

[5] Quoted from Harry C. Payne, The Philosophers and the People, Yale University Press, 1976, p. 155.

眾，並作爲讓民眾安於現狀的藉口，而民眾這種生活狀況，是其他階級的人所無法忍受的。他們的生活通常還會被錯誤地解釋爲人們所渴望的那種理想化絕聖棄智的純樸生活。

整體上來說，哲學家繼承了專制主義國家以政治行動所建構的「民眾」意象。「民眾」被視爲一個如何對他們進行壓制以及採取何種社會政策的問題。「民眾」作爲一種動源，是個棘手的問題，是種難以駕馭的力量和叛亂的根源。同理，「民眾」還被視爲以保護和鞏固社會秩序爲目的的所有措施所動，並聽任他們被自己的激情主宰的話，他們就會成爲一大難題，成爲令人討厭和反感、具有危險傾向的社會群體，尤其在理性組織的文明國家中，還正是應該被鏟除的。雖然下面所列舉的，僅只是一部份啓蒙哲學家的建議，但讀來依然令人毛骨悚然。

托克維爾曾明確表達他對啓蒙思想家的看法：「他們發自內心地蔑視公眾，有如蔑視上帝。」[6]托克維爾的看法實事求是，然而還需要進一步的說明。「上帝」其實代表僧侶和教會「等級中的知識份子」，啓蒙哲學家對他們極盡嘲諷挖苦之能事，這不過是「文人相輕」的一種表現。這兩個文人集團爲了這個具爭議性的領域而相互鬥爭，各自指責對手沒有資格主導這個領域。啓蒙哲學家們對公眾（the

---

[6] Ancient Regime and the French Revolution, transl. by Stuart Gibert, Collins, New York 1976, p. 140.

public）正確地說對「民眾」的蔑視，則屬於另外一種完全不同的類型：正是藉由在這個領域中爭奪主導權之戰，他們才得以表達本身的觀點。哲學家的征服活動一旦大功告成，對國民來說並非是吉兆。

狄德羅曾說：「民眾是所有人類當中最愚昧和邪惡的。」他沒有細作區分。在某種程度上可以說，「民眾」的真正本質正是其無法區分性。作爲兩個世紀以來被國家驅逐、圈地和懲罰行爲的結果，無法區分男人和女人所構成的烏合之眾，與一切具有特質的社會性和地域性的場所分離。在狄德羅看來，「民眾」僅意指「數量眾多」。在他之後所寫的一篇論文當中，他特地用邪惡、愚蠢、缺乏理性與遲鈍等詞彙來描述「民眾」。達朗貝爾（D'Alembert）則以大加渲染認爲群眾是「麻木和無知的……不可能有堅強有力和慷慨大方的舉止。」在伏爾泰看來，「民眾」是「愚蠢、凶殘、狂暴、低能、瘋狂而盲目的」，他們「永遠是一群野獸」。事實上，他們被視爲「介於人獸之間的東西」。在霍爾巴哈看來，下層階級是「一群沒頭沒腦、反覆無常、厚顏無恥、魯莽衝動的人，屈從於片刻的熱情，麻煩製造者的工具」。[7]

在這些嘲諷和蔑視的大合唱之中，倘若存在著一個強

---

[7] Quoted from The Philosophers and the People, p. 29; Harvey Chisick, The Limits of Reform in the Enlightenment, Attitudes towards the Education of the Lower Classes in Eighteenth Century France, Princeton University Press, 1981, pp. 70, 251; John Passmore, The Perfectibility of Man, Duckworth, London, 1972, p. 173.

烈而始終一致的主題的話，則是對這些矇昧而無知的流民的恐懼。這些遊移不定、無主之人，在大街小巷四處遊蕩，隨心所欲地聚眾結夥，狂暴和憤怒使他們暴亂頻繁，他們反覆無常，行爲難以預料。啓蒙哲學家們的恐懼是統治階級和「秩序黨」(party of order) 所共有的。因爲他們都認爲，「民眾」首先意味著一件急迫而尚未完成的政治使命，使用強制力量賦予行爲紀律，賦予混亂秩序。

作爲真實的經驗和啓蒙的社會哲學的強力影響，恐懼是夠真實，然而，卻並非全然真實。除了阻遏的需要外（或更確切地說，【作爲遏制的】原因），「民眾」還作爲啓蒙哲學家們監視和操心的對象出現在其觀點之內。所有的監視活動都指在喚起醒對「民眾」的同情、憐憫和理解。尤其是（如上面所述）有效的監視對政治領導權的爭奪至爲重要。果然不出所料，有大量同情勞動階級（classes laborieuses）處境的言論散見於啓蒙哲學家的著作之中，然而這些言論往往幼稚，但不卻失真誠。在他們的著作中一再強調這些觀點:「民眾」生活在貧困和苦難之中，他們被拋入非人的處境，回報這些辛勤工作「養育國家之人」(霍爾巴哈）的是貧窮和飢餓。道德義憤存在，但恐懼同樣也在，使「民眾」長期處於當前的處境之中，使其成爲孕育亂源的因素。其實，這會使勞動階級變成危險階級，並且很容易成爲「那些麻煩製造者的工具。」

思想家負有對民眾進行思想改造的使命，同時，他們又強烈地執著於才智之士（l' homme de lumières）的理想形態。因此，在其看來，最重要的問題是，那些稟性不佳且身處惡劣環境的「民眾」，是否能夠接受啓蒙和教導，兩種需要是否能夠兼顧（也就是既考慮其自己利益，又考慮有益於社會整體秩序）。對這個問題，啓蒙哲學家們有不同的答案。盧梭爲教育所能追求的目標劃了一條明確的邊界，把農夫、工匠擺到界線的另一端，「不要去教那些村民的孩子，他們不適合接受教育」(《新愛洛漪絲》〔La nouvelle Héloize〕)；[8]「窮人不需要教育，暴力才是使他們依附於國家的東西，他們不需要任何其他的東西」，(《愛彌爾》〔Émile〕)。[9]盧梭的觀點可以說代表一個極端，而孔多塞則代表另外一個極端，他在《人類精神進步史綱》(Escuisse d' un tableau historique）中認爲：「對所有平民大眾進行教育是可能的」。試圖把啓蒙的平民教育觀建構爲一套內在一致、沒有矛盾的理論，毫無疑問會碰到各種反對，因爲啓蒙思想家的平民教育觀，正如上面所述原因，本身就非常不一致，他們相互間存在的只有公開獲潛在的衝突。相較之下，在所有關於這場教育爭論中所能找到的評論，哈維奇西克（Harvey Chisick）的精闢研究最具有說服力而令人信服：

[8] Oeuvres completes, Gallimard, Paris 1959, vol. ii, p. 567.
[9] Ibid., vol. iv, p. 267.

我所引用的作者的著作並不直接討論將民眾水準提升到與他們自己相同程度的可能性。然而，只消看一下這些作家對於應該給予民眾廣泛而自由的教育，使他們至少在智力上可以與其社會監督者平起平坐的主張的反應，便可以非常清楚的知道他們對於這種可能性問題的看法。啓蒙共同體成員的明顯特徵是，他們堅持不懈地主張，應該對從事體力勞動的窮人進行教育：他們把後者視爲「危險」〔抱持這種主張的，可以列出一長串的名單〕。對於「民眾是否能夠開化」這個問題，所有的啓蒙代言人實際上都斷然說：「不！」但是對「民眾是否應該接受教育？」他們則謹慎地回答：「是」。啓蒙共同體成員提出對下層階級進行教育，旨在增進後者的身體健康，傳授他們與其社會地位相稱的技能，掌控其精神和靈魂，使其心繫信仰和祖國（patrie）[10]

讓我們對「是否對民眾進行教育」，這個啓蒙思想家並沒有簡單地加以否定的問題，提出一點自己的見解。我們已經知道，啓蒙哲學家們不可能想像一種「沒有教育」（education-less）的國家，這個觀念主宰他們對人類世界的基本看法。正如自然本身（根據當時人們的想像）不該被閒置一樣，教育也「不能被閒置」（did not suffer void）。而且另外不是好老師，就是壞老師，但不可以缺乏

---

[10] Chisick, The Limits of Reform, pp. 263-5,274.

教導；因此，開明國家不能進行薰陶和灌輸其自覺有益社會或可以普遍接受的方式行動的使命。既然如此，教育就意味著指導和訓煉，在這個意義上，它應被塑造成爲「民眾」目前所處和未來將處的社會等級的衡量尺度，它絕不能等與爲「少數才智之士」（狄德羅）而準備的教育相同。這種教育還需要詳細的規劃和處理。

「啓蒙」則截然不同。根據奇西克的說法：「即使在啓蒙鼎盛時期，民眾也被視爲缺乏獨立思考或進行政治判斷的能力。」[11]啓蒙被視爲有條理而理性的思維能力的發展，和建立在廣博知識基礎之上的判斷力之提昇，而「群眾」的固有缺陷則是啓蒙不可逾越的邊界。統治者需要被啓蒙，臣民則需要受訓練以成爲有紀律的人。

歷史上稱爲「啓蒙時代」的社會－智識運動，不是以真理、理性、科學和合理性之名進行的一場聲勢浩大的宣傳運動（不同於輝格黨人的歷史觀），也不是一場出於高尚理想，想將智慧之光帶給充滿困惑和受壓迫者的運動。相反的，啓蒙是一場練習，將其分爲兩個截然不同卻密切相關的部份。第一，國家擴展其權能，獅子口大開；原來由教會執行的牧人式的功能（在某種程度上，這只能算是初步的，與國家相比則更顯溫和），現在一併轉移給國家；經過重新組織後的國家，其核心是規劃、安排、管理這些與

[11] Ibid., p. 67.

社會秩序的維持相關的功能。第二，創造了一個全新而有意設計來規訓人們行爲的社會制度，目的在於規範和調整這個教化和管理國家的主體的社會生活。

第六章

發現文化

「一直到十八世紀才形成文化」這個概念。在此之前，在學術語言，更遑論日常語彙之中，根本找不到一個意義與「文化」一詞所試圖捕捉的複雜世界觀，哪怕存在著些微相似之處的詞。對那些把人類自身社會的存在「方式」視為無足輕重的存在事件的人來說，對於一個當代的讀者來說，這樣的事實不但令其吃驚，而且使其感到困惑，並且激起其好奇。今天看來再稀鬆平常也不過之事，卻曾經是一個使認識人類生活方式發生真正革命性變革的發現。這是值得我們花點時間解開的困惑。解開這個困惑也許可以檢證我們與理解現代性之謎（發生在歐洲半島西北的偉大探險）的努力有關。

自從有人類開始，人類就已經到外國旅行，並且造訪那些外國人。自從有文字書寫開始，人們就將經常記錄自己的旅遊經歷。正如馬格利特霍格頓（Margaret Hogden）在他那引人入勝的經典研究中所充分證明的，[1]在人們所記載的異國風俗中，其中有一些地方人民的生活方式可謂大異其趣、極其不可思議、古怪，有時使人對他們感到困惑甚至厭惡，然而大多沒有什麼稀奇，在旅行者所見所聞中，也沒有什麼異於尋常的地方。大批前往聖地巴勒斯坦朝聖的旅客則是「旅行見聞」（travelogue）類作品的熱心貢獻者，他們詳實而認真地記錄下旅行行程中的一切經歷，像是膳食、休息處所、途中出沒的強盜以及身陷沼澤無路可走的經歷，

[1] Margaret T. Hogden, Early Anthropology in the Sixteenth and Seventeenth Centuries, Philadelphia 1946.

但在他們遭遇當地居民後，除當地居民的語言無法理解外，並無發現任何特殊之處。可以非常自然而想、當然爾地把導致這種現象的原因歸結爲他們所預想的意義賦予這些居民的行爲，正如哥倫布那樣，這位學識淵博、多才多藝的航海家，把從甲板上看到的海豚描繪成在大海波濤中翩翩起舞的女神。

這是一種特有的集體盲目（collective blindness）的選擇性類型。雖然這並不會妨礙人們（學者和文盲是一樣的）觀看和了解不同國家的人民之間所存在的差異，但這種差異似乎並非以一種挑戰的面目出現，也不要求解釋。就像其他存在於事物間的差異一樣，差異就是差異，上帝在創造世界之時，就已經對各種事物的不同存在方式有所規定，「自然」（被創造的世界）自從被創造那天起就以這種方式存在。千百年來，即使最有智慧的人也和普通人無異，以這樣一種方式生活著：沒有基於血緣的「自然人」（natural）和基於人爲的「有教養者」（nurtured）之間的區別，然而這種區別對我們內心情感和政治激情而言卻彌足珍貴。類似這種前設性的區別，既是在中世紀最博學而最有權威的學者塞維利亞的伊西多爾（Isidorus of Seville）的著作中也沒有它的位置：「由於風土人情的歧異性，人們的外貌、膚色、體型和所展現的精神也存在差異。因此，羅馬人威嚴高貴，希臘人反覆無常，非洲人詭計多端，高盧人天性狂暴且性情略含粗曠，他們的性情是由風土所造成。」[2]膚色、身材、氣質、風俗和政治制度，從這些被留意並保存至今的記載中可以看出，它們都被置於某種層面上：它們都被理解爲自然和永恆人種差異的體現，它們的意義僅僅在於這些是預先決定並註定的「存在之鏈」（chain of being）的一個面向。某些特徵是否會比另外一些特徵存在的時間更長，它們會不會隨著時間的變化而變化，或者（在上帝禁止之下)它們是否由人類行爲並根據人類的設計而有意識地發生改變，這些疑問完全不會出現。這類觀念是適合其時代的。甚至到十八世紀後期，偉大的分類學學者林奈認爲，在各種「智人」（homo sapiens）中，「藍眼」歐洲人（Homo Europeus）「受法律統治」，「黑髮」亞洲人（Homo Asiaticus）「受私慾統治」，而「捲髮、皮膚光亮的」非洲人（Homo Afer）的「女人沒有羞恥」，即使由林奈本人所處的時代標準來看，他的話聽起來也有點過時。被看作自然而然、永恆存在和命中註定的這些顯而易見的差異，不單單表現在種族與種族、民族與民族或國家與國家之間，在同一個社會中的不同社會等級之間（每個社會等級的完美理想都截然不同，任何越界行爲都是一種罪，都會被視爲是對事物神聖秩序的篡改）或在男女之間，也都存在著差異，對於這種差異原因的解釋也無差異。同時代人中，最博學的但丁（Dante Alighieri），一樣堅信：「雖然可以在書中找到女人是最早開口說話者的說法，

[2] In J. S. Slotkin, Readings in Early Anthropology, Methuen, London 1965.

但我們仍有充份理由相信，最早開口說話的應該是男人；認為如此卓越的人類活動（譯按：指開口說話）最早起源於女人而非男人的觀點是不恰當的。」當他寫下這些文字時，他在精神上（如果不是在字面上的話）追隨著一個至少可以追溯到聖保羅的悠久傳統：「難道自然本身沒有教你嗎？如果男人擁有一頭長髮，他不該感到羞愧嗎？但若女人擁有一頭長髮，這是她的榮耀：因為頭髮正是給她遮掩的。」

因此，在前現代世界觀中，人類性格的暫時性（temporaneity）和易變性（mutability）思想幾乎完全缺席；認為性格自身之間也是有所差異的想法，認為性格中有些方面基本上拒絕人的選擇和對其有意識的改變，而另一些方面相對而言較聽命於人，能夠操縱它並使其產生變化的思想也幾乎是完全缺席。天地萬物在整體上具有複雜性和內在分殊性，無論真實或虛構，根據記載，存在著數以百計的人種和生活方式，同時，在城市鄉村、社會等級、各行各業、男女之間，在日常生活之中就可以看到它們之間存在著的尖銳差異，這些差異在當時之人看來，表現為一種穩定而和諧的結構。這個結構是以敬畏之心進行苦思冥想的對象，或許還是進行堅持不懈刻苦鑽研的對象，然而，從另外一個面向來看，它仍然是固定不變，而永遠無法被人類實踐所超越。

這樣的一種世界觀恰好是由蠻荒文化所構成的，人居住的世界（oikoumene）所期待的，蠻荒文化是一種暗含自我平衡和自我延續機制的生活方式，是一種諸模式共存的現象，這種文化對其政治統治者來說，未曾表現出一種對「管理」的需要，未曾表現出對於「有目的性干預」的需要，即便這種干預不過是為了使這種文化本身能夠維持原狀也一樣。基本上，其特徵是約定性和歷史性思想的誕生。我們現在容易忽略的東西，即我們的文化盲點，恰好是這樣的一種生活世界：在此，人們努力控制客體，而非人；在此，權力焦點在於對貨物流通的監督，然而對生產者則不予理會；在此，當權者的生活方式與其臣民之風俗習慣全然不同，然而前者的生活方式未曾成為後者模仿的理想；在此，當權者未曾有意識地從事改變臣民生活方式的活動，因而未曾想到把後者的生活方式視為「對象」，一件試圖「控制」並「影響」的事情。直到觸動了人與人之間的「自然」差異，它們才不再作為「自然」存在，而以「歷史的」存在呈現，也就是說，以人類目的性活動的現實或潛在的「對象」(客體)呈現。

在中世紀歐洲的大多數時間中，對於「天性」(naturalness)的相信，對於人類性格形式的預定論信仰一直沒有受到動搖，其原因在於層級制的教會對歐洲大陸強有力的控制。思想的層級式統一，只能反應在有關真理的確定性內，藉由萬物起源與根基的神聖性獲得確保。只是在跨向現代的門檻之時，確定性被粉碎了；幾個世紀以來教會還是第一次被這樣的內部分裂削弱，其程度之劇烈使得歐洲出現了好幾個中心，它們的力量都非常強大，因而皆無法被拒斥為異端。與這種分離相對應而具有相同重大意義的結果便是專制君主國家的產生，並且再次形成好幾個權力中心，其力量之強大足以使它們將國與國、民族與民族之間的差異建基在顯而易見的人性、此世和世俗的基礎上。最後，影響「發現文化」最大的因素可被視爲是「蠻荒文化」的逐步淡出，而相對的，「園藝文化」必然現實化（realization）。可以預料的是，最初對於這個舊權力危機的反應就是確定性信仰的失喪和懷疑主義（scepticism）的興起。

懷疑主義（或今天所謂的，相對主義）是對沒有任何與真、善、美或終極價值有關的觀點，能夠獲得某種明顯優於其他任何與之對抗的權力的支持，因使這種看法能夠令人信服地自稱高於任何其他的見解，這個世界的一種心境反映。我們今天就生活在這樣一種世界之中。在中世紀行將就木之際，我們的祖先跨足這樣的世界；在十六世紀，他們對自己所生活的世界已經有了清楚的認識，然而毫無疑問的是，他們的哲學顯示其所作的超越了他們的合理懷疑。

十六世紀是絕對懷疑主義（Pyrrhonian）危機的時代，是建基在教會層級式確定性上的舊真理的殞落，與新而艱困地建基在世俗普世性基礎上的真理興起交替間的真空地帶。長久被拋諸腦後的古代懷疑論的論辯復活了，並迅速地進入學者的辯論核心。倘若我們還記得，所謂的懷疑論者就是指懷疑我們的知識或信仰具有必然性的人，就懷疑對於我們的知識或信仰可以提出充分根據或理由的人，那麼，我們將會認識到，這些關於懷疑論所復活的討論與當時那些學者的感受多麼相襯，他們突然發覺自己正面對價值與現實之間的觀點無法調和的衝突，由於各方勢均力敵，沒有任何跡象顯示這種衝突可以很快的獲得解決。壟斷性權力的唯一作用或許就是與同樣「不證自明」（self-evident）的真理間的辯論互相抗衡，而因各方的固執己見，不容批評，而無法指望有一個明確的結果。所有的真理，包括自己的，似乎都與「特定的時空」（the time and place）密切交織聯繫；似乎都只在國家的領域之內，在統治者的權力範圍之內，在民族的傳統之中，才有意義。它所依據的是「在什麼地方，信什麼教（cuius regio，ius religio）」的原則。

在十六世紀，原本嚴密接合的存有和諧之鏈突然分解成許多性質上全然不同的、形式上各自獨立雜亂的堆砌，全然喪失了由神聖設計所確保的內在一致性，然而尚未獲得反思性（ex post facto，回顧性的）一致性，一種由新興世俗權力所賦予的一致性，或者是新興世俗權力意欲的目標，其力量之強大足以讓人們正視這樣的可能性：它可以根據自己的設計，把多樣性鑄成統一的整體。古老的確定性崩解了，對此，最初的反應是沮喪和震驚，在理查波普金（Richard H. Popkin）寓意深刻的研究中，巧妙的描繪了這種情緒。[3]哥德式宏偉天廈轟然坍塌，大地為之震憾；刺耳的吶喊聲來自這場幾乎註定兩敗俱傷的戰鬥，不管結果，是投降

---

[3] Richard H. Popkin, The History of Scepticism from Erasmus to Spinoza, University of California Press, 1979.

還是妥協，這一切都是爲其觀念化的哲學形式，奠定基調。哲學陷於愈來愈沈重的懷疑論氛圍當中，懷疑知識的正當性，懷疑是否可能「證明」其正確性，懷疑是否可能找到一個確實而具約束力的根據來選擇接受（或拒斥）任何之爭執不下的觀點。由於中古時代經院哲學家在神聖所保障的確定性庇護下活動，導致缺乏自信心，而足以成爲哲學上的絕望的原因。也有些尚懷一線希望，堅持將一種未經證實之物當成想要論證的論題不證自明的假設前提（petito principii）。這種假設前提，在此之前是屢試不爽的武器，得以把崩解中（débǎcle）的舊確定性拯救出來。這種方式使其論證成爲一場無止盡的循環論證，那些絕望的代言人，與那些同樣絕望的確定性挖掘者，兩者之間與其說是對話，不如說都在自說自話（一個當代的讀者，很難不被這些與我們自己的絕對懷疑危機相似的哲學論述所打動）。另一些更現實一點的人，採行中庸而謹慎的態度，找尋一條能夠從這種日漸無益沒有效果的循環論證中走出來的道路，其方法之主要特點在削弱普遍性真理的追求者的過度野心。他們承認懷疑論者，對所有確定性可能基礎的攻擊的正當性，在此番謙讓之後，他們仍然認爲留下來的「不確定性」知識絕對必要，而且並非全然無用，他們經由證明「不確定性」知識也具有存在的合法性，來尋求慰藉。

當波赫士（Borges）談到卡夫卡（Kafka）時說過，每個偉大的作家都自行創造著自己的前輩，倘若此言不差，且此一規律可以擴及各種偉大的思想流派的話，則現代實用主義（modern pragmatism)，尤其是由羅逖（阿 Rorty）近來提出的那種，也許可以把梅塞內（Mercenne）和伽森狄（Gassendiits）合理地奉爲其精神先驅。儘管梅塞內和伽森狄未曾使用過「危機處理」(crisis management）策略這種術語，然而他們卻真正闡明了此一策略的涵義，現代實用主義的基本前設和策略建議都暗含在「危機處理」之中。他們贊成絕對懷疑主義者的觀點：我們的知識永遠也不可能獲得對自我確定性的明白無礙和武斷（教條）式的基底；他們斷然拒絕在舊確定性崩解之後，即刻著手尋求論證新確定性的誘惑；然而，即使他們謙遜地把科學研究事業視爲建構一種建立在暫時性、有限經驗之上的試驗性和指導性的假設，他們仍然力圖說服自己和其聽眾：從事科學研究工作是值得的，並以此來自我安慰。之所以值得追求這種知識，也許是因其爲我們的行動提供了實際的指引（我們可以再向前追溯到另外一個確定性崩解的時代，回想一下，大約兩千年之前，塞爾尼阿德斯（Cerneades）對懷疑論所作的同樣妥協)。

讓我們回過頭來重新評價一下梅塞內和伽森狄的解決辦法，無論如何引人入勝（並且在二十世紀末的讀者看來將是如何明智)，都證明只能享有短暫的流行。一個新確定性時代正在展開，它將原始實用主義者(proto-pragmatist)的謙遜視爲有失尊嚴，並且和其自身的無限可能明顯不相稱。笛卡爾堅持確定性的必要性與可能性，堅拒滿足於妥協，他對於一切確定性的可能基礎之本質的深刻洞察令人驚訝，在原始實用主義的三個世紀裡，其所扮演的角色愈來愈重要。笛卡爾所說的「狡黠精靈」（malin genie）是種邪惡的幽靈，攪亂我們的判斷力，使我們懷疑我們所知的真實性，要鏟除這個幽靈，只有依靠某種壓倒性的力量，這力量強大無比，以至於不會被懷疑有任何可指謫之處，尤其不會被懷疑具有欺詐意志。可以說，「對於不會受到懷疑的欺騙的渴望，正表明這種渴望是惡意和軟弱的」，這正是「權力狡黠性」的標誌。倘若我們所遭遇的不是那種軟弱無力或詭譎無端的力量，相反的而是種堅強的力量，則對於我們本來自身的確定性十分確信。對笛卡爾來說，上帝曾經就是這種力量，不過，這只是其洞見中，相對較不怎麼重要且短暫即逝的一個面向。

然而，與笛卡爾同時代的蒙田，自然地被絕對懷疑主義之後的確定性時代所遺忘，同樣地，一旦這個新確定性開始衰落，他自然地也就會被人們重新憶起，並且受到頌揚。蒙田被視爲本世紀現代人類學之父，居高臨下俯視著啓蒙哲學家們的巨人（後者在他面前，相形見絀），人類智慧的未來信使，在自己時代中的異鄉人。無論還可以對他作出怎樣的評價，他都不屬於他自己所生活的時代。關於人類的脆弱性和不確定性的說法，沒有比人他更適合我們這個喪失自信的世紀中之人的心態。實際上，人們無法想像還有比人類學更適合這個絕對懷疑主義危機的時代。只有斷然地承認沒有解決方法；只有堅決否認還存在著可以證明的最優秀的生活方式和觀念體系；除了人類習俗和舒適之外，拒絕任何合法性的評判準則；只有以梅塞內－伽森狄式的主張，認爲人類的習俗無需超凡神力的認可，因爲人類習俗自身能夠妥善地滿足日常生活事物之所需；除此之外，還能做些什麼呢？

當我看見同鄉們沈浸在愚蠢的偏見之中，並使他們在面對任何與自己不同的風俗習慣時都畏畏縮縮；當我看見他們離開家鄉時，看起來好像渾身不自在；我爲此感到慚愧……不單在每個鄉村，而且在每座城市和每個行業當中，都有一套自己獨特的禮儀……每個民族都有許多的風俗習慣，而在其他民族看來，這些風俗習慣，不僅奇特，而且令人感到吃驚和野蠻……我們都稱與我們的風俗習慣不同的人爲野蠻人。然而事實上，我們除了以我們生活於其中的國家的標準和典型的風俗習慣和輿論作爲判別真理和理性的支柱之外，沒有別的標準……如果擺脫了風俗習慣的強烈偏見，則會發現，許多事物都有個公認而不容懷疑的解決方式，並有一些與其相關而年代久遠的風俗習慣支持著這些……

習俗力量的主要作用就是牢牢地抓住我們，這種控制力量如此強大，以至於我們幾乎無法從其掌控中脫身，無法自主地重新對其命令進行討論和理性推斷。事實上，由於我們將習俗視爲哺育我們的母乳，由於從我們幼小的眼中，世界就是這個樣子，不會有其他的樣子，因此，我們似乎生來就必然走著同樣而不會產生變化的道路。同時，我們可以在我們身邊看到那些來自於我們先祖的流行的常識觀念，它們被灌輸到我們的靈魂深處，似乎是非常也平常和自然。當談到是什麼風俗習慣出現問題時，我們相信是因其根基有問題：上帝才知道，有多少習俗毫無道理可言。[4]

不到一個世紀之後，笛卡爾仍然面對著這樣一個世界，這個世界散失於無數或多或少為人們所知的風俗習慣，和怪異的生活方式之中，在這個世界中，每種生活模式只能表現出那些與其相似的現象，因為唯有如此才能為它所接受。但在笛卡爾看來，這樣一個世界呈現一種困境，既令人恐懼，又使人憤怒，並迫使人們採取迅速而緊迫的行動。笛卡爾為這個世界的教導而感嘆：沒有什麼可以相信的，因為沒有任何東西具有確定性，只有前例和習俗除外。笛卡爾當然不會（不管滿足地，怨恨地，或是熱忱地）接受，人類生活方式及其觀念的相對性。相對性是一個必須正視的難題、困境、挑戰，要找到一種比僅僅是前例與習俗更為穩固的基礎，以便確切地接受某些觀點，並且同樣確切地拒斥另外一些觀點，以掙脫這種相對性。笛卡爾是在一個新確定性時代即將來臨之際，第一個批判並擺脫習俗作為「唯一」的「民眾為人處世之道」的人，在他關於真理的長篇大論中，習俗的權威性被剝奪了。胡塞爾處於這個時代的黃昏，是最後一個判定「民眾的生活方式」不值一哂的人。第一次的判決是個充滿朝氣力量的宣告，

---

[4] Michel Montaigne, Essays, The Modern Library, London 1930.

自認沒有一種力量試圖或能夠像它那樣做；而後者則是一次絕望的嘗試，它所堅持的是其他力量已經完全不感興趣的東西，那些力量只是牢牢地抓著它們已有之物。

在蒙田看來，人類風俗習慣的相對性，既不成問題，也非解答，而正是世界存在的方式。蒙田沒有什麼需要解決的問題；在他看來（迄今爲止），在周圍似乎還沒有出現一種有足夠自信，或大到足以產生要求把自己的風俗視爲真理，真理本身和唯一真理的力量（並且，出於相同的原因，其他的風俗習慣則被宣告爲「純然的」偏見，早晚將被宣判死刑）。周圍似乎也不存在著一種能夠成爲絕對真理標準的中意對象的力量。相反的，雖然對人類風俗的觀念各有不同，然而都同具（或同樣毫無道理可言）根基，從而沒有必要對差異大驚小怪，這種思想更適合這個世界，這個世界受制於力量間不穩定的平衡關係所導致的短暫和平與妥協，這個思想更全神貫注地保護自己的領域，而不是找出某種征服周圍其他生活領域的理由。不過，這種情況很快就出現改變。隨後，人類生活方式和思想的同樣根源——蒙田欣喜地稱讚爲人們相互理解和寬容的理由，被重新改造：作爲事件緣由（casus belli），文化改造的藉口，各方勢力都把其行動口號轉向專制統治，從而他們需要一種絕對真理來配合其野心。

早在一九三〇年，呂西安費布弗（Lucien Flebvre）在其極具價值的歷史著作《文明一詞與概念群體的演化》[5]中，就已注意到一個令人吃驚的事實：儘管沒有比杜撰一個新名詞更容易的事，只要在通常以 iser 爲後綴的動詞中，將後綴改爲 isation 結尾便可，但是，當名詞「文明」(civilisation) 剛剛被引進的數十年之內，過程性動詞「文明化」(civiliser) 一直被英法兩國的文人廣泛運用。事實上，在大半個十八世紀中，其動詞形式始終被廣泛使用。不過，一旦我們體認到，以過程性動詞形式出現的文明和文化概念進入語言的使用中，絕非一個獨立事件，這個現象便不那麼不可思議了。相反的，正如弗雷 (Frey) 在《法國大革命時期語詞的演變》中所表明的，十八世紀的法國語言似乎發展了一種特殊癖好，就是偏愛以 iser 結尾的過程性動詞。像是在那些學識淵博的作家、政治家們的寫作和演講中，就對使用集中化、聯邦化、市有化、歸化、利用 (centraliser，féd éraliser，municipaliser，naturaliser，utiliser) 這類詞，以及諸如此類的動詞具有無比的熱情，這些行爲或由權力所實行的，或者，至少是權力所計劃，這樣的權力，必然足夠強大並且野心勃勃，以至於把周圍的現實世界視爲柔弱可塑並聽命於人，可以按人的意願來改造，並且能夠接受那些領袖們所構想的形式，這同時也意味著周圍的現實世界被認爲是不完美、有缺陷並且有待改善。這些詞彙顯示了十八世紀是一個堅決而充滿自信的行動時代，一

[5] In Civilisation, le mot et l' idée, exposés par Lucien Febvre et al., La Renaissance du Livre, Paris 1930.

個推崇確定性的時代。在文明能夠成爲（或可以明確界定的部份）人類世界的一種描述之前，必須以一種行動綱領，一種目的明確的宣言，和一種行動策略的形式來進入權力修辭學。

從詞源學的角度來看，「文明」的來源極爲繁複。它的形式讓我們想到它與古代的文雅（civilité）這個對應概念有著某種密切的親緣性，可從文獻中獲得證明，後者在它的動詞形式「文明化」被引入之前，至少已經使用了一個世紀之久。文雅一詞的意思是：通過嚴格遵循和謹慎運用行爲規範，表現出恭謙有禮的態度，得體舉止，以及彼此尊重，正如 Furetiere 在一六九〇年所寫下的話：「文雅意味，品行端正，言談舉止溫文爾雅，彬彬有禮，與人和睦相處（manière honnête，douce et poli d' agir，de converser et ensemble）。」既然如此，那麼，從根本上看來，這些品行都應該是一個貴族的份內之事，這個貴族等級曾經是由強大的武裝封建領主所組成，但是現在，專制君主制度使他們變成一群宮廷朝臣，他們必須在個人興衰如南柯一夢的世界中竭力求生，這既需要依靠結交那些值得交的朋友，又需要依靠影響那些對自己有用之人（國王自然最是有用）。費布弗的評價是，與文雅有關的東西不過是些「虛飾」而已，這個詞尤其意味著隱匿自己的情感與意圖，附和眾意，防止個人情感和意圖妨害交往的安寧氣氛，無論從個人自身的角度，還是從群體的角度，都被認爲是集體得以存續的條件。但是到了一七八〇年，另一個表面上與其相關的概念「文明」已經有了完全不同的涵義，一個名叫吉拉爾（Girard）的教士發現使文雅一詞的傳統詮釋延續下去是可能的，「禮節之於人，正如公共禮拜之於上帝：它是人類內在情操的外在表現」。這種對文雅的詮釋，把「文雅」和「文明」表面上的詞源學意義結合起來了。基此，伊利亞斯（Nobert Elias）將他所謂的「文明化進程」（civilizing process）的發源地座落在凡爾賽宮上，他把這個進程本身描述成一種摹仿的過程，起先是由於一種集體性的妒忌，和提高自己社會地位的努力，是因爲等級差異所導致的社會顯赫特權等級的行爲方式的摹仿。

然而，這兩個術語的相似性所取消的，超過其所揭露。在前面幾章中，我們已經看到，文人共同體與貴族的社交圈和宮廷自身都有密切的關係。他們所使用的語彙具有相似性不足爲奇；這些文人學士在表述他們自己的觀念時，所使用的語彙無論如何別出新裁，都足以使聽眾感到親切，引起他們的共鳴和同情，尤其是那些重要聽眾（開明獨裁者或君主），作品往往是爲其所寫，這些同樣不足爲奇。然而，形式的相似性背後的意義的連續性，並非僅僅取決於環境。畢竟文人團體並不僅關心朝臣在其中所進行的生存鬥爭的政治漩渦。用文明來闡發文雅的意義，與舉止合乎朝廷禮儀的貴族的處世之道無關。但是，在文人團體的生活方式和其社會階層中，另一方面，所有的努力都意味著正在尋找一整組文明概念用以表達自身的觀念，正是在文明這個詞中，前者最終找到了他自己的家。

再回到費布弗的證明：動詞形式的文明化一詞，從內容而非形式看，與另一個截然不同，但具有更悠久歷史的動詞「開化」（policer，在古代有治理、管理之意，後來也有使變得文明，使開化之意）之間存在著令人注目的相似性。一開始後者就讓人想起作爲一個整體的社會或政治領域。開化意味著：維持秩序，在人類交往中根除暴力（或更正確地說，壟斷暴力以服務於國家法律），維護公共空間的安全，嚴密監視公共領域的活動，在其中建立規定明確、易於理解的規則。

簡單來說，動詞「文明化」表達了一種可茲操作的方法，其對象不是分散的人類個體，而是由人際關係所組成的社會網絡，這使得動詞「文明化」與動詞「開化」發生聯繫，而與文雅這個古老的概念有所區別；另外一方面，文明化又試圖改造參與人際關係網絡中的個人，以實現它所期待的人際關係模式。這樣，它又與文雅這個概念發生關係，而與動詞開化有所區別（而後者不久就被取代，幾乎完全從公共論述中消跡）。「文明化」是一種中介性活動，應該通過針對社會成員極富教育成效的實現和平有序的社會理想（這個理想包含在開明（化）社會(société police)這個概念中）。

然而，甚至在文明化（civilizing）的行動綱領與文雅的理想之間所存在，而顯然極爲有限的相似性之中，還隱藏著非常重要的區別。正如我們所知，文雅是一種「虛飾」：一套加強人們表面功夫的行動，在這套行爲表象下的人，雖然爲社會所馴服，但在本質上卻沒有得到改造，仍然承受激情折磨。禮教是一套約定成俗的規矩，一套可以通過中規中矩的摹仿所習得的行爲規範，只要想進入這個特定的社會團體，就要求接受和遵守這套行爲規範，對於那些已經屬於團體成員的人，則被期望服從這套行爲規範，只有滿足這個要求，才可以證明他們對團體的忠誠，證明其團體成員的資格。禮教重視的是面子，在它看來，人類的真實面目是個人的「隱密的」一面，與它無關，而且不爲規範所約束。而文明化的理想則不同，在此，個人的行爲動機，對人內心深處的激情的壓抑，在思想鬥爭中理性之於情感的勝利，都是得失攸關的事情。文明化，就是通過教育和教導，經過長時間艱苦卓絕的努力來改造人類。狄德羅曾以他一貫明白的風格寫道：「教化一個民族，就是使它文明；壓制知識，就是使這個民族退回到野蠻的原始狀態。」

文明化的規劃與人類理想行爲模式的實現之間存在著密不可分的關聯，而理想的行爲模式是透過知識（les lumières）的傳播來實現，知識的傳播活動構成啓蒙哲學家們特有的活動領域；因此，這個文明化的規劃除了預先設定了一種特殊的社會形式，還毫不含糊地選擇了這個社會的執行者與守衛者。在這個意義上，文明是科學家及文人學士共同努力的目標，後者在社會秩序的維護制度中具有戰略性的重要作用。

文明化的規劃所具有的野心，較之於蒙田謙卑的懷疑主義，相去千里。文明化的規劃對地方性和民族性的生活方式，已經不再能夠持一種寬容的態度。建基在歷史自然形成的習俗之上的集體試驗，不僅不是維護新秩序的力量，相反的，還必須消滅這種體驗。否定傳統所具有的權威性，要知道，正如我們在第四章中所闡述的，傳統已然喪失了人與人之間的關係的控制權，因而表明自身的無效性。在努力將社會監督權握在自己手中的專制國家看來，任何地方性傳統的殘餘都必定是通向秩序社會之路上的障礙。權力需要真理；絕對權力需要絕對真理。文明化的規劃只要與壟斷權力的國家結成統一戰線，它就必然要援引那些已經證明自己高居任何傳統，尤其是地方性傳統之上的價值規範。相同的，一旦現代專制主義國家使所有的地方性權力的存在及發展受到制止和阻礙，使之被視爲一種反動勢力的話，爲國家提供合法性和策略的文明化的規劃也就必然要把這種地方性的生活方式視爲一種落後、迷信和野蠻之物。

根據費布弗的觀點，十八世紀以一種無「種族性」或無「歷史性」的文明而著稱。實際上，這些術語之間存在許多矛盾，複數名詞的文明乃是一種矛盾的修飾法（oxymoron）。從文明化的規劃的實質意義來看，它是想鏟除生活方式的相對性和多元性。它體現爲「人類文明」這個絕對概念，一種統一而一元的觀念，不容許任何對立面，不考慮任何妥協，不反省自己的有限性。不管是站在民族國家的角度，還是站在全體人類社會的立場，這個概念毫無疑問地都體現了一種（通常被忽視了的）等級制理想。[6]從

[6] Cf. Z. Bauman, Culture as Praxis, Routledge, Kegan and Paul, London 1972.

文明化看來，全人類最終會被納入其文明進程之中，它所倡導並渴望實現的生活方式優於其他的（不管已知，還是可能的）生活方式，這是勿庸置疑的，啓蒙哲學家們相信這個規劃自身不言而喻的吸引力，將會保證其勝利凱旋。費布弗引用莫安的那句話，在當時很經典：「不用吃驚，殘酷的野蠻人將會趕來對完美無缺的文明人膜拜頂禮。」

綜合以上所述，在西方學術語言中文明概念的普遍使用，是在一種有意識的思想改造名義下進行的，這場思想改造由知識人所發起，目的在於根除蠻荒文化的殘餘，即根除地方性、傳統的生活方式和共同的生活模式。它首先意味著對社會進程採取一種新而積極的立場，在此之前，人類並沒有想過要干預社會的進程；同時，中央集權社會的出現，足以使這種立場轉變爲一種有效的實踐。在具體形式上，文明概念表現爲對社會進程進行集中控制的策略選擇：它以知識爲導向，特別是對個人的精神和肉體進行控制。從文人團體生活方式的角度出發，可以這樣看：這個概念是對第四章所分析的那種結構性變遷的一個詮釋。

正是這種權力激進主義，主導文化的「被發現」。二十世紀後期的讀者自然地會想，文化的被發現必然與啓蒙之後西方人的精神視野進一步的開闊有關，或與他們逐漸認識人類生存模式的多元性有關。然而，事實正好相反。

從本章一開始，我們就已經提到一種特殊的文化盲目，這種文化盲目表現爲對其他文化的好奇；在大部份的西方歷史中，它作爲一種特徵一直存在到中世紀末期。今天被稱爲「文化多元性」的東西，在這段時間內，並非處於歐洲人視野之外。它沒有被忽略，但是，對這種多元性一般所說的上帝創世時的多樣性的理解之間的區別，絕沒有引起人們的注意。現代早期所發生的現象，既不是在長期不公正地無視事實之後，突然重新發現了事實真相，也不是好奇心在長期沉睡之後的幡然覺醒。「文化」概念試圖理解的這段歷史進程局限在西歐社會的內部。起初，「文化」意味著作爲一種社會統治方式的「園藝方法」的構想及其實踐（對此，從詞源學的分析可以一目了然）。這個構想及實踐是對地方社會繁衍機制迅速崩解所造成的結構性混亂的反應，其崩解引發了令人震驚和使人憂慮的結果。

長久以來，文化這個概念總是與耕耘有關，拿它作爲新的社會繁衍機制的基本隱喻，可謂妙不可言，恰如其分，文化既意味著一種構想，又意味著一種實踐（以後者爲主）。文化在用於表達對土地的耕作和管理活動時，意味著一種活動、努力和具目的性的行爲（在這層含義上，十六世紀諸如「蠻荒文化」（參見第四章）一詞，就這個術語本身而言，是自相矛盾的）。農耕，意味著耕種的選擇，播種，耕作，犁田，除草，以及採取其他被認爲對保證農作物的健康成長和豐產所必需的一切活動。這恰恰是原來社會自我繁衍機制崩解之後所要進行的清理工作。在前一種社會中，人類的生活和行爲方式被視爲「自然事物」，或者是神聖秩序的一部分，不需要也沒有遭受人類干預。相反的，現在人類生活和行爲成爲一種有必要塑造之物，以便防止出現一些不願接受而有害社會秩序的形式，就好像一塊農田，如果無人看顧，野草就會狂長，田主也將沒有收成。

菲利普貝奈通（Philippe Beneton）最近出版了一本（關於早期文化概念發展）內容廣泛的研究著作，[7]他把文化概念的隱喻式使用的開始時間，定在十七世紀後半葉。到了一六九一年，這個概念開始擺脫並逐漸忘卻過去的隱喻性質，原先的隱喻被獨立運用，不必加上任何限定詞，它的意思就是「形塑精神」。另外，正如文化這個概念的種種情況所顯示的，文化一詞在運用過程中，與其說描繪了教化活動本身，不如說描繪了教化活動的結果，這樣的情況延續了半個多世紀（直到一七四六年的沃弗內熱斯爲止）。「在使用時，它通常用單數形成，這體現了十八世紀及其普遍主義者的觀念中一元論的理想；它被應用於大寫的『人』，超越任何民族或社會的人類」。貝奈通認爲，文化概念被賦予三個特徵：樂觀主義（信仰人性的無限可塑性），普遍主義（相信存在一種可以用於所有民族、地方和時代的完美理想），種族中心主義（相信十八世紀歐洲所形成的這種思想代表人類至善的頂點，世界的其他地區必將會，並且期盼著，模仿這種思想）。貝奈通經過系統性的研究，所得到的結論是：「文化與文明是兩個戰鬥性的詞彙（mots

---

[7] Philippe Bénéton, Histoire de mots culture et civilization, Presses de la fondation nationale des sciences politiques, Pairs 1975, pp. 23 ff.

de comdat)，它們承擔了一種政治功能。」[8]

文化和文明概念的出現，起先是對一種過程性現象的描繪，隨後是對一種結構形式的描繪，它宣告「新確定性」的來臨，宣告一個懷疑論的相對主義時代的暫時終結。在當中經過了一段懷疑主義時期之後，取代了中世紀以教會爲基礎的舊確定性，成爲一種嶄新的確定性。這種新確定性公然宣稱信仰人的自負和完善性。然而，從社會學的角度來看，這種確定性所包含的意義比它所明確宣稱的重要得多：現在構成人類生活和共同生活的是一種世俗的義務和責任，是人的各種力量。確定性是一種有待通過目的性活動實現並維持的東西。實際上，人類的行動力成了壓倒一切的力量，它調整確定性，並使其他所有對真理的要求都失效。新確定性的基礎就是權力與知識的結盟。只要權力與知識的聯盟完美無缺，懷疑主義就沒有理由存在。

[8] Ibid, p. 92.

第七章

意識型態，或觀念世界的構築

我們現在必須回過頭來談談知識分子生活世界的結構，文人共同體及思想家共同體是知識分子生活世界的制度化，我們在第二章已經簡單作過介紹；「新確定性」歸根究底是以生活世界的結構作爲基礎，知識分子生活世界所產生的連帶（無論是真實，還是不真實的假定），表現爲其結果的有效性。到了十八世紀晚期，知識分子生活世界藉由一些外部的制約因素，作爲其可茲利用的資本，終於形成，而帶來的是知識與權力的結盟。

我們知道，只有通過「討論活動」，啓蒙哲學家的共同體才得以產生、維持和發展。哈伯馬斯重申，在兩個世紀後的今天，回過頭來反省一下，就可以看到，十八世紀的希望到了二十世紀變成絕望，這樣的討論活動在今天已然無法實現，因爲沒有相信相互理解並最終達成共識是可能的參與者。但是，在諸如哈伯馬斯式的「真實溝通」之類的觀點中，尤其有一個方面遭受猛烈批評，就是他主張在任何討論活動中，必然包含另外一個條件：沒有權力，無論神聖還是凡俗，參與者之間沒有社會地位的差異，沒有經濟或政治資源，都不被允許對討論結果產生影響。在形成合法共識的過程之中，只有論證一種被視爲合法有效的力量可以使用。在批評哈伯馬斯的人看來，這似乎是一種混淆不清的思想，這種想法與二十世紀公共討論的經驗相衝突而不一致，以致於這些批評家把「真實溝通」這個意象與其他乞願美好的哲人之夢放在一起，束之高閣，使之滿佈塵埃（這就是那些批評家對哈伯馬斯觀點的結論。他們把哈伯馬斯的觀點視爲在我們自己的世界中，爲了達成共識，可能付諸實行的建議，而非視爲「理念型」(ideal type)，不是視爲一種可以對實踐中所達成的共識進行批評，並證明其無效的底線)。到了二十世紀晚期才被詳加闡釋的「真實溝通」理念，與現實中的公共討論並無關聯，與將韋伯作爲理念型的堡壘和根源的科層概念與實際行政系統相較的結果一樣，這種實際的行政系統也正遭遇訓練有素的無能，目標錯置，在技術、職責與其他的無可救藥的痼疾之間衝突的困擾。可以輕而易舉地注意到，對「真實溝通」和「理念型科層」的批判，所針對的就是兩者之間驚人相似的前提假設：一旦進入溝通或科層系統，參與者就會擺脫並拋棄其社會身分，或所有與他們的社會地位有關的因素，根據理想化的溝通（有效性宣稱）或科層（理性行動）的觀點，至少被宣稱爲兩不相干的困擾，從而不被承認。正是這個前提假設，尤顯其空想色彩，這兩種理念型如果被視爲實踐中的操作性建議的話，則完全派不上用場。

二十世紀的學識對本世紀知識分子的經歷進行反思，同樣的作爲對思想家共同體的反思則是缺乏的。從後者的經驗出發，參與者在理性法庭面前，相互之間的無限平等的理想毫不含糊，但其並未被明確的寫入「律法書」(statute book）中，以其作爲應被遵守和執行的基本條件。相反的，平等被視爲這種討論的自然特徵而被奉行。在這個特殊的工廠中，語言被當作原材料加工處理並形成產品的唯一資源。因而這不是一個零和遊戲（zero-sum game)，大量可供使用的語言材料並不會因爲被他人「使用」而減少（也就是說，只要思想家共同體保持其自由與獨立，從根本上脫離任何有影響力的世俗權力），這是當時唯一有價值的資源。對於語言，任何人原則上都有平等的使用權力。除了語言之外，文人共同體的成員們沒有什麼冒險的機會。

或許正是現代知識分子發展史上的這個超前階段，在知識分子的集體經歷上，發展出一種獨特的世界觀；一種由詞語組成，由觀念構造並受到觀念的統治，服從於觀念力量的世界觀。事實上，這種世界觀對一切可茲想像的各種觀念論形態進行探索和嘗試，相信觀念先於物質而存在。更精確地說，這種觀點所描述的是關於這個時代的哲學意識，它並不正確，但當它如此描述時，則產生了後來關於這個問題的系統性論述。對於啓蒙哲學家們來說，唯一的世界就是世界觀念。這種信念絕非一種偏離，作爲思想家共同體物質性存在的生活世界，實際上是以觀念的生產和加工爲核心活動。正是這種集體性經歷，使它自己涉及與哲學有關的各個分支時，是不偏不倚的，然而一旦它被引介到世俗權力面前，並與之產生關聯之後，則形成一種本質上觀念論的世界觀。

德斯蒂特德特拉西（Destutt de Tracy）說：「我們只藉由我們的知覺與觀念而存在。在我們藉由觀念掌握它們之前，沒沒有任何事物存在。」《花月二號的回憶》，一七九六年四月）梅西埃（Mercier）在同一個會議上，則更詳盡地表述：「思想之外的一切都是虛無……觀念（思想，idea），是所有存在的全體……在一種無限秩序中的思想，永遠是通往其他思想的關鍵。」[1]這些話是在一七九五年成立的國家研究院（the National Institute）的一次會議上所說的，可見早就和世俗權力勾結了。研究院的成員，這個還在大肆援引過往啓蒙哲學家理論光榮的大革命傳統的集體後裔，已經遺棄了觀念所型塑之自給自足的世界。他們之所以支持這個理論，是因爲它是唯一可茲利用的資本：一個由語詞和技術所處理的世界。一旦世俗權力要求他們爲建立更新、更美好的社會提供建議，他們所能提供的只有他們最擅長創造的那一類，也就是說，能夠使他們填滿建立一個新社會所需要的，只能是來自於他們自己最了解和作爲他們的家園的那個世界。現在，文人共同體的自我意識轉身爲全體社會勾繪一幅地圖。現在對政治國家的要求就是建立「好社會」(The good society)，它顯而易見的就是文人共同體的擴大版。換句話說，好社會的基本意象，從國家研究院的觀點來看，必然，而且正是其成員生活方式和生活世界的集體經歷的推廣。無論是有意還是無意，這個意象都是一種圖謀權力的企圖。觀念世界必然是一個由生產和分配觀念的人所統治的世界，論述活動在此位居核心而重要的角色，在此，參與論述活動的人對於這個社會的興亡具有同等重要而核心的地位。

由國家研究院所提出的這個社會意象，正是培根「所羅門王」

[1] Fr. Picavet, Let idéologues, reprinted Burt Franklin, New York 1971, pp. 305, 78.

(House of Solomon，指由哲學家統治的社會)的觀點。這是不可能在培根時代實現的烏托邦夢想和天才預言，但是在一個半世紀之後的專制主義國家的時代，似乎變得可行，而尤其在大革命所釀成的全體社會動員的氛圍中，成爲現實。培根似乎瞥見了在咫尺天涯的歷史角落裡等待很久的那個社會。西奧多里奧森(Theodore Olsen)認爲，[2]培根的計劃「根本不可能實現，除非這個方案的支持者能夠控制一個國家或一個大陸範圍之內的人員、物資、資金和能源。滿足這些條件的人包括從十九世紀才壯大起來的進步主義信徒，尤其是那些以集體意識名義所形成的集團，其勢力範圍之大足以囊括所有必需的資源」。那個時代的國家研究院中的知識分子有理由認爲，這些條件都被他們遇上了。革命國家所發展的權力之大，其潛力和野心，甚至超越了專制君主國家，至於爲了服務於重新勾繪的社會，可茲動員的物資也非常充足。國家的權能，其所能夠(並且可能)獲得的物資，看來都格外的巨大，它輕而易舉地使在它之前歷史上所有的國家，都相形見絀。

管理「所羅門王」的那種獨特知識，與政治力合併爲一種權力，德特拉西稱爲「意識形態」。他引介這個詞語，作爲有關「觀念生產」(generation of ideas)的科學之名，其在過往多少有取代知識份子的工作，謀取相似的利益，以一種令人不滿的方式，

---

[2] Theodore Olsen, Millenarianism, Utopianism, and Progress, University of Toronto Press, 1982, p. 282.

像是形上學或心理學。[3]在埃米特甘迺迪（Emmet Kenney）的描述，意識形態可被理解爲：

> 系譜學意義上（genealogically）的第一科學，由於所有的科學都是從各種不同的概念組合構成的。不過，它特別是文理上的基礎或溝通觀念、邏輯的科學的根基，合併概念並形成新的真理的科學根基，是教育或型塑人性的科學根基，是道德或規範人類欲望的根基，還有最終，「它是最偉大的藝術，因爲在一個控制良好的社會，所有的一切都必須成功地協調……」[4]

根據由法蘭西學院出版的辭典，意識形態（idéologie）意指「關於概念、原理體系和概念功能的科學」。一個專門於研究意識形態的人被稱爲「意識形態專家」（ideologist），這個詞令人聯想起另外一些已經建立的科學專家的稱呼，像是物理學家、化學家或生物學家。理論家（Ideologue，尤其指倡導或詮釋某種思想的理論家、思想家）一詞被引介的時間稍晚，作爲毀損和反諷名詞是由德特拉西的推論的毀謗者所發明（像是夏多勃里昂（Chateaubriand）或是在其之上的拿破崙）。然而，在由國家研

---

[3] Picavet , Let idéologues, p. 21.

[4] Destutt de Tracy and the Origins of 'Ideology', The American Philosophical Society, Philadelphia 1978, p. 47.

究院提出並詳加規劃的新科學中，最引人注目和非比尋常的地方並非在於對意識形態的界定，而在於意識形態被視爲對社會進行研究的唯一科學，換句話來說，不在於這個提議所提的內容，而在於它所欲消除或取代之物。意識形態是唯一與社會有關的科學；或者，關於社會的科學只有意識形態。基於同樣的理由，社會被視爲孤念的產物和觀念的溝通，研究後者，就是瞭解應該瞭解的一切，也就是說，瞭解對於所有把社會視爲行爲的客觀對象的人來說，具有實踐意義的一切事物（數十年之後，爲糾正這個名詞的派生性色彩，孔德公開提出以「社會學」一詞取代之，然而，孔德所描述的這門新學科，與由德特拉西所獨創的內容，並沒有什麼顯著的差別）。

「哲學家們只是用不同的方式解釋世界，而問題在於改變世界」，在馬克思的著作中，很難有比這句話更有名的了。無論是崇拜還是那些詆毀馬克思的人，都把這句話視爲馬克思的激進主義和馬克思主義的獨特性的典型；在學術高牆林立的二十世紀中，馬克思這句格言聽來有些不合時宜，對於那些很久以前就已經接受自己在整個勞動分工體系中的固定角色的職業工作者來說（其中大部分的人看不出有對這種分工體系進行質疑和重新討論的必要），馬克思這句名言是一個挑戰。無論是學科高牆的護衛者，還是懷疑並希望推倒這些高牆之人，都過於匆忙地贊同或批評包含在這個格言中的精義，而對於這個句子本身是如此地恰如其分的被用於描繪馬克思的那些前輩們的現象，則未及深思。這個疏忽令人惋惜，因爲如果我們更加深入地思考一下馬克思提出的宣判/呼籲，不難發現，馬克思的建議不過是啓蒙運動對哲學及其使命的普遍看法的遲來的重新表述而已。馬克思這個句子的第一部分提出了批評，如果寫於一個世紀或更早以前，則在此限度內，可以說它是對的；然而，如果在孔多塞、卡巴尼斯（Cabanis）、德特拉西及國家研究院之後再寫出這樣的話，則顯然不合適。另外一方面，這句話第二部分的思想，也很難說是原創。如果比馬克思早一個世紀的那些哲學家們不是在思考改造世界的方法，不是冒失地擺弄著他們看來實在太顯而易見而無可非議，以至於不需要特地去明確地闡明。

的確，無論國家研究院的哲學家們所做的是什麼，總是充滿了要求重建的狂熱欲望，像是：個人及其需要、欲望、行爲，他們之間的思想、行動和互動，爲這樣的互動而設置的框架，法律和社會自身的全部重建。在選擇哲學研究和哲學思考的問題之時，其原則（或者說，唯一公認的原則）是有益於產生、促進和實現變革的。用舒茨安（Schutzian）的話來說，哲學研究的主題是否合適，僅僅取決於它的動機是否適當：是否爲了社會變革。

沉思哲學（contemplative philosophy）並不符合這項原則。國家研究院所宣揚和實行的哲學，全然是種政治學，其推翻了任何專業化教育所設置的高牆。，拿破崙的教育和文化部長羅德雷（Roederer），曾經這樣形容他的哲學證書：「哲學已不再是存於哲人書本上之物，它在瞬間獲得解放，如同陽光驅散了烏雲，刹那間光芒遍佈；陽光臨到所有的人，映照在絕大多數的社會制度之中，洋溢於所有人的氣息中。」[5]聽到這樣的話，任何一位學院哲學家內心都會充滿憂懼。哲學在行動中展現，一種行動性的哲學觀，哲學成為權力，它改變所觸及的一切。埃翁斯（Aeons）曾把這樣一種哲學計劃，與維特根斯坦的意見區別，後者曾說：「哲學對任何事物採取放任態度(Philosophy leaves everything as it was)。」德特拉西恐怕不太能夠理解維根斯坦的觀點，在他看來，只要意識形態的研究如其所願的開展，無庸置疑的，「我們將可以輕而易舉地把人們所必須遵守的（關於思想和關於行為）法則給予他們」[6]。

如同物理學與化學，意識形態也應是征服其客體的一種工具。「了解它，是為了控制它」，這種對待自然的態度，他們是為理所當然，意識形態專家所關注的是社會及其成員，他們並不急於強調工作性質的特殊性。德特拉西在為《意識形態的元素》一書所作的計劃中，提出要對這些對象進行全面性的觀察：野蠻人，窮鄉僻壤的鄉民，孩子，動物，普遍相信他們沒有自我控制的能力，以及諸如此類的一些自然對象，要依靠系統性的觀察，對他們進行教化、馴化、軍事操演或日常生活訓練，此書意在為行動哲學提供一整套的理論基礎。他在書中引用皮內爾（Pinel）的權

---

[5] Picavet, Let idéologues, p. 122.

[6] Destutt de Tracy, Traité de la volonté et ces effects, Librairie philosophique J. Vrin, Paris 1970 (from the second edition of 1818), p. 448.

威見解，「證明治療精神錯亂者的技藝，與控制情慾、引導平民百姓輿論的技藝絕無差異；在這兩種情況下，其要點都在於如何型塑其習性」。[7]在意識形態專家眼中，社會及其成員首要是目的性行爲的客體，是應予研究的原料，就像那些打算用於建造構思中的規劃的資源。爲了建造的順利進行，對於資源固有的品質、構成、彈性、耐久性等等，都必須有一番徹底的了解。孔多塞爲夢寐以求的人類終極社會描繪一幅圖像，「像幾何圖形般整齊勻稱的宏大結構」，一切事件的發生在此都有恆常而精心安排的緣由，在此沒有神祕性，也沒有偶然性與意外的位置。[8]卡巴尼斯（Cabanis）認爲在以人類肉體行動爲對象和以人類精神行動爲對象的實際性問題之間，性質上並無差異：

> 醫學與道德，是同一科學（人的科學）的不同的分支，具有相同的基礎。思想、情操、激情、德性、惡習，這些精神活動，以及身體的健康與否，或源於肉體的感覺器官，或源於決定這些感覺的器官……通過研究肉體與道德狀況之間固定不變的關係，就能夠引導人們走向幸福，使其良好判斷（good sense）轉變成習慣，而道德感轉化爲必需；就可以大大提昇人類能力……（並引導）他們走向進步而永無止境的

[7] Destutt de Tracy, Éléments d' idéologie, vol. i. 'Idéologie proprement dite', Librairie philosophique J. Vrin, Paris 1970, pp. 299-300.
[8] Picavet, Les idéologues, p. 110.

完美之境。

在卡巴尼斯看來，對於未來所有的教育而言，醫學是一種模型和啓示，教育學家應嚴格遵循由醫生所發展出來的模式，對人類精神和肉體施加影響。[9]

相較之下，前革命時期的啓蒙哲學家與通往國家研究院及其意識形態計劃的過程中，已經發生了一個細微而重要的變化。我們已經知道，啓蒙哲學家選擇了國家的立法權，作爲進行「啓蒙」（les lumières）的對象。啓蒙的應該是君主、獨裁者和立法者；而對於作爲個體的「人類」，則應通過根據理性法則重新制定的社會條件，使之受到間接影響。啓蒙哲學家奠定並發展把知識之光直接地帶給全體國民的思想，但是，這種思想在他們所設計的「好社會」中，從未合法地佔有一席之地。教育活動，像是「啓蒙」，所針對的對象應該是那些立法者以及管理社會和人際互動的行政人員。在多數的意識形態專家來看，教育概念進入了意識形態方案非常核心的部分，在此並非沒有國家的慫恿與推動的影響，此時的國家看來已經無所不能，它調配控制著（依據前者的標準）無限的資源。在對「好社會」的整體設計中，臣民依然被謹慎地區別對待，替這個既定主體範疇所指定的，仍然是一種接受施捨的社會地位，因此，實際上還是嚴重的不平等（例如，德特拉西

---

[9] Ibid., pp. 203, 211.

就堅決主張，之所以要對勞動階級進行教育，「不是爲了使他們有良好的發展或讓他們能夠參與深奧的討論，而是爲了使他們有顆正常的腦袋」)。[10]但是，通過展示意識形態專家自己的科學、意識形態和專門技能，這些東西建立在一種新的，但無疑是「首要」科學的基礎之上，以茲證明其獨特地位的合法性，肩負著創造並維持一個「好社會」，並使這個使命的承載者從世俗國家政治權力的擁有者轉向專業的理性代理人的角色過程中，教育處於意識形態方案之核心地位，作爲一種整體，依然表明它是最重要的。無論這種術語的調整和重點的轉變是如何細微，甚至難以覺察，在理想化敘述中的權力均衡點之偏移，絕對不能忽視。明白地說，這些立法者顧問的後代，現在企圖奪取立法權，由自己直接立法。意識形態方案是一個宣言，它宣稱：管理一個文明、良序和幸福社會的職責，當然屬於經過科學訓練的專家。隨著意識形態這一門新興科學進一步的發展，新一代的哲學家不再討論作爲全能的自然法則的理性，自由、平等和博愛也不再被視爲理性法則而被論述，由於法律的進步，遲早每個社會都會奉行這種法則。過往事物之自然秩序的法則和傾向，現在都成爲專家們的科學活動和專業工作的產品，這些專家辛勤耕耘著人類靈魂與肉體的田地。[11]但是不過數年之後，一八二二年，一位最具創新精神的意識形態專家孔德，試圖明確地闡釋，想像力已無用武之地：

---

[10] Ibid., p. 331.
[11] Ibid., p. 583.

> 精神領域的無政府狀態先於並導致世俗領域的無政府狀態。我們時代的社會弊端，更多地由前者所造成……應該開展的工作性質本身，充分地顯示了執行這些工作的任務必然落到這個階層身上。由於這些工作是理論性的，很顯然，那些聲稱旨在建構理論系統之人，換言之，就是那些從事觀察科學研究的學者，是唯一有能力和有足夠的知識修養來滿足必要條件的人。很顯然的，除非把工作托付給我們所能支配的最強大的知識力量，托付給追求某種理論的學者（這種理論具有可被普遍認可的優越性），否則便是悖理的。[12]

這些宣稱代表「社會學」的信仰。德特拉西曾經給科學取名爲「意識形態」，而「社會學」則是給科學所取的新名。名字換了，但雄心不變，而它與權力論述間與生俱來的聯繫，不如說比之從前表達得更直截了當、清楚明白，而不再含蓄曖昧。

有一段時間之中，拿破崙始終與意識形態專家們眉來眼去，相處和睦，他大量任用德高望重而又直言不諱的成員，儘管只是將他們安排在一些儀式性的、榮譽性的位置，像是擔任參議員、元老，但最後，他終於向他們那些意識形態方案中固有的權力修辭學發動了猛烈的攻擊。埃米特甘迺迪在解釋拿破崙對意識形態

---

[12] Positive Polity, vol. iv, 1822.

的熱情何以會逐漸冷卻時，認爲在他的權威主義與意識形態專家對共和理想的獻身之間，出現矛盾。然而，聯盟在本質上的暫時性，似乎早已預定，權力所具有的野心，使其逃脫不了與意識形態的那種理想，與意識形態專家的社會功能的理想糾纏在一起的命運，也正是這種意識形態的理想，導致這個理想的宣傳者和實踐者與國家權力發生公開的衝突，只要其進一步發展使它表現得更加明確，足以讓國家統治者也能理解時。在拿破崙看來，意識形態專家逐漸成爲了與他爭奪國家權力的對手，此時此刻，他們成爲相互競爭的政治力量之縮影，他們對於如何管理社會，有著全然不同的想法。無怪乎拿破崙指責意識形態專家們，要他們爲一八一二年十二月英年早逝的馬雷特（Malet）密謀負擔道義上的責任：

> 我們必須讓那些弊病爲此承擔責任，這些弊病就是：我們美麗的法蘭西遭受意識形態的危害，遭受著陰暗的形而上學的危害，後者不是使那些深入人心的法律，以及歷史上的經驗教訓，來爲法國服務，而是去探察第一因，以建立起民眾立法的基礎。他們這些錯誤不可避免地而且在事實上已經導致了喋血統治。是誰曾經宣揚公民有義務舉行起義這個原則呢？是誰教育民眾並且說什麼主權在民，儘管民眾沒有能力來運作這樣的國家？是誰宣揚說法律不是體現神聖的正義原則，萬物本質，公民正義，而不過是對公民事務、行政管

理、政治軍事規律一無所知的、組成立法機構的那些人的自我意志，從而毀壞了對法律的尊重並且破壞了法律的神聖性？[13]

在眾多至爲重要的現代趨勢中，拿破崙還是抓住了一些基本的要素和條件，這些與這個新時代中最顯見而持久的衝突有關：即，發生於受過科學訓練的專家與政治的實行者間的衝突。這是與「社會規律」和與「公民事務、行政管理、政治軍事」知識有關的權力資格之間的衝突，這是作爲知識分子武器的「第一因」與政治家們作爲贏得支持的戰鬥口號的「原則的神聖性」之間的衝突。一旦我們撥開那些宣傳語言和標語口號，那麼，在針尖對麥芒式的聲討聲中，我們一眼便可看穿這其實是兩個利益集團之間的衝突，它們爲爭奪管理社會的權力而相互競爭，它們的衝突在本質上是不可能化解的，而它們也無法明確提出他們各自的要求，以超越那種在社會秩序原則和概念層面上的爭鬥方式。

值得順便一提的是，另外一個拿破崙所洞察的面向。隨著專家與實踐者之間發生對抗，緊接著便重新爆發關於「嗜血者統治」（the rule of bloodthirsty men）的論爭。在專家與現實政治家之間的矛盾，將一而再、再而三地表現爲後面的那種論爭，其中一方是那些認爲自己「瞭解更多」的人，他們毫無顧忌地強行

[13] Destutt de Tracy and the Origins of 'Ideology', pp. 75, 213.

向被統治民眾灌輸其理念，另外一方則是那些生來就是實用主義者的政治家，他們知道，走的太快的話，「民眾」就會跟不上，在他們看來，「可能的藝術」(art of possible) 比任何僵化的理論更爲重要。在拿破崙與意識形態專家們爭吵之後至少一個世紀內，爭辯的雙方均嚴肅地討論了這場衝突的性質。以意識形態專家的後裔爲一方，以國家統治者爲另外一方，雙方終於攜手，他們認爲，考慮到權力手段是不穩定而未經檢驗，在本質上是不靠不住的，那麼，法律及其承載者的威望，政治口號的感召力，韋伯稱爲「合法性」(legitimation)，服從國家意願（正是在韋伯的時代，這個意願開始喪失與維持社會秩序的關聯），便成爲國家絕對而必要的支柱。只要爭論雙方都相信，另外一個難解的抽象問題「合法性的來源」，既是統治實踐所需的專門技能，又是衡量統治者合法資格的標準，那麼這個問題就依然處在權力衝突的核心。這個難題，無論是在實踐還是在理論層面上，都是永遠是無解的。只是隨著現代國家對自己的控制、監督、歸類、區別對待的技能，以及其他現代官僚（科層）行政手段，有了愈來愈強烈的自信，這個個問題才失去了其意義。由於喪失了與實際政治事務的所有聯繫，這個難題成爲了哲學家的私人財產。

馬克思和思格斯在《德意志意識形態》(German Ideology) 中，對國家研究院構想並發展的科學概念的原始意涵，進行諷刺的挖苦和猛烈的攻擊。並指出鮑威爾和施蒂納的學說是法國意識形態專家的德意志哲學版，在馬克思看來，這是一種使他們名譽掃地，並使他們喪失任何可能提出威權訴求的特殊方式。馬克思藉由「意識形態」，準確地掌握那些意識形態專家們的意圖，後者發展並宣揚一種觀念論的社會理論，這種社會理論號召哲學家們「將民眾從幻想、觀念、教條和虛構的事物等束縛的枷鎖下面解放出來」，它從社會現實是由觀念構成這個觀念出發，反對某些思想，助長另外一些思想，創造更多的思想，它認爲人類因爲錯誤觀念而遭受苦難，因爲正確觀念而獲得最終拯救。「德意志意識形態」所批判的矛頭正指向哲學觀念論，在馬克思看來，這種觀念論攪亂了人類對情境的正確判斷，使得人類對自己行動的真正根源困惑不清，並且使哲學遠離真正關鍵性的問題：爲什麼人們普遍承認並相信（無論正確還是錯誤的）觀念是第一因？馬克思反對從哲學家的生活方式出發，推導出社會理論，他要求將社會研究定位在社會生活物質條件的生產和再生產這個層面上。

後曼海姆學派（post-Mannheimian）對意識形態概念作了大膽的探索之後所形成的一種集體性的短視，在於無視於《德意志意識形態》對於觀念論的批判。而「意識型態」這個術語在經過二十世紀脫胎換骨並重新定義之後，重新付諸使用，對於使用它的合法性的批判，同樣是一種對觀念論的批判，忽視這一點，也是一種集體性的短視。然而，當代大多數的評論家正是這樣做，他們在《德意志意識形態》中尋找一種「意識形態理論」(theory of ideology)（不管是以一種萌芽的形態還是成熟的形態出現），當前普遍地把這種理論理解爲一種引導人類行動的觀念系統，也就是說，是一種馬克思清楚拒絕給予認真對待的東西。無法（或不願意）讀出馬克思所欲表達的真實涵義，在本質上這是理解意識形態概念，在其生命的第二階段裡的嬗變的一把極佳的鑰匙；也是間接理解那些蘊藏在此概念的語義後面的使用者所處的社會地位和集體性實踐的變遷的一個極佳入門。

後曼海姆學派新的意識形態概念，意味著對德特拉西及其同代人所使用的舊意識形態概念所推崇的那種社會理論的默認。語義斷裂表面的背後，兩者之間的論述存在著連續性，事實上，正是這種連續性，使得新的意識形態含義的闡發得以可能。基本上，新概念的吸引力和作用依賴於一種社會理論，它把觀念描述成人類行動的動機；它把信仰表述爲社會整合的主要（即使不是唯一的）要素；它承認「合法性」（可以從明確以理性表述的統治者，爲何有權統治）是一種主要的（即使不是唯一的）要素，後者使平民百姓服從於權力，並承擔著社會秩序再生產的責任；它主張權力之力量就在於能夠操縱觀念和信念的產生；它把對於觀念的操縱視爲使任何既定權力結構徹底喪失合法性，並進而使其垮台的捷徑。因而，對人類整體之規劃依然保留，同樣也是由意識形態專家們的筆墨所描繪，根據對自己所能發揮的作用或註定要扮演的角色的理解，他們先是用筆墨勾勒輪廓，他們的社會生活場域，成爲其筆墨汲取的色彩的源頭。曼海姆正是真正創新的地方在於使一個長期被遺忘的詞復活，這個創新僅僅被放置在這個規劃的局部。雖然在曼海姆使用的意識形態中，依然保有自拿破崙勃然大怒之後所帶有的貶抑味道，然而，他的方案可以說是對拿破崙的繼承者的反擊。

曼海姆的意識形態所指的，正是最初那批意識形態專家們渴望用其意識形態對抗並摧毀的東西：偏見、迷信、錯使人喪失理性思考能力，現在，這些東西被歸咎於認知角度的偏差，是因爲某些集團受到狹隘限制、慣常和重覆的實際活動所導致的。諸如此類的偏見，在那些官僚、軍人和保守政客的身上最容易找到，這類型的行動者受到他們自己無法控制的行爲模式奴役，正是那些具有專業知識的群體生產了這些行爲模式，後者傾向於根據他們的集體記憶來構思他們眼下的任務，因而他們仍然是被其過去所控制之人。仔細審視一下，曼海姆所說的集團意識的意識形態性所具有特徵，與拿破崙揮舞著用來證明政治家所具有的獨一無二的統治能力的證據所具有的特徵之間，展現出驚人的相似性。曼海姆的《意識形態與烏托邦》，事實上可以視爲對拿破崙對國家研究院的指責的遲來的回應。

一種普遍性的認知取徑，現在正遭到局部並可能對對象產生曲解的其他觀察取徑的抗拒；普遍性的認知取徑並不是沒有任何觀察視角，而是淩駕於一切特殊的社會階層之上，從而把所有社會階層都視爲局部性的，它並不被局限於任何局部的日常經驗，同時，它又要使日常經驗顯示其狹隘性，並依賴於自身的歷史。在曼海姆看來，這種「取徑終結了所有其他的取徑」，這正是所有知識分子的一個規定性特徵，也是知識階層（有教養的精英集團）

的規定性特徵。這個特徵把神聖性賦予知識分子，而其使命及權利是：對不同意識形態之間的爭論進行裁決，指出意識形態是一種局部而懷有偏見的世界觀，揭示它缺乏普遍性基礎，因此，在某種特殊的意識形態自身領域之外，它是無效的，在本質上，它是「不可移植的」，當面對真理的普遍性基準時，意識形態缺乏足夠的說服力。

曼海姆的理論重建沒有留給「開明獨裁者」一個位置。曼海姆的意識形態不是爲立法者們提供有效的服務，它也不是提供給立法者的顧問們使用的。在知識人與統治者之間那道不可縫合的裂隙，在此已經被視爲組織人類社會的一種方式而被沒有爭議地接受，並且幾乎被賦予一種本體論上的穩固基礎的性質。然而，這並不意味曼海姆的意識形態觀斷絕了獲取權力支持的念頭，意識形態概念剛出現之時，就獲得了權力的支持。曼海姆的知識分子依然執著地爲社會秩序描繪藍圖，制定最有效地實現其使命的方針政策；其實，他們是現今唯一尚懷有如此雄心壯志類屬。直到現在，他們才不再把政治領袖視爲其普遍規劃的執行者，或者，不再視爲實現這個使命的盟友或合作者。曼海姆的知識分子站得比政客們來得高（後者如果要保住他們的政客身分，就永遠不可能達到知識分子的水準），他們是分析家，審判者，批判者。不是權力的知識化，而是知識能夠努力變爲有權力。

將曼海姆的重建工作，解釋爲試圖復興「作爲立法者的知識分子」這個古老格言，似乎有道理，而最初使這個格言得以成立的社會條件，在其時代卻已不復存。曼海姆對知識分子的頌揚，使得意識形態專家們在謀劃策略時的趾高氣揚和自命不凡，相形之下反而顯得和緩與小心謹慎；然而，曼海姆的時代對其趾高氣揚卻置若罔聞。他同時代的人既不會頌揚德特拉西，也不會頌揚他的繼承者，不稍加留意，甚至不會爲此惱怒。並非由於曼海姆沒有卡巴尼斯或沃爾內這些學者來得重要，而是由於這個由拿破崙的子孫所統治的國家，永遠不再是那個對技術效率缺乏信心而急於從公民美德或國民的愛國情操中尋找其根基的國家了。它不需要孤念來使臣民服從，更有甚者，現在它相信（這並非完全不合理）觀念不會產生任何作用。在曼海姆的時代，全景敞視式、訓練有素的官僚（科層）制度是延續社會秩序的國家行政管理的堅固而安全的技術基礎，它沒有爲曼海姆的意識形態概念的「絕對真理」存在或爲開明獨裁者的存在，留下任何餘地。曼海姆對意識形態專家遺產的修正，是古老戲劇的最後一幕，而不是新開闢的戰場。密涅瓦的貓頭鷹（owl of Minevra）再一次在黃昏展翅。

然而，黃昏過後，緊接著是夜晚降臨，然而問題就在這裡，曼海姆思想中的種種優點，不久便會從我們的視野中消失。一代人之後，曼海姆的意識形態理論看來與它必須揭示並批判的意識範疇一樣被局部化了。當需要肯定性的概念的時候，曼海姆的理論卻只是展示了一種否定性的意識形概念。然而，正是他的理論，引導我們超越立法者時代，並徹底進入了詮釋者的時代。因此，我們將不得不稍後再來討論由哲學家的意象所構築之盤根錯節世界歷史的最終階段。

第八章

立法者殞落

至少從十七世紀開始，尤其是到了二十世紀，西歐和立基在西歐之上的其他各洲的書寫精英們，將其生活方式視爲世界歷史的一場根本性的轉折。由於堅信他們自己的生活方式要比所有（無論當代還是過往的）的其他生活方式來得優越，因此，他們將其生活方式視爲詮釋歷史終極目標的基準。這是一種對待客觀性時間（objective time）的全新經歷；在大部分歐洲基督教時代的時間中，計算時間的方法是圍繞著某個過往而正緩慢消的逝固定點而進行。到目前爲止現在一直是地方性的基督教曆法作爲前進運動的客觀性時間的參考點，並將其牢牢地綁在它自己快速向著未來殖民的進程之中，與它向周圍的空間殖民一樣。

歐洲啓蒙精英的自負，也投射到與其相似的人類中，而其投射程度大小，與其所認爲的親緣關係之遠近，形成嚴謹的正比關係。以文明的（進步的，啓蒙的）生活方式的團體，與那群無知而迷信的勞動階級或村民相較之下，毫無疑問，看起來要高出一截。而受教育的歐洲人和未受教育的歐洲人則共構一個歷史的種族，而其他的種族（最多）不過就是力求達到歐洲人的水準。受教育精英特有的自信，與其說來自對進步的信仰，不如說是從自己的優越性未曾遭遇挫折的經驗中，形塑這種進步觀。受教育精英對於改造他人思想這種傳教士般的狂熱，與其說是來自他們未加批判的對人無限完滿性的信仰，不如說是從自己在對其他群體（而非對其自身）的規訓、操練、教育、治療、懲罰和感化作用的體驗中，形塑了人類本性的可塑性觀念，形塑了人類本性可以接受社會的模鑄和改造的思想。在面對其他類屬時，受教育精英負擔起「園丁」的角色，而其集體經歷被重建爲歷史理論。

如若跟隨著馬克思的方法論的訓誡——用人體解剖作爲猿體解剖的鑰匙，受教精英（educate elite）使用自己的生活方式，或主導（或其認爲主導）這個世界中的一部分人的生活方式，來衡量其他各種（過去或現在的）生活方式，並且將其他所有的生活形式視爲發展遲緩、落後、不成熟、不完善，或是畸形、殘缺、扭曲的類型，並且處在其他諸如此類的低級發展階段或落後的自我認識階段中。受教育精英的生活模式，通常稱爲「現代性」，意味著一種動蕩不安、永恆變化的歷史方向；在其看來，其他所有已知或未知的生活模式似乎都已過時、被拋在一邊，或陷入絕境。各種互相競爭的現代性理論，總是與一種歷史理論相關聯，它們在這一點上的立場是共同的：都將西方世界各個領域中發展起來的生活模式，視爲在二元對立中「既定」(given)、「無標記」（unmarked）的一個面向。相對來說，世界上其他地方和其歷史時代則變成有問題的、「被標記的」(marked) 一方，後者之所以能夠被理解，不過是因爲它們不同於被認爲是常態的西方模式。在此，差異首先被視爲一系列的缺乏，缺乏作爲進入最先進時代不可或缺的特徵。

我們已經討論過現代性諸理論形態概念化的其中一個面向：將歷史視爲永不停止進步的知識，視爲一場最終能夠勝利凱旋的艱難戰鬥，視爲一場理智對抗（反對）情感或動物本能、科學對抗宗教與巫術、真理對抗偏見、正確知識對抗迷信、反思對抗無批判存在、理性對抗情感作用以及習慣統治的鬥爭。在這樣的一種概念化中，「現代」首先將自己界定爲理智（Reason）與理性的國度，另外一方面，將其他的生活方式視爲缺乏這兩種特質。這是在爲現代性進行自我定義的概念化中最重要而基本的面向，這也是那些爲現代性進行概念建構之人所極力強調的面向，顯然也是最受其欣賞的方面。這個定義畢竟將這些概念化形塑者自己置於掌握歷史槓桿的地位上，並策略性的成爲歷史變遷最重要而有力的代言人。如果我們還記得，這種概念化已經暗含於啓蒙哲學家們的思想之中，在孔多塞和其他意識形態專家的著作中已有全面性的陳述；而經過孔德的整理，已成爲輝格黨人歷史觀的基本教義和必然框架;在韋伯那種將歷史等同於理性化進程的思想中，在其將現代社會視爲與過去一種根本而斷裂的思想中，人們從其斷裂中所看到的是，過去意味非理性行爲的漫長統治，這種歷史理論發展到其顛峰，得到最爲透徹的詮釋。

近來，在馬歇爾伯曼（Marshall Berman）對現代性漂亮而傑出的研究中提醒我們，在馬克思看來這個時代，「**所有的固體都昇華為氣體，所有的神聖都貶為凡俗**」(everything solid melts into air, everything sacred is profaned)，在這個發展日新月異，物質財富數量增長，人類控制自然環境的能力提高的時代，人類創造潛力在漫長的歷史中曾經受到壓制和阻礙，而在我們的時代，人類擺脫了所有的限制（無論是現實還是想像中的），獲得全面解散。馬克思認爲，這一切首先是由於征服自然的物質手段突然爆發，以及人類擁有運用這些手段的能力和意願；其次是由於建立了人類生產力的新制度：個人生產活動節奏化，形成固定程序，相互合作，服從一個有目的的規劃，被監控並被委以操作工具的責任，基此，工具力量的發揮，不再受其微不足道的、能力（視野）有限的所有者限制。在馬克思來看，現代最終將拋棄極少數殘留對征服自然的運用手段的限制；他強調，生產工具具有「社會性」，而所有權的私人性質，無論範圍多廣，都缺乏普遍性，最後所有的「固體」（solidity）都將昇華成氣體。屆時，「人類自由」（先由從必然性中識別自由，其次由自然自身中鑑別）將獲得實現。

當然，並非所有的概念化都毫無保留地頌讚現代性。特別是接近十九世紀末之時，現代現象的種種看來可謂福禍相依。人性的偉大成就是勿庸置疑，但代價也很高昂，或許可說巨大。在受教育精英看來，實現預期中的理性國度的進程趨於緩慢的態勢已經日漸明顯。更重要的是，理性國度究竟會不會降臨，這點已經開始變得不那麼清楚。其實理性王國從來都意味著視其代言人的統治。現在這種統治變得日漸遙遠，可能性愈來愈低。人類並沒有變得更有人性，也就是說，不是那些更具有人性的人，而是其他人，在規劃社會秩序，並負責實施，「文明化」（civilized）那部分人的權力正在日漸增長，而導致文明化者（civilizer）也日趨核心地位，然而兩者的聯合卻已破裂。概念化沾染上一層戲劇性色彩，歷史進步的形象日益令人回憶起希臘悲劇，在希臘悲劇中，犧牲是一切成功所必不可少的，因犧牲而遭受的痛苦，其程度恰如其成功所帶來的喜悅。

在現代的意象中塑造，尼采及其浮士德型（Faustian）的追隨者，浮士德型人士自豪於其權力和優越，視他人爲草芥。但浮士德型人士不同於其哲學或創業先驅們，他們不再任意地將其自信與精神或物質進步的不可動搖而無所不在的力量掛鉤，他不得不負起實踐現代性的使命，這是人類最偉大的成就。浮士德型人士既不是古典主義者，也非實證主義者，而是浪漫主義者；不是歷史的產物，而是歷史的創造者；他們必須排除萬難，創造歷史，必須迫使歷史服從其意志，而不是指望歷史註定會自行屈服。輝格黨的奉行者們依然把歷史視爲一場勝利：探索、勇氣、有遠見、博學、敏銳對盲從、懦弱、迷信、混亂、愚昧的勝利。但現在已經難以保證勝利了，尤其是出現了似乎註定要成爲勝利者預期之外的力量。正如所有的戰爭，這場戰爭的代價將極爲高昂。在所有的征服中，有勝利者也有犧牲者。浮士德型之人必須讓自己接受這種必然性：他必須踏著弱者的屍體向前邁進。而他之所以爲浮士德，端視其所爲。

另外一個引人注目的現代性觀點是弗洛伊德所提出的。這個觀點將現代描繪爲「現實原則」（reality principle）統治「歡愉原則」（pleasure principle）的時代，其結果是，這個時代的人用一部分的自由（與幸福）來換取某種程度上的安全，這個時代的基礎是清潔衛生、太平無事的環境。這種交換或許有利可圖，但是，它需要對「自然」本能進行壓抑、對人的行爲模式進行強制的產物，這種模式與人類傾向的易感性不調和，而且只能給本能需要和激情變相提供發洩管道。壓抑的痛苦在心靈留下難以治癒的創傷。更趨頻繁的精神方面疾病和神經性疾病是現代性的代價，文明播下了反對（抗）自我的種子，在個人與社會之間造成永恆（潛在或公開的）衝突。

在《文明及其不滿》(Civilisation and its Discontent)問世不久後，所引發的寬廣而深遠的震撼和推崇聲浪之中，青年伊利亞斯決定服膺弗洛伊德的假設，以它們作爲一種直覺形式和理念型來引領歷史研究。伊利亞斯的決定導致其名著《文明化進程》的誕生，該書對許多從未被研究而始終被冷落的原始材料進行研究，「日常生活」自此進入了歷史研究的視野，伊利亞斯開闢了社會史研究的新天地。伊利亞斯證明，弗洛伊德從成熟的現代性本質中所推論出的「壓抑本能」(suppression of instincts)，實際上是一個歷史進程，發生在特定的時間、場所和社會結構當中。伊利亞斯的傑出研究產生了許多成果，其中之一便是認爲，文明化進程獲得勝利的頂點乃在這樣一個歷史時刻：對自然本能的壓抑已被遺忘，最近引進的行爲模式提供了一種僞理性的合法證明，歷史的生活形態完全被「自然化」。伊利亞斯對於文明化進程的詮釋，基本上是直接攻擊韋伯把現代性等同於理性化時代的輝格黨人的觀點。產生並延續（再生產）現代社會的力量，已不再被理性所認同。然而，其成就本質的進步性，也不再遭受質疑。

齊美爾（G. Simmel）對都市社會的看法，充斥著對現代性複雜愛恨交織的情緒，齊美爾的觀點，與之後班雅明對波特萊爾的創造性洞見的詮釋，有著密切的關係。這種雙重交織是對悲劇性的一種生動寫照，無法化解的矛盾辯證性地纏繞在一起：絕對只在個人及其遭遇的獨特性中展現，而永恆隱身於瞬間即逝的事件背後，常態隱身於唯一性的背後。首先，現代性的戲劇性源自於「文化悲劇」（tragedy of culture），源自於人類缺乏消化吸收因精神創造力的解放所產生的過剩文化產品的能力。文化進程一旦啓動，便獲得自身的推動力，發展出自己的邏輯，並成倍數增加的生產出新現實，後者在個人看來，是一個外在的客觀世界，它如此地強大，如此地難以接近，從而根本無法「再度掌握」（resubjectivize）。客觀化文化（objective culture）的豐富，導致人類個人文化的貧乏，根據聖方濟（St Francis）的原則是：一無所有，卻無所不有（omnia habentes，nihil possidentes，然雖好像擁有一切，實際上卻一無所有。）。的原則行動（正如斯滕特（Gunther S. Stent）將聖方濟著名的原則顛倒過來）。[1]對對象化客體的瘋狂追求，正好讓重新恢復已經喪失意義的努力徒勞無功。齊美爾哀嘆「局部性知識分子」的降臨（這個術語是後來由傅柯所提出），哀嘆一個時代的消逝，在這個時代中，那本淵

[1] Cf. Günther S. Stent, The Coming of the Golden Age, A View of the End of Progress, National History Press, New York 1969.

博的《政治經濟學原理》成爲當時所有文化人的公共財，並受到諸如狄更斯或羅斯金（Ruskin）等「非專家」的廣泛評論。對現代性的這種看法，來自於重要都市知識分子的觀點，他們所夢寐以求的是作爲啓蒙哲學家們遺產的角色能夠延續，然而現在的狀況導致其延續不太可能，而且這種狀況正是哲學家遺產的巨大成就所導致。

以上所描述極其概括和簡化，所謂傳統或古典對現代性的看法並沒有包含在此，後者擁有廣泛的信徒並且對公眾意識有著巨大影響。這些看法間彼此存在差異，有時甚至還尖銳對立。幾十年來，差異與對立遮蔽其間的共同性，支配著社會科學領域的論戰。不過近年來，由於採用一種新的認知觀點，這方面的差異才開始顯得不那麼重要（可以視爲發生在一個家族內部的口角）。另外一方面，新觀點正好讓那些顯然相互對抗的觀點之間的密切親緣關係顯得突出，現階段的討論已傾向淡化它們之間的差異。

至少有三個共同特徵使其構和成一個家族。

首先，上述所列舉的觀點，以及當代其他可以想像的不同觀點或絕大部分其各種理論中的變種，或多或少，都認爲「現代性」意指或帶來無法挽救的「變遷」（change）特徵。在衡量有關現代社會的生活形態之善惡時，它們或許能夠抱持熱忱、嚴刻或直言不諱的批判態度，然而它們幾乎不曾質疑現代性的「優越性」（superiority），其所取代的前現代處於從屬、邊緣化、被驅逐或消滅的狀態。沒有一種觀點（至少不是有組織地）對現代性的最終優越性抱持疑慮，絕大多數的觀點認爲這種優越性是必然的（雖然這裡所謂的必然性並非決定論意義上的，但也不是說現代性的來臨就是歷史的必然，其意是，一旦現代性出現於世界上的某個地方，則其優越性或普遍化是在所難免的）。把現代性視爲這個發展的頂端，激發採用描繪或估量前現代社會與現代性距離的方法來解釋前現代的社會形態，正如「發展中國家」（developing country）這個理念所體現的。

其次，上述列舉的觀點，都將現代性視爲一個過程性的術語：一個本質上尙未完成的計劃（an essentially unfinishing project）。現代性不可避免的向未來開放；事實上，對未來的無限開放性，被視爲現代性最重要或許是最根本的特徵。與現代性本質上的可動性比較起來，諸前現代形式則表現得停滯，以平衡和穩定的機制爲核心所構建，而幾乎沒有歷史。這個明顯的結果，源自於選擇了現代性，作爲歷史上，或邏輯上的最終形式。這種選擇包裹著其他社會形態，並使後者被視爲已然終結、完成的對象（客體）——這種「看法」將這些社會形態清楚的表述爲「內在無時間性」（intrinsic timelessness）。再回到現代性的觀點：它們都努力理解這個正在進行，正在孕育之中的（in statu nascendi）變遷過程；從某種層面上來說，它們都是一些途中的經歷，它們有意識地描繪這場目的地尙未完全明朗，並且只在我們的期待之中的運動。在現代的視野中，只有起點才多少是可靠而明確的，至於其餘的，正由於其缺乏決定性特質，使其成爲一個規劃、行動和奮鬥的領域。

第三，上述觀點都是現代性的「內部」觀察。現代性是一種具有豐富的前歷史現象，然而沒有任何可見之物可以超越它，從而沒有能夠使現代性這個現象本身相對化或對象化（客體化）的事物，同樣的，也無法將其視爲一個意義已經被確定和限定完成的事件。同樣的，理論化了的現代性「內部」體驗方式，提供了一個理解諸非現代生活形態的參考構架。然而，同時，卻沒有一種來自外部的觀察觀點，可以提供理解現代性自身的參考構架。在某種意義上，在所有觀點當中的現代性，都是自我指涉和自我證成的。

正是上述第三種狀況，近來產生了變化。這個變化不得不對前面所說的家族相似性的另外兩個面向產生影響，使諸傳統或古典的現代性觀點得以統一。的確，這個改變使得它們之間的家族特性浮現，而其限制性角色，現在似乎認爲要對古典的歷史相對主義負責。這些年來的變化，的確，體現了一種新的觀察觀點的形成：現代性自身被視爲一個圈禁的對象，一個本質上完全實現的產物，一個有明確的開端和結尾的歷史事件。

後現代主義的論辯提供了一個新觀點。從表面上看來，有種說法認爲這個論辯只是圍繞著同一個概念家族而形成的另一種論述，「後工業社會」或「後資本主義社會」是這組概念家族最普遍和寬泛的說法。然而，無論後現代主義與後工業社會之間，存在著怎樣的相關與相似性，也始終難以抹滅它們之間的差異。後工業社會的觀點並不一定會使孕育現代性的傳統生活方式終結。在一般的狀況下，後工業社會的思想只涉及西方文明類型的內在變遷，它自稱要在新社會形勢和轉變的社會經濟基礎上，重新建立並延續西方文明的優勢地位。西方文明內部的變化，不僅沒有削弱其優勢地位，相反使它被視爲後工業或後資本主義時代來臨的徵兆，強化了西方的「社會－文化系統」作爲人類社會發展最高階段或最高形態的意像，其他各種形態的社會，不僅要嚴陣以待，而且必然得承認西方文明的優越性。同樣的，後工業論述強調「發展的連續性」，後工業被爲是工業化的「自然產物」，被認爲是繼承前一個階段之後的另一個階段，在某種程度上，被認爲是蘊含著過去的承諾與潛力的進一步的實現。

另外一方面，在回顧過去時，後現代主義論述把這個剛剛消逝的階段，視爲一段已經結束的事件，一場對其自身方向來說，已經不可能再有發展的運動，或許甚至將這段歷史視爲一種脫序，一段偏離標的的道路，一個現在應予糾正的歷史性錯誤。爲此，後現代主義者的討論雖然並不一定反對後工業論述對事實解釋性的說明，儘管兩者常常被混爲一談，但兩者之間論辯卻缺乏相同的主題。後工業論述涉及將自身視爲「現代」社會的「社會－經濟」系統的變遷，「現代」的意義如上所陳述：它們所討論的變化，並不意味著這個社會必須停止它們原來自我認同的方式。從另外一方面來說，無論是工業文明，還是後工業文明，是資本主義，還是後資本主義，後現代主義論述所涉及作爲西方文明自我命名的「現代性」自身的確實性。它意味著蘊含於現代性思想中的那些自我歸類的特性，現已不復存在，或許過去也不曾存在。後現代主義討論涉及西方社會的自我意識，以及涉及（或缺乏）這種意識的基礎。

起初後現代主義的概念形成是用來指涉那些反對功能主義、將科學基礎建基於理性化之上的反叛者，不久之後，這個概念迅速地被接納並加以擴展，西方藝術所有意義深遠的轉折都被納入這個概念中。它宣稱：不再有對人類世界或人類經驗的終極真理的追求，不再有藝術、政治或傳道的野心，不再有可以從美學中尋獲理性占統治的藝術形式、藝術經典和趣味（美學是藝術的自信和藝術客觀邊界的基礎）。藝術的根基不復存在，試圖爲藝術現象劃分客觀界線則是徒勞無功，不可能建立區分真正的藝術與非藝術或壞藝術的法則，這些思想先孕育於文化藝術域的討論中（正如兩百年前，思想家共同體在文化領域的征服活動先於他們在政治與社會哲學領域的擴張）。只是到後來，最初被定位在藝術史領域的後現代主義思想開始向外延伸。當代藝術的變遷，關注焦點極富吸引力的轉變，反傳統主義者的反叛，作爲異端的新的典範引人矚目地爭奪哲學和具有哲學色彩的社會科學主導權，這些現象之間存在著一些共同特徵，後現代主義使知識分子睜開眼睛看到這些特徵的共同性。他們注意到，藝術的「客觀基礎」被侵蝕，與社會科學的後維根斯坦主義和後伽達瑪主義詮釋學的突然流行之間，存在著相似之處，或與現代哲學中的「新實用主義」對「笛卡爾－洛克－康德」傳統的尖銳攻擊之間，存在著相似之處。這些看似殊異的現象，卻日愈益顯示其爲同一進程的不同的展現。

這個進程，或不如說導致這個進程出現的種種條件，我們在此稱之爲後現代性（post-modernity），以茲與後現代主義（post-modernism）區別，後者指涉的是在後現代性的條件或後現代性的階段中所創造的藝術或知識作品的總和。後現代性也不同於後工業社會的概念，它指在思想氛圍中的一種清晰明瞭的性質，一種新興與眾不同的後設文化（meta-cultural）立場，一種對時代的清楚的自我意識。這種自我意識的基本（若非唯一）要素之一，便是認識到現代性的終結，作爲歷史時期的現代性，已然劃上句點。現在可以對這個時期進行全面性的思考，透過反思，不僅可以理解其理論之追求，而且也可清楚地理解它所實踐的成果。

感謝這個稱之爲後現代性的新自我覺醒的元素，因此，曾經一直被視爲馬克思學派所謂的「人體解剖學」的現代性，第一次被放在「猿」的位置上，一經後現代性智慧的反思性回對現代性審視，後者在其解剖學看來是不證自明或過分忽略的面向，便浮現出來。這種智慧重新調整我們對於現代性的認識，將其數種特徵之重要性的順序，重新排列。同樣的，它還導致一種信念：從現代這個歷史階段的內部來看待現代性時，對於現代性這些方面的忽視，只是因爲在當時，能夠對其地位進行挑戰的對手根本不存在，因此其地位被視爲理所當然。然而，現在這些曾經遭受忽略的面向突然撲進我們的眼中，正巧因為它們在之後的那個時代（後現代）缺席，才使得它們成為問題。這些面向主要有：有關於現代性的自我證成；較之於其他生活形態的自我優越性信念，後者無論從歷史還是邏輯的角度來看，都更為「原初」；相信自己比前現代社會及其在文化上的實踐也更具優越性，並非由於歷史偶然性，而是具有客觀而實在的證據以及普遍的有效性。

確實，在後現代意識中顯然缺乏這種信念，而在現代性的自我意識中，這種信念所展現的穩固性，卻最引人注目。在後現代性看來，現代性首先表現為一種確定性的時代。

由於缺乏自信乃是後現代經歷中的切膚之痛，從而有上述種種轉變。現代的哲學家是否強力地詮釋了西方理性、邏輯、道德、美學、文化法則及文明生活規範等等客觀優越性的基礎，並使所有人滿意，或許是可以討論的。然而，事實上他們從來沒有停止過對上述基礎作理論性探索，幾乎也從未懷疑過這種尋求將會（且必然會）獲得成功。後現代的特性是放棄這種探求本身，並確信將是徒勞無功。相反的，它努力讓自己能夠接受在永恆而無法解決的不確定性狀況下生活，接受在他面前存在著無數種相互競爭的生活方式的生活，這些生活方式無法證明它們的要求超出了其歷史習性而有更穩固和約束力的根據。

相較之下，現代性似乎從不過問其普遍性基礎地位的疑慮。被強加於世界（這個由歐洲半島西北角統治的世界）的價值等級體系如此堅固，其支持力量如此強大，勢不可擋，以致於幾個世紀之中，它一直是這種世界觀的基礎，不是一個可以公開討論的問題。這個價值等級體系幾乎沒有進入過意識層面，始終是這個時代中最強有力的「被視爲理所當然的」的東西。西方優於東方，白人優於黑人，文明優於原始，有教養的優於沒有教養的，理智優無理智，健康優於疾病，男人優於女人，身心健全者優於犯上作亂者，多優於少，財富優於節儉，高生產性優於低生產力性，高級文化優於下層文化，這些價值等級，除失判斷能力和愚昧無知之人外，對其他人來說，都是確實無疑的。現在，它們的「真切性」(evidence) 都已成過往雲煙。它們遭遇挑戰。更有甚者，我們現在已經意識到，如果這些價值相互分離就無法真正存在，只有結合在一起，才具有意義，它們是同一個權力綜合體的不同展現，是相同的權力結構，只要這個結構依然沒有被觸動，就仍然能保持其權威性，不過，這回要存活下來似乎不太可能。

此外，由於那些被視爲下等類屬(在實踐中由權力結構決定，在理論上由相應的價值等級系統決定) 的反抗和爭扎，這個權力結構的力量日益衰竭。今天已然沒有任何一種權力能夠聲稱其所代表的生活方式具有客觀優越性，以雷根爲例，它們最多所能做的，不過是要求「爲自己的生活方式進行辯護」的權利，而這正體現了反抗的成效。這些絕對優越所遭遇的命運，經過邁爾斯(Ian Miles) 與歐文 (John Irvine) 細微的觀察研究後，所發現的西方統治東方的命運相似：「落後」世界地區愈反抗，「西方對於其絕對優越性的要求就愈是超越單純的道德藉口：它可能透過政治或經濟的行動來強制實行，隨之而來的則是日益增長的全球性不穩定性」。[2]這種情況當然可能發生（假如還不曾發生的話），有鑒於其可能性，對西方優越論絕對基礎的哲學上的追求，聽來必然會顯得愈來愈空洞與虛僞：因爲打算說明的事實已不復存。

無論在智識上還是道德上，當初，都無人能與其爭奪主導權，與這種舒適的條件相比，現在起了多麼大的變化！正如魯賓斯坦（Richard L. Rubenstein）來近所說的，這種舒適使得現代這個（從加爾文到達爾文以來）歷史時期的自我意識，在詮釋其道德價值標準時自信滿滿，後者被批上客觀真理的外衣：

> 達爾文的觀點與聖經教義對歷史的看法相似：必須從一個更廣闊的觀點（神的宏大計劃）來看那些遭遇苦難的人們的處境。在《聖經》中，上帝乃是這個計劃的創造者；在達爾文的演化論中，其創造者是「自然」。這兩種歷史都是從極少數幸運兒的命運中獲取意義。最重要事實在於，無論加爾文主義，還是達爾文主義，都爲幸運極的少數人與苦難的絕大多數人找到了一種放諸四海而皆準的正當性理由。[3]

---

[2] Ian Miles and John Irvine, The Poverty of Progress; Changing Ways of Life in Industrial Societies, Pergamon Press, 1982, p. 2.

[3] Richard C. Rubenstein, “The Elect and the Preterite”, in Modernisation, the Humanist Response to its Promise and Problems, ed. by Richard L. Rubenstein, Paragon House, Washington DC 1982, p. 183.

絕大多數人不再順服地忍受他們的苦難，甚至極少數的幸運兒似乎也不再需要爲其幸運提供放諸四海皆準的正當性論證。於是，實際能夠保護其幸運，防止日益增長的威脅的有效手段便具有更大的急迫性，承諾了更大的利益。

歐洲的「退縮」(shrinking)，和曾作爲其獨特價值標誌的威望一落千丈，這些現象當然不能簡單地歸諸於世界力量的均衡變化。的確存在變化（且規模之大，至少足以使過往認爲理所當然的歐洲優越論遭受質疑），但若不是那些曾爲歐洲優越論提供理論之人其自信下降的話，那麼，光靠這些變化本身是不會對「絕對基礎」的信念產生危機感的。那些曾經放眼世界並將世界視爲歐洲牧場的人，那些試圖以理性武裝這個世界的人，今天往往認爲現代性計劃已經宣告「失敗」或者，「依然未完成」（曾以「背景」存在而不曾被反思的現代性，現在突然被理解爲一項計劃，於是，其原有屬性開始一個接著一個消失）。就像在此之前的思想氛圍一樣，當代的信念危機也是一種思想建構；與過往相同，它反映了那些想要系統性的表述其時代與社會的自我認識的人的集體經歷；這是唯一的一個群體，它自我描繪，自我規定，而且他們只能通過自我描繪和定義這個社會的一部分來描繪並界定自身。

知識分子悲觀和防衛的態度乃是歐洲文明危機的自我展現，只要知識分子試圖履行其傳統職能（也就是說，隨著現代的來臨，他們接受訓練，並進行自我訓練，以履行其職責），就會裹足不前，只要看看他們所面對的困難，便可以理解他們的態度。在當今社會之中，知識分子已經不再適合以立法者的角色而存在。在我們的意識中以文明化危機所展現，或這個失敗的特定歷史計劃的東西，乃是知識分子這個特殊角色真正的危機，是專職扮演這個角色的群體的集體旁落的經歷。

一方面危機是位置（sites）的缺乏，站在個這位子上，便可闡發蘊含著知識分子立法功能的權威性陳述。歐洲人（或西方人）權力形式的外在限制，只是構成這種經歷的一部分。另外一個更重要的部分，則是來自於西方社會內部的諸社會權力日益增長的獨立性，來自於知識分子可以、渴望並且期待提供的服務自身。瑟圖（Michel de Certeau）對這個進程有個恰如其分的描述：

> 舊權力靈活運用其「權威」，以彌補其技術和行政管理機器的不足；這些權力由被保護者、效忠義務、「合法性」等制度所構成。不過，藉由理性化的手段這些權力對特定的空間進行控制與組織，以尋求使自己更不易影響其忠誠的變化。這個努力的結果是，發達社會的權力統治，形成了一套程序上更爲精巧、組織上更爲嚴謹的，對所有社會關係進行控制的方法，分別有警察機構、學校、全民健保、安全等行政管理的、「全景敞視」的系統。但是這些權力系統慢慢喪失其所有的可信性。它們的權力在擴張，然而其權威在削弱。

4

這段敘述的重點在於，喪失權威性並不必然導致國家的衰弱；我們看到的只是國家能夠用更好，也就是更爲有效的方法維持並鞏固其權力；多餘的是權威性，從而專職於維持權威性的群體也變成多餘。那些僅僅因爲有資格並且能夠有效地生產權威性的人，如果堅持要繼續提供這種服務的話，必然會發現他們自己現在的處境堪憂。

當然新權力技藝及其控制手段，也需要專家；但是傳統「知識分子—立法者」的角色卻無法將這種新的需求視爲適合他們的技能和雄心的東西。在科恩（Stanley Cohen）最近的研究中，有一段話可以說是對這種新權力程式，機智而意味深遠的描述：

歐威爾索描繪的恐怖極權主義，是一幅用皮靴踐踏人類尊嚴的永恆畫面。在我看來，社會控制日益成爲例行公事，日益具有可靠性。在這裡永遠有一個討論、診斷和安排具體事務的委員會，或一個爲決策作長期調查的機構。他們環桌而坐，面目莊重，活像哲學博士。每個人都在研究經過電腦處理的報告、心理分析、個人履歷，以及文字處理機所印出來的、整整齊齊的文件。這裡氣氛安寧。出席者深知，即使

[4] Michel de Certeau, The Practice of Everyday Life, transl. by Steven F. Rendell, University of California Press, 1984, p. 179.

對個別處理辦法有再多的批評，即使未經經驗研究，即使決定是非常荒謬可笑，都不能使工作程序速度放慢。反之亦然。結果愈糟，這種選擇的工作也就愈瘋狂而繁瑣地進行著：而會有更多的心理測試，更多的研究調查部門，更多決策前的研究報告，更多決策後的分派中心，更多的契約形式，更多的案例整理，更多的舉證引註，更多的預測機構。[5]

沒有什麼方法，可以從這種自我推動、自我延續、自我分裂、自我決定和自給自足的專家知識機制中逃出來，回到立法者傳統角色所遺留下來、未經分化的普遍性專業技能中。回過頭來看（或者，從「未完成的現代性計畫」的角度來看），現代權力例行公事化的事實，可被視爲（事實也正是如此）是訓練有素的專家被官僚（科層）主義政治所取代，可被視爲一種侵奪的行爲，知識分子剝奪了他們自己與生俱來的職能與資格。

另外還有一個原因加速知識分子的缺乏自信。現代，正確地說，就是意味著理性管理，高度而發展迅速的生產力，以及以科學爲基礎的世界，最終將產生可以普遍化的社會組織模式。隨著人類的逐漸醒悟，現代美夢破碎了：到目前爲止，現代世界所產生的各種模式，沒有一種能夠響應知識分子實踐的期望。換一種方式來說，照目前的情況看來，到目前爲止所產生的，或今後可

---

[5] Stanley Cohen, Visions of Social Control: Crime, Prnishment and Classification, Polity PRess, Oxford 1985, p. 185.

能產生的模式中，沒有一種模式會使社會朝向有利傳統知識分子角色的方向發展。這種認識在赫勒（A. Heller）及其後盧卡奇學派（post-Lukacsian）的理論中獲得陳述，他們認爲，現代世界所面臨的處境就是：可茲選擇的東西之中，沒有一個是好的，這個描述得到了普遍的讚成和推崇。事實上，選擇，要麼是「建立在缺乏之上的專政」體制上蘇聯類型，要不然就是西方的消費社會，後者沒有給起規範性作用的價值、教養留下任何空間，取而代之的是不斷增長的不足感，與此平行的，則是消費物品數量的不斷增加。幾個世紀以來毫無疑義一直由知識分子所獨占的權威領域，廣義的文化領域，狹義的「高級文化」領域，都被他們所取代了。請看卡里爾（David Carrier）精辟的分析：「美學（感）判斷就是經濟判斷。說服我們相信一個出色的〔藝術性的〕作品，與使藝術世界（art-world）〔例如藝術商人和買主〕相信它是有價值的，是對同樣行爲的兩種不同描述。藝術批評的真理，與其在藝術世界中的人們的觀點有關……只有夠多的人相信，這個理論才算是真的。」[6]審判權從知識分子手上遺落了，他們認爲這個世界是個不值一提的世界。齊美爾在一次大戰爆發前夕，匆匆寫下：「與過去人類不同的世，從現在起，一直到未來的這一段時間裡，我們存活著，然而沒有共同的理想，甚至完全沒有任何理想。」

---

[6] David Carrier, "Art and its Market" in Richard Hertz, Theories of Contemporary Art, Prentice Hall, Englewood Cliffs 1985, pp. 202, 204.

[7]他不祥的預言，基本上被知識分子所認同。在這種狀態下，一個人堅持提出某些選擇並誓死奉行的價值標準，是需要極大的勇氣的。他們在荒野中，毅然決然的吶減，而激勵他們的，不是可能看到的成功，而是他們的貴族氣息。而其餘的絕大多數人都把一種實用主義的謹慎態度當作更爲理智的選擇。

前述所列舉的各種假設，或許可以解釋傳統立法者角色所面臨的危機（這些危機似乎爲當代後現代主義論述提供支撐）。隱身於後現代主義背後的社會現實,然而更重的是後現代性這類名詞，需要對它作進一步詳細的研究。在剩下的幾章中，我們將試圖對此作出分析，至少對其要素逐條進行分析和研究。

不過，對後現代性進行認真詳細的研究，必定同樣會有不知道結果這種不完備性的特點，與傳統現代性理論曾經有過的特點一樣，後者因爲建構於現代性內部，於是現代性被理解爲是一個未完成而在根本上向未來無限開放的進程。對後現代性的研究分析，也不過在後現代性進程的途中所作的。對其各種陳述必然是嘗試性的，尤鑒於到目前爲止，後現代主義論辯唯一可靠而明確的成就，只有宣布了現代主義的終結，至於其他的，在後現代性論述的眾多主題中，還沒出現持久而確切不變傾向的明顯徵兆；同時，也還未能夠清楚看到，在這個以喜好時尚著稱的世紀中，

[7] Geory Simmel, “The Conflict in Modern Culture”, in The Conflict in Modern Culture and Other Essays, transl. by K. Peter Etzkom, Teachers College Press, New York 1968, p. 15.

那些轉瞬即逝的流行風尙將很快的找到它們的位子。這種不確定性相對我們主題而言，牽涉到的一個至爲要緊的問題：知識分子社會地位的變遷，以及因此而所引發的知識份子角色的變化。有許多跡象顯明，用「立法者」意象來描繪知識分子的傳統功能（無論是實踐還是理論上的），正逐漸被另一種功能所取代，而「詮釋者」則是對後者最佳的描繪。但是，這種轉變，是不可逆轉的嗎？還只是因爲知識分子在一瞬間喪失了勇氣？

前面所說的現代性來臨的那個世界中，歐洲經歷了一場類似不確定性的時代，梅塞內或伽桑狄的原始實用主義就是對當時的不確定性的回應。這個時代還沒有延續很長的時間。不久之後，哲學家聯合起來，趕走了原始實用主義，試圖使自己適應相對主義的幽靈。從那時候開始到今天，這個除魅的過程始終在進行著，從未獲得全面性的勝利。對於我們，笛卡爾所說的「狡猾精靈」總是如影隨行，不是僞裝成這個樣子，就是僞裝成另外一個樣子。老是試圖（絕望的）重新根除相對主義的威脅，證成了精靈的存在（即使在過去不曾採取過這種努力）。現代性居住於魍魎出沒頻繁的居所。雖然現代性的時代是一個確定性的時代，但在其部，卻又保持其守護神，這就是保障其環繞四周的堡壘，就是令其放心地指揮著一支（謝天謝地，到目前爲止，還算是）強大軍隊的司令官。不同於中世紀經院哲學的那種確定性，現代哲學家們的確定性未曾根除對相對主義這個困境的切膚之痛。它不得不時時刻刻嚴陣以待，準備戰鬥。片刻的疏忽大意，都會付出巨大的代價。而且，這有時候是會發生的。

我們的時代，是否處於另外一個完全不同的光景之中，或者是否與前一個時代有所區別？當代的確定性危機是暫時性疏忽大意的結果嗎？它是一個典型的過渡時期？與它之後和之前的時期的社會組織形式是連續？或者，是我們第一次遇見未來事物的外形的時代？

這三種可能性的任何一種，我們都沒有把握能夠接受，或者拒絕。現下最好的方法，就是對各種可能性的假設和使之可能的社會基礎，細心思量。

第九章

詮釋者興起

多元主義並非近來才出現的經驗。只是多元主義，並不足以作爲近來後現代主義思潮蓬勃發展的充分理由，這個思潮斷然拒絕將經驗、價值和真理標準的多元主義視爲一種尙未完成的現實的暫時性特徵，而這個特徵將會隨著現實進一步的成熟而消解。哈伯馬斯認爲：「對於分歧的普同性論述的多元主義化，是屬於現代的經驗……現在，我們不能單純地指望這種經驗繪自己消失，我們只能否定它。」[1]在此，哈伯馬斯將兩種全然不同的多元主義共置一處用以表明：一種源於分工，也就是源於分別與真理、判斷力和品味相關的三種論述的區分，這種情況至少伴隨哲學家與社會科學家們有兩個世紀之久；另外一種是具有傳統而共同背景的論述的多元主義化，要求重回真理、判斷力和品味的在地化，這種在地化是現代性所否認並且在實際實行中所努力克服的。多元性的第二種類型，並不是近來才發展起來，近來才發展起來的是認爲這種多元主義的類型與第一種類型一樣持久而不可動搖這樣一種意識，同樣的，正因爲這種意識，這種類型的多元主義看起來才像是新玩意。這種意識，與現代性精神和實踐難以調和。藉由將這兩種多元主義類型放在一起，哈伯馬斯排除了將當前西方知識分子的處境，將其視爲一種在本質上是全新事物的可能性，並且極力主張更深層的變化已然在傳統所交付給知識分子的工作方式中發生。

---

[1] Jürgen Habermas, "Questions and Counterquestions", in Habermas and Modernity, ed. by Richard J. Bernstein, Polity Press, Oxford 1985, p.192.

哈伯馬斯反而只能將近來在知識分子世界觀領域所發生的變化視為一種偏離常態（aberration）；視為某些令人遺憾的僵化態度，這些態度伴隨著我們很長一段時間，並且一直是有著良好的功效；視為一個因為誤解或理論上的錯誤所釀成的事件；視為一個可以更好的理解與更合適的理論來補強的小毛病。根據哈伯馬斯的說法，實際上發生的不過是將歷史主義（historicism，承認真理的歷史多元性，但依然期盼一種能夠成為共識的知識，既提供實在性，又提供合理性的科學）和超驗主義（transcendentalism，旨在從所有的理性行動中粹取出特質，以作為必要的前設）這兩個由來已久的爭論，改頭換面，使其更加鮮明地分化為相對主義（relativism，否認不同真理之間一致性的可能）與絕對主義（absolutism，尋找普遍理性之外的獨立普遍行動）這個不會有任何結果的兩端。後面這兩種策略同時存在錯誤，它們的最大的錯誤，事實上，在於其各自與另外一種哲學策略之間所造成的深刻裂痕，以至於沒有任何一絲希望讓這兩個偏執的哲學策略能夠緩和其各自的極端主義傾向。

在當代論述中，一個極為明顯的傾向是，不否認相對主義和絕對主義的並存，相對主義的飛速發展迫使絕對主義委婉地加強前設（實際上已經不可能再找到絕對主義——無論作為一種經驗的普遍性，還是作為邏輯的前提）。如果說，在這個古老論戰中，這兩種僵化的觀點，實際上是互為表裡，那麼，在其難解的辨證關係中主動的那一方，所採取的看法是：所有超越人類共同體之處進一步探索真理、判斷力或品味基礎的努力都將徒勞無功（即使這種探索古往今來始終並未被視爲徒勞無功）。這種被稱爲相對主義論的觀點，在了近幾年來獲得了強而有力的表達，至少其影響力在近兩個世紀中是空前的。

當代對於多元主義的新觀點中，克里弗（Lonnie D. Kliever）的觀點，是我們在近來所能找到的研究中最爲深刻的：

> 在非層級社會中，政治上權力的分散，宗教性組織的自由化，在對一國和一神的共同的承諾之中，都展現著差異和分歧。相較之下，多元主義的前設，不存在著統攝一切或忠誠。多元主義有數組參照系統，每組都有其理解方式和理性標準。多元主義是互相競爭且無法調和相同立場的並存。多元主義知道，不同的人和不同的團體，可以毫不誇張地說，居住在不同而不可化約的世界之中。[2]

克里弗進一步強調說明，在多元化的世界之中，不存在「定義現實的非競爭性系統（uncontested systems of reality definition）。」所有試圖使競爭性的看法達成一致的努力協商的方法，都已經在實際行動中失敗了，克里弗堅持認爲，我們必須

---

[2] Connie D. Kliever, "Authority in a Pluralist World", in Modernisation, the Humanist Response to its Promise and Problems, ed. by Richard L. Rubenstein, Paragon House, Washington DC 1982, pp.81 ff.

承認，「在邏輯上和心理上生活形式都是自我證成的。」克里弗認爲，假使這種承認與早先人們所贊同的那些貌似正確的普遍性真理的計劃具有相同的普遍性，那麼，人們便能在認同這個觀點的同時，愉快地過生活。克里弗擔憂的是在一個多元主義者的世界中，其策略的連續性，以及其意義源自真理的普遍性基礎之假設行爲的承繼性。能夠防堵此危險的，是在這個多元主義者的世界中所有並存的「生活方式」，採納並履行的一種克己復裡的謙和態度。如若沒有這種謙和態度，並且拒絕接受各種生活方式具有「有限的平等」（equality of limitation）的看法，那麼，古老的權威主義方式將很快就會重新抬頭，而多元主義者的世界也將變成由「多元絕對主義論」（multiple absolutism）所組成的世界。新的威脅尤其是針對在漫長權威主義、一元論世界統治之後所建立起來的多元主義處境，爲了防範這個新的威脅，克里弗打算動員知識分子的力量。在克里弗看來，新知識分子的使命，就是要像其前輩爲「公正」而普遍的絕對主義而戰一樣，投入同樣的力量來對抗那種局部性、地方性的絕對主義。對克里弗來說，相對主義絕非困境，而是對多元主義世界的問題的解答，而且，提倡這種主義，是當代知識分子的道德使命。

克里弗對多元性主義診斷，是否意味著一次世界結構的轉折，或一種知識分子對於理解世界的轉折，這是個具討論性的問題。對於這兩種可能性，都存在著有效的證明。我們已經討論一些第一種可能性的理由，並且作了點簡厄的瀏覽。至於第二種可能性，由於知識分子屈服於生活形式無可挽回的多元性，致使他們已經逐漸放棄對終極判斷的追求，有關這個進程藝術領域提供了最明顯的例證。

Matei Calinescu 對於後現代性時代的藝術形勢的描繪，可謂入木三分：

> 一般來說，日益加速的變化腳步，使得那些在變化中值得關注之物的重要性降低了。新不再是新。如果說現代性已經掌握了一種「驚異美學」（aesthetics of surprise）的形構方式，那麼，此時似乎就是它走向全面潰敗的時刻。在今天，各式各樣截然不同的（其範圍從精妙絕倫的藝術品，到庸俗低劣的產品）藝術作品，並列在「文化超級市場」之中……待價而沽。各種相互排斥的美學理論並存，彼此僵持不下，陷入僵局，沒有一種可以在現實當中扮演主角。對當代藝術大部分的分析都指出，我們生活在一個多元主義的世界上，在這個世界裡，原則上任何事物在都是被允許的。老式前衛主義藝術（其實是破壞性的），有時竟然還自欺欺人地相信，存在著可茲開拓的新道路，存在著可茲挖掘的新現實，存在著可茲探索的新希望。但是在今天，當「歷史前衛主義」獲得了如此巨大的成功以至於成爲藝術的「慢性病」（chronic condition）時，無論是它那被巧妙修飾的破壞性，還是那被喬裝打扮的新穎性，其英雄般的魅力早已不見蹤影。可以這

麼說，新後現代主義者的前衛主義，在它自己的層面上，反映出我們精神世界的結構日益增長的「基準」(modular)，在這個世界中，意識形態危機（表現爲各種微小的意識形態前所未有的、如癌細胞一般分裂繁殖，而現代性的宏大意識形態則正在喪失其一貫性）讓建立令人信服的層級價值系統的工程變得日益困難。[3]

好似後現代藝術遵循著法蘭西斯皮卡比阿（Francis Picabia）於一九二一年所提出的建議：「如果你想要擁有清楚的觀念，你就要像換襯衫一樣地更換它們。」4或者更確切的說，這已經超出達達主義者的格言：如果你沒有任何想法，則這些想法必然也永遠不會遭受玷污。顯然，後現代藝術缺乏作爲一種藝術品範疇的風格，它具有一種折衷主義的特徵，最佳的描述是「抽象拼貼畫」(collage）和「混成模仿」(pastiche）的策略，[5]這兩種策略旨在向風格、流派、規則和類型的純粹性等思想發出挑戰，後面這些東西在現代主義藝術時代，乃是藝術批判的支柱。缺乏清楚界定的游戲規則，使所有的創新都變成不可能。在藝術

---

[3] Matei Calinescu, Faces of Modernity: Avant – Garde, Decadence, Kitsch, Indiana University Press, 1977, pp.146-147.

[4] Francis Picabia, Dadas on Art, ed. by Lucy R. Lippard, Prentice Hall, Englewood Cliffs 1971, p.168.

[5] Frederic Jameson, "Postmodernismand Consumer Society", in The Anti – Aesthetic, Essays on Postmodern Culture, ed. by Hal Foster, Bay Press, Port Townsend 1983.

方面，不再有任何發展，有的多半只是一種漫無目的的變化，一種接連不斷的時尚流行，沒有任何一種可以令人信服地宣稱，比被它所取代的形式更具優越性的形式，同樣的，也沒有任何一種形式可以宣稱正是這種優越性，使被它所取代的對象轉變成當代形式。隨之而來的便是一種永無止境的再現，不由地使人想起布朗派運動（Brownian movement）那種混亂，而非良序而按部就班的轉變，更談不上進步和發展。這正是梅爾（Meyer）所謂的「停滯」（stasis），在這種狀態之中，所有東西都在移動，但不管移動到何處，都不具有特殊性。用彼得伯格（Peter Bürger）的話來說：

> 透過前衛主義運動，技巧和風格的歷史承繼性已經轉變為各種在本質上完全相異的共時性類型。結果是今天的藝術運動沒有一個可以具有正當性地自稱為藝術，從歷史發展來看比其他的藝術形式更具有前衛性……歷史上的前衛主義運動無從消解一種作為制度的藝術，但是，他們確實消解了一個可能性，那就是既定流派具有宣稱其所呈現具普遍效力的。

實際上，這意味著，「預設一種作為正當性標準的美學規範已不再可能。」[6]

---

[6] Peter Bürger, Theory of Avant – Gorde, transl. by Michael Shaw, Manchester University Press, Manchester 1984, pp.63,87.

後現代藝術（根據大多數分析家的觀點，僅在七〇年代真正流行過）從杜象以一種偶像傾覆者的姿態開始，到今天已經走了好長一段道路，杜象那時在一個尿盆上簽上了「理查馬特」（Richard Mutt，mutt 有罵人狗雜種笨蛋的意思－譯按）這個名字，將它送到一個藝術展覽會展出，取名為「噴泉」（fountain），並附上一段說明：「馬特先生是否親手製作本物，並不重要。他從日常生活當中選擇了它，並擺置於此，當這個物品的在其新稱謂之下獲得如此有用的重要性消逝後，而其觀點將創發出一個關於這個客體的新想法。」[7]當時，杜象這種令人反胃的藝術，被認為是略過了西方美學所實際堅持的所有東西，現在回過頭看，非常明顯的，他的藝術與其說是後現代，不如說是現代。杜象的所作所為，是為了展現一種新藝術的定義（由藝術家所選擇的東西就是藝術），一種新的藝術作品理論（把一個物品從日常生活背景脈絡中抽離，用一個另外的角度觀看它；這實際上，與一個世紀以前的浪漫主義者所做的事情相類似，即化腐朽為神奇），一種新的製作藝術品的方法（為客體創發新的想法）。若是依據今天的標準，杜象的表現，根本稱不上離經叛道。另外一方面，當時它之所以能夠被這樣對待，那是因為定義、理論和方法在當時依然是有價值，並且被視為藝術判斷力的必要條件和重要標準。正因為存在著許多站主導地位並且被共同承認和普遍接受的定義、理論和方

[7] Picabia, Dadas on Art, p.143.

法，杜象才得以用這種激進的方式反對它們，並且公然向它們提出挑戰。近來，杜象的表現更在更大的範圍和更公開的激進主義中，被重複和摹仿：羅伯羅森伯格（Robert Rauschenberg）甚至將現成作品的選擇而不是呈現當作藝術，消解藝術工作的描摹行動；伊維斯克萊恩（Yves Klein）請三千名有經驗的藝術愛好者參觀一個畫展的預展，然而畫廊之中空無一物；瓦特馬里阿（Walter de Maria）用兩萬兩千磅的混泥土將紐約的一個畫廊塞滿，在靠近卡塞爾（Kassel）的地方挖了一個很深的坑洞，然後用個蓋子把坑洞紮紮實實地蓋滿，讓它看不到。[8]然而，問題是，新前衛主義試圖解除最後一點限制（無論這些限制是可茲想像，還是難以想像）的集體性努力的根本結果是，無論哪一種新激進主義的姿態（現存或將來的），都將迅速地衰亡，同時，藝術市場吸收、接納、認可、出售這些藝術品並從中獲取暴利的能力（無論這些藝術品如何瘋狂，或是新奇），卻在迅速地提昇。所有被用來作爲反抗的藝術形式的可能性（無論是反抗現存藝術秩序，還是更野心勃勃地想反抗、割斷藝術品與社會其他生活領域之間的聯繫），都已然被充分使用了。在這裡，我們再一次引用伯格的觀點：「如果今天一個藝術家在火爐管上簽名，並送去展覽，那個藝術家絕對非在公開批判藝術市場，而是在適應它……因爲這已經成爲歷史前衛主義對於藝術制度的反抗，現在它已經被公認爲一種藝術，

[8] Cf. Suzanne Gablik, Has Modernism Failed?, Thames and Hudson, London 1984.

而新前衛主義的反抗姿態則是虛妄的。」[9]

事實上，對於三個世紀以來的西方美學的新處境，哲學家、藝術史家和藝術評論家們並沒有做好充分的準備。後現代藝術基本上是與現代主義截然不同的。從它們之間的差異來看，到了最近這一、二十年，現代主義藝術本質上的秩序性，與某個特定時代的親密的親緣關係才被充分地意識到，這個是一個信仰科學、進步、客觀真理的時代，在這個時代中，人類掌握技術的能力正在增長，從而藉由對技術的掌握，征服自然的能力也在提昇。由於後現代主義這場轉變，通常是在相互論戰中，我們現在能夠更清楚地意識到現代性所意指的東西，而在當時各種畫派和風格如雨後春筍般的熱鬧場面下，其意義卻是隱匿的。在一九七九年金萊溫（Kim Lewin）所發表的著名研究論文中，他對這個新認識作出了令人信服的詮釋：

> 對於那些始終不得現代主義之門而入的人來說，在現代層出不窮的藝術風格（在當時看來，這些風格之間是截然不同的）之中，開始同時出現某些共同特徵，而這些特徵從今天看起來則是令人難以置信的天真……
>
> 現代藝術曾是科學性的。它建立在相信未來是一個技術時代，信仰進步和客觀真理這樣一些信念之上；它是實驗性

[9] Bürger, Theory of Avant – Garde, pp.52,53.

的，它的使命就是創造新形式。從印象主義探索光學知識開始一直到現在，現代藝術共享科學的方法與邏輯。在立體主義藝術的幾何學中有愛因斯坦的相對論，在構成主義和未來主義中有種技術性的觀點。甚至在超現實主義中可以看到弗洛依德的夢的世界，在抽象表現主義中可以看到心理分析的過程，它們都試圖用理性技術來訓服非理性之物。由於現代主義時代信仰科學的客觀性，信仰科學的發明創新，因此，現代主義藝術有結構的邏輯，夢的邏輯，有姿態或材料的還輯。它渴望至善至美，往純粹、清晰、秩序發展。它否認任何其他的東西，尤其是過去的觀念論、意識形態和樂觀主義，榮耀屬於未來、新生事物和進步。

各種相互競爭的現代主義者時代的流派之間，有出於相同系譜的相似性，並且因爲後現代藝術的實踐而浮出檯面，幾乎一目了然，後現代藝術與現代主義的實踐針鋒相對，本質上全然不同，後現代主義藝術「並非建立在科學理性、邏輯和客觀性的藉口的基礎之上，而是建立在展示、主觀經驗和行爲的基礎之上，建立在治療性的啓示性（therapeutic revelation）揭示這種神秘主義類型的活動的基礎上，而毋須信仰或理解，如若有療效，則足夠矣」。[10]

---

[10] Kim Lewin, "Farewell to Modernism", in Richard Hertz, Theories of Contemporary Art, Prentice Hall, Engleweed Cliffs 19895, pp.2,7.

羅莎琳德克勞斯（Rosalind E. Kraus）發現格子（grid）是現代繪畫（尤其是最後階段）中反覆重複的主題，她認爲在這種格子中可以捕獲現代主義藝術最基本的特徵；克勞斯的論證認爲，在前現代繪畫中缺乏典型的格子結構的存在（這表明與過去的斷裂），而在前現代的現實生活中也不存在（這表明與社會的斷裂，是藝術取得自主權的宣言）。[11]即使對第一種宣稱沒有任何疑異，而對後一種宣稱似乎也是基於一種誤解。事實上，在現代繪畫中的格子，可以被解釋爲最基本和一貫的努力，力圖使用藝術這種媒介來捕捉和表現社會的基本現實，它可以被視爲對現代社會的基本特徵用心分析後所獲得的產物。李維史陀（Levi-Strauss）在解讀 Nambiquara 人的服裝飾品時，將其裝飾視爲一種潛意識的對權威結構真實情況的表達，而也有像藏身神話煙幕背後的其他表達方式。在現代繪畫中，作爲一種充分意識到科學分析的可疑結果，格子解讀了體現在區分、分類、歸類、歸檔、排序和相關這類活動中的現代權威的功能。現代藝術的自我意識完全集中在其所擁有的媒介與技術，而這類媒介與技術是其工作至關重要（或唯一）的主題，也是其職責至關重要（或唯一）的範圍，現代藝術受到它的這種關切及其自主性的困擾，幾乎不可能割斷與現代的時代精神（Zeitgeist）的關聯；它全心全意地參與這個時代對真理、科學分析方法的探索活動，並且同樣堅信現

[11] Rosalind E. Kraus, The Originality of the Avant – Garde and other Modernist Myths, MIT Press, Boston 1985, p.22.

實能夠（並且應該）置於理性的控制之下。現代主義藝術家與分析家和評論家的知識分子所抱持的相同的基調。他們用自己駕輕熟的東西來回應分析家和評論家，他們慣於透過訓練和傳承的制度化美學來從事活動。那些分析家和評論家們發現，許多現代主義藝術的發展是種困惑，不過他們對這種困惑有辦法解決，他們能尋獲解決方法的途徑。

另外一方面，後現代藝術所呈現的困惑，實在讓那些分析家感到挫折。在新的發展面有前束手無措、迷失方向的感覺，源自於以下這種穩當可靠信念的消失：所謂的新只是在同樣的東西上面加一點什麼，所謂的新形式只不過是在慣習形式上的添加物，這種新形式從陌生到平常，並且被人類理智所掌握，只是時間長短的問題。爲了完成這項工作，是有足夠可茲利用的手段和充分的知識。換句話說，不安全感來自於那些分析家們沒有能力履行他們的傳統功能，和現在看來他們這種社會角色基礎所遭受到的威脅。霍華貝克（Howard S. Becker）對於到目前爲止他們的社會功能，作了個簡要的闡述：「美學家不只是想將事物分門別類，置入有用的範疇……而且還要明確無誤的區分出沒有價值的東西，……這個工作就是分配榮譽性頭銜，從其邏輯出發，要求剔除某些東西，因爲並非可以想像得到的每一種東西或活動，都可以被賦予某種專門的榮譽性頭銜。」[12]

[12] Howard S. Becker, Art Worlds, University of California Press, 1982, p.137.

這的確就是問題的核心。整個現代（包括現代主義時期），美學家們依然穩穩地控制著品味和藝術評判的領域（約莫如此，這是從今天回頭看的結果，而且以後現代主義的發展狀況而言）。這裡的控制意味著不受任何挑戰地操控各種機制，以便讓不確定性轉爲確定性，作決定，發表權威性評論，區隔，分類，對現實施行限制性的規定。換句話說，控制意味著對藝術領域行使權力。知識分子的權力，尤其在美學領域，看來未曾遭遇質疑。實際上，可以說他們壟斷了控制這個領域的權力。至少在西方，沒有哪種其他的權力試圖干預那些「博學鴻儒」的評判。

的確，教養良好、經驗豐富、氣質高貴、品味優雅高尙的精英人物，擁有提供具約束力的美學評判、區分價值與無價值或非藝術判斷的權力，他們的權力往往在其評判或實踐的權威性遭受挑戰，從而引發論戰之時展現。有教養者的權威（儘管是間接的，然而最重要的是，賦予權威性的教育能力），不可能有任何其他的表現方式，而只能藉由其對立面來作出解釋，與其對立的任何自命不凡的反對者沒有任何基礎，他們的品味缺乏任何合理性，他們的選擇是不正確的；除此之外，不可能有其他的方式。藝王國的統治精英們總要有對手，這些對手是他們的統治對象，對手的存在是爲了提供他們統治的必要性、合法性，而他們的對手就是：庸俗大眾（the vulgar）。用貢布里希（Gombrich）的話來說：

在十六、十七世紀嚴格的層級社會中〔我們可以近一步的這樣說，應該是在這些世紀的舊層級制正處於瓦解的狀況中——作者按〕，「平庸」與「高貴」之間的對立成爲美學批評的主要話題之一……他們相信，在眾多形式中有某些形式是「相當」庸俗的，因爲這些形式取悅下層民眾，而另外一些則生來就是高貴的，因爲只有那些具有高雅品味之人才能欣賞它們。[13]

早期爭論的重點在於需要對舊層級重新進行界定，這種舊的層級將要喪失其政治和經濟的傳統基礎，以便更適應於正在形成當中的權威結構，然而相對來說，「高貴」與「平庸」之間的差別，仍然是相當清楚且無庸置疑的。隨著日益膨脹的中產階級出現之後，隨著其人數和購買力的不斷增長，從而沖淡了原先穩固的二元對立的意識，於是問題便顯得日益複雜。中產階級既不粗野，也不優雅，既沒有到蒙昧無知的程度，也沒有修身養性到以精英自許的那種標準，既不會把藝術拱手讓給更優異者，也沒有能力對藝術問題自行作出評判，中產階級馬上把這些東西變成一些「有理說不清」的因素，這些因素對於判斷層級制度的存在，對於接受美學訓練之精英的權威性，構成威脅。難怪精英對中產階級用盡所有最致命的毒箭進行政擊。

而「庸俗大眾」依然是一個貶意之詞，但其內涵產生了變化；

[13] I. Gombrich, Meditations on the Hobby Horse, Phaidon, London 1963, pp.17-18.

現在它所指的是那些小資產階級（petty bourgeois）、市儈（the philistine），他們一些敢於實際作出自己美學判斷的中產階級，他們在所提供的文化產品中進行選擇，但對美學家的權威卻一無所知。中產階級把知識與金錢的權力等量齊觀；如若由他們自己來判斷，可以想像，他們會掏空知識權力，並使關於品味的理論論斷失效，當他們這樣做的時候，只要他們在其領域之內，便不會受到任何挑戰。對於另外一種實際文化選擇標準的引入，被知識分子精英們視爲對他們權力的威脅。用布爾迪厄的來話說：

> 小資產階級與文化和其使所接觸的一切「膚淺化」的力量間的關係，並非出於他們的「天性」，而是因爲他們在社會中所處的位置，這就好像失火的時候，人們自然的就會將眼光轉向「救援者」（saves）一樣……這是個非常簡單的事實：正統的文化並非爲他而創造的，……所以，他也不是爲了文化而活；只要他把某種文化產品據爲已有，這項文化產品就不再是文化……[14]

也就是說，只要文化消費者自己作出選擇（正是基於這個理由，他已經被貼上「庸俗大眾」、「市儈」，或者事實上，「小資產階級」的標籤）。正是這種藝術判斷的自主性（就精英的判斷而言）

---

[14] P. Bourdieu, Distinction, a Social Critique of the Judgment of Taste, transl. by Richard Nice, Routledge and Kegan Paul, London 1984, p.327.

激起憤怒與譴責。

現代大多數時候中，這樣的憤怒與譴責是頗有成效的，但在面臨真正或潛在的攻擊時，它們的確護衛了精英判斷的優越性。有成效的原因在於，它們最終被那些為精英所攻擊的受害者們內化了。而這正如佛洛伊德所說的良知，害怕「粗俗」（vuglarity）和缺乏美學能力，成為中產階級的「藝術性自我」（artistic selves）這個「被征服城市的部隊」（garrisons in conquered cities），成為統治精英最可靠的守衛。懷利賽弗（Wylie Sypher）對這個內化過程作了令人激賞的掌握：

> 十九世紀造就了一大批暴發戶，他們必然會貶抑古老禮俗，而且是一個對文化不滿的階級，就像我們今天那些發跡「工人」一樣。伴隨這些市儈們的發跡過程，他們在文化上憂心忡忡，對於庸俗表現在所有令人尷尬的看法當中，後者成為上層中產階級價值觀的一個範疇，麥考利（Macaulay）毫不避諱地用「市儈」稱呼他們〔附帶說一句，麥考利的這詞帶有貶抑，但與伊波利特泰納（Hippolie Taine）的「正是那種殘忍與粗鄙的肆無忌憚」將「愚昧和無知從其無足輕重的情感中解放」，或與奧特加加塞特（Ortegay Gasset）的「平庸的心智知道如何讓自己平庸，它必然支平庸的權利，並且將這些權利強加於其所到之處」的話相較之下，看上去要溫和得多，而不怎麼傷人——作者按〕。在維多利亞時代，對

庸俗的憂慮……是對成功的一種懲罰。成功人士必須「優雅」（refined）。[15]

精英對庸俗暴發戶的鄙視與不屑，依然沒有弱化，而衡量「優雅」的標準則提高了，就這樣，昨天的暴發戶們發現，要緩口氣，說「我已經達到標準」，則更爲困難了。但是，現化社會的整體結構具有對教育、真理、科學和理性的內在崇拜（以及對表述這些價值的權威者的尊敬），保證了一種能夠吸收和消解對精英判斷的潛在威脅的機制的存在。對於所有實際的意圖和目的而言，美學判斷玄妙繁複的優越地位，從未在現實中遭受質疑，不過，它經常遭到怨恨或忽視。波特萊爾堅持「凡美和高貴，都是理性和思想的結果」，堅持「善永遠是某種藝術的產物」，這表明波特萊爾是位最深刻的現代性思想家，是位固守權威的美學家和知識傳道人。[16]

現在陷於困境的正是這種權威：它作爲問題而非前設，開始進入理論探討的核心，正好因爲它在實行中的無效。以下幾個面向突然顯得非常清楚：美學判斷的有效性依賴它所誕生的「位置」，權威性是屬於這個位置；這個陷於疑問的權威，並非這個位置「本

---

[15] Wylie Sypher, Rococo to Cubism in SArt and Literature, Vintage Books, New York 1960, p.104.

[16] Baudelaire as a Literary Critic, Selected Essays, transl. New York by Lois Boe Hylsop and Francis E. Hylsop, Pennsylvania State University Press, 1964, p.298.

然」而不可剝奪的財產，而是隨著這個位置的位置的變化而變化，這個位置則處於一個更爲寬廣的結構當中；傳統上由美學家（藝術領域中的知識分子專家）保護這個位置的權威性，已不再被視爲理所當然。

在藝術專家的觀點看來，用傳統方法證成的美學判斷（所謂傳統方式，就是既關涉既定的知識內容，亦關涉既定程序，這兩者展現爲自我再生產的論述及其特權份子），顯然沒有能力能夠自我證成的功能，而重新導致混亂的狀態。這種混亂畢竟是一種我們無法預知、改變或控制的狀態。用哈山（Hassan）的說法，現代主義「創造了它自身的權威形式」（也就是由專業美學家所穩固地把持），而後現代主義則「趨向於一種無政府狀態，與正在崩解的事物有著深層的複雜性」。[17]或許在後現代主義這個詞的流行用法中還保留了一些與湯因比所提的這個概念的原來意義相關聯和相似之處，就是將它視爲非理性、混亂與危險、不確定性的同義詞。

從哲學家的角度看來，藝術正處於無政府狀態之中，尤其意味著「不純潔」（impurity）的因素在參與製作某種「藝術品」時的各種狀態，隨之而來的，便是不可能通過由哲學家自己完全壟斷的關於現象的陳述，以區分藝術與非藝術，或者，區分好的藝術與壞的藝術。不純潔的產生尤其是因爲「文化消費」（cultural

[17] Calinescu, Faces of Modernity, p.142.

consumption）的急速擴張，這使哲學家陷入深層的疑惑，因爲在「大眾文化」（這是一種遭到貶抑的低俗文化）的產生中，庸俗大眾與市儈占上風，及其不可避免的衍生物——藝術品市場，被加上了它自己的實踐判斷標準，並產生它自己權威性位置。哲學家們自然渴望一種有效的「名望理論」（theory of reputation），更精確一點說，渴望一種遵循並傾向自我證成的理論，根據貝克的說法，這個理論應該具有以這幾項內容：「 (1)特殊天賦之人。(2)創造出相當漂亮與深度的作品。(3)作品能夠表達人類豐富的情感和文化價值。(4)作品的獨特性證明其創造者的特殊天賦，同時，已爲人所知的天賦證明其作品的特殊性。」當然，這個方案是以「美」、「深刻」、「價值」等概念爲核心，所有的概念都假設理論家的壟斷性；這種「名望理論」重申並且再造理論家的權威性。問題在於，在今天實際上按照上述幾項所建立的「名望理論」是不可能存在的。貝克指出，事實上，「藝術家、作品及其他東西的威望來自於藝術市場的集體性活動」。若說都只是這樣，可能會有人會反對。但是，即使這只是個特例，但只要對名望進行分配的藝術市場，對理論家自己或多或少是嚴格地關閉著，對後者來說：「藝術市場活動」的功能依然是無形的，無法爲他們見。一旦理論家失去對作品進行「客體化」、「異化」的控制，失去使之成爲「手邊物」（Vorhanden）（仔細考察和反思的對象）的控制，那麼，這種功能便不證自明了。

貝克對於賦予名望過程所暴露的新狀況的回答是，提出一種藝術的制度論（institutional theory of art），他在此將這個新現實歸因於另外一些，不純潔、非哲學、非美學權威位置的出現，像是美術館、藝術收藏家、製造輿論的媒體和消費者本身。他希望這個理論能夠解決令人困惑的謎團，也就是是什麼原因導致一件東西變成藝術品，創作者變爲藝術家。然而，他補充道，「哲學家渴望能夠非常明確地對藝術與非藝術作出判定，在藝術制度論中，這種渴望無法獲得滿足」。事實上，這是無法做到的。畢竟這個理論指出，「並非所有的東西都能夠只靠定義或輿論就可以變成藝術品，因爲並非所有的東西都符合藝術市場公認的通行標準。但這並不意味著我們除了命名之外，還能再做什麼，讓一件東西變成藝術品」。[18]

好吧，說得明白一點，藝術制度論（正如其他價値面向的制度論一樣）聽起來像爲哲學家統治的夢想敲了喪鐘。可被置於絕對法則之位置的，只有那些哲學家才可以接近和操作的，不可捉摸、難以處理、無法預測的「輿論」（consensus）實體。哲學家過去確實通常尋求對輿論持支持意見一致的態度，這是哲學家自身論述活動的不成文而普遍存在的前設。哲學家終究是在這樣的前設基礎上從事活動，討論（這是哲學家他們的活動形式）除了論證本身的力量之外，不承認有其他理由斷定勝負，因而，輿論「同意」必然是唯一衡量成功的標準。新的問題不在於共識的權

[18] Becker, Art Worlds, pp. 352-3,360,151,155.

威性，而在於現在擁有對名望進行分配之權威的輿論，不再是哲學家之間的共識。從其他非哲學領域而來的「同意」，也是隨手可得的，當然，這種「同意」的獲得絕對不只是因為論證本身的力量。伊頓（Marcia Muelder Eaton）爲我們提供了一個精采的例證，藝術理論家們，爲了適應這種使人困惑和憂慮的權威性共識的新形式，而做的許多極富價值的努力。她得到的結論是，「被認爲是（藝術）產品的，都必須經過某種方式的討論」；她承認，進行「討論」的「我們」（不同於傳統從事討論的那些專家），也是「社會、文化、政治和經濟制度中的成員」；她努力去尋找（而非建立），使多樣化「成員」之間達成一致的規範，使那些有學問的人，用最低程度的確定性知識作出一個藝術評判；她用以下的一句話總結她的探索和著作：「如果羅伯塔彼得（Roberta Peter）在她今晚舉行的音樂會上像麋鹿一樣地叫，她這也算唱歌嗎？或許我們可以期待明天的評論來回答這個問題。」[19]

之所以花了這麼多時間來討論藝術的情況，不僅因爲我們對於進入一個後現代領域的感受首要歸因於知識分子的「美學」分支，而且另外一個花如此長篇幅來討論這個枝節問題的原因，還在於對下列（並非首次出現）事實的考慮：一場範圍廣大的調整，似乎正在知識分子世界及其所從事的藝術領域和藝術批評的工作中開始。讓我們再次強調，傳統上，沒有什麼社會生活領域，如

[19] Marcia Muelder Baton, Art and Non – Art, Associated University Press, 1983, pp.118,107,158.

此遭受非知識分子權威的干預，從而使知識分子權威如此地完善和無可懷疑。與其說這是知識分子活動的薄弱面向，不如說這個高度發展的文化世界是知識分子活動的核心面向，知識分子防御工事中最堅固的地方——確實，當我們與那些受其他世俗權力控制的社會現實的領域進行爭鬥的時候，對我們所有的人來說，藝術領域是一個輝煌而又獨特的例證。然而，後現代狀況的震撼所到之處，便產生劇烈變化，顛覆根深蒂固的迷思。從而讓我們可以在普遍的不安全感與重新討論傳統知識分子活動策略的急迫性要求中，用後現代危機這個概念來掌握（或者說，隱含），我們對於知識分子世界的整個反應機制。

如果有關品味的判斷（康德稱為「非利益」，意指僅服從於理性）占據圍繞著立法者隱喻而組織起來的知識分子世界的核心，那麼，我們就可以猜想，在知識分子的其他面向，愈靠近這個核心，愈深刻地經驗到後現代的震撼。這實際上已經成為現實。最明顯受到後現代挑戰影響的，除了美學，就是那些與真理、確定性和相對主義問題有關的哲學論述，以及與社會組織原理有關的領域。通常，這些論述為已經由既存層級權力所構築的社會現實提供合法性，然而，只要這種結構絲毫未損且沒有遭遇任何威脅，那麼，在合法性與立法這兩種表述之間，並無區別。今天，層級制度既非毫髮無傷，亦非毫不受威脅。一旦預設的合法化立法權力遭受侵蝕，合法化與立法突然間便顯得相去甚遠。當理智不再具有任何合法性的立法權力，當我們感到在多元生活方式和多元真理觀背後存在著許多權力，而在多元性內，沒有什麼可以讓其更爲低劣的，從而也無法使它向論證其低劣的理論屈服，在這種情況下，我們又如何能透過討論某個問題來支持或反對某種生活方式呢？兩個世紀以來，對於確定性和完美性以及「好生活」(good Life）的普遍標準的哲學探索，突然間顯得徒勞無益。這並不必然意味著我們不喜歡這個探索本身所我們帶到的那個領域，相反的，這意指其他人拒絕這些標準，拒絕追隨我們，這才令人擔憂，而促使我們尋找一個新而強有力的旋律，讓們依然可以凱旋高歌。如果我們希望守護我們所前進的方向，則需要重新回顧並界定我們道路的意義。

葛爾納是一個對誕生於四個世紀以前，歐洲半島西北角獨特生活方式的堅定的論證者和深刻的保衛者，這種獨特的生活方式在最近兩百年中，統治所有其他的生活類型。他的【辯護】就他自己那一方面而言或許是最具說服力：

> 審慎來說，(建基在以原子式個人行動策略爲基礎的認知增長的社會)在我們看來是更好的選擇，原因有很多面向，這是一些沒有整理的羅列：只有這種社會，才能夠使人類日益增長的人口得以存活，從而避免我們中間那種極爲殘忍的生存鬥爭；只有它，才能讓我們維持正在逐漸成形的風俗水準；只有它，而非其前身，才可能愛好自由而寬容的社會制度……它也有許多特點甚爲平庸，而其長處亦容易遭受質

> 疑。總而言之，我們帶著某種恐懼選擇了它；但是，這並非是沒有任何疑問、漂亮而乾脆的選擇。我們一半是出於必然性的驅迫（對於饑餓的恐懼），一半是出於相信享有充分自由的承諾（我們對此並非全然相信）。接受的原因在於：缺乏更好的理由，我們不得不將就一點。[20]

這是一段審慎的陳述－－而且，在某種意義上，甚至充滿歉意。它自己意識到，其用既有的哲學論證的標準來檢驗是不夠格的。它用實用主義的話論證哲學傳統的存在理由（raison d'être），這個哲學傳統傾全力，驅除實用主義的相對主義幽靈，可謂極端反諷。而這運用的是循環論證（又是自我意識，我相信）：這個系統是更好的，因為它迎合某些正是這個系統教導我們要更加喜愛的東西，即「我們正在逐漸成形的風俗標準」。這個論證事實上沒有什麼可挑剔的。相反的，它似乎比它所要取代的哲學上的優雅細膩更符合人情和現實。當然，倘若我們首先願意放棄哲學對普遍性的自命不凡的話。

葛爾納的理由，與許多其他的論證相較之下，無疑有其長處，它們在自我貶抑、實用主義與循環論證這些方面，有著相似之處。他們的意圖很明顯，這就是替近兩個世紀以來的西方歷史（正是

---

[20] Ernest Gellner, "Tractatus Sociologico - Philosophicus", in Objectivity and Cultural Divergence, ed. by S. L. Brown, Royal Institute of Philosophy Lecture Series, 17, 1984, p.258.

在作爲集體性的我們的幫助下實現的）辯護，我們（西方的知識分子）正是在這個世界中被形塑，我們企圖尋找到一個比其他任何已知世界更接近我們所確立的「好社會」標準。不同的是，葛爾納的論證使這個問題變得更爲清晰，這個世界具有爲西方知識分子生活模式提供（在某段時間內，有條件的）一套架構合宜的可能性，其論證同時也同樣產生對傳統（立法）角色的需求，這曾經是西方知識分子所最擅長扮演的角色。葛爾納的論證因其與眾不同之處而備受關切，它表明即使並非全然不可能，但是要以客觀、絕對或普遍性的術語來論證西方社會類型的優越性有多麼困難。充其量，這種論證也只是自我設限、實用，而且實際上，是一種肆無忌憚的循環【論證】。

其他後現代狀況所引起的回應，更令人感到困惑。激起他們的憤怒或震驚，以及他們想不惜一切代價所挽回的，往往隱藏在新的普遍性歷史哲學，或哲學策略和／或社會科學的背後。最不起眼的或許是，拒絕承認導致相對主義論證出現的現實基礎，與過去的相比或多或少有些許差異（而且可說更爲強大）；這種觀點將世界的多元性判斷，視爲一種集體性的偏離正軌，並且繼續爲「柏拉圖註解」。主張其他回應的人可能更多，或許是因爲更振奮人心的緣故，自然提倡的人也就更多一些：他們不回避多元主義問題，承認它們是不可逆轉的，並且打算重新考慮哲學家或作爲一般性知識分子（intellectual In general）的角色，他們認爲在這個沒有希望的多元主義世界中，知識分子或許能夠學會扮演一種對社會名望進行衡量的角色，並且得到立法者的角色所曾經擁有的好處。但是後面這個主張通常採用的表述形式，與其說是幫助我們理解他們的意圖，不如說是阻礙我們對他們的理解；與葛爾納個案不同的是，放棄絕對之夢的主張，是用絕對主義的術語所提出的。它們表現爲對「人類本性」或「社會生活本質」兩者兼容並蓄之包羅萬象的舊理論形式的更新版。

無論論證的結構爲何，鑒於歷史所傳下的知識分子智慧與技能，第二個範疇的回應方式（無論公開，或沉潛）都指向一個知識分子可能成功扮演的新角色，就是詮釋者這個角色。基於多元主義的不可逆轉、不可能出現全球普遍認同的世界觀和價值觀，現存的各種世界觀（Weltanschauungen）均穩穩地紮根於各自的文化傳統基礎之上（更正確地說，他們的自主性權力制度化的基礎上），各種傳統之間的溝通交流，成爲我們這個時代的主要問題。這已經不再是個暫時性的問題，我們也不能指望這個問題將在不可抑制的理性進程所確保的巨大轉型過程中「順道」獲得解決。相反的，這個問題可能伴隨我們很長一段時期（除非得不到適當的滋養，其活力才可能徹底被抑制）。因此，這個問題迫切需要在各種文化傳統之間進行轉譯專家，這類型的專家處於當代生活所需要專家群體的核心位子。

簡單來說，這個問題所引發的專業，可歸結爲一種文明化的談話技藝。由於知識分子擅長推論，故而對這樣一種長久以來的價值衝突的回應，自然是他們最期望的。與他人對話而非戰鬥；

理解他人而非驅趕或將其視為異己而消滅；藉由自由地從另外的源泉中汲取經驗，使自己的傳統獲得提升，而非在觀念的溝通中切斷自己的傳統；這便是知識分子傳統，由不斷進行的討論所構成，教人們做得更好。我們這個多元主義的世界迫切需要文明化的談話技藝。忽視這項技藝危險的只有自己。對話或毀滅。

這是近年來在哲學和社會科學領域最有影響力的發展，其中大多數的學者指出，這個發展方向是專業主義。只先提出幾點：意識形態概念從「否定性」發展為「肯定性」，這項發展承認，一切知識都建基在任意選擇而非理性的前設之上，與周圍傳統和歷史經驗在一定程度上有著決定性或偶然性的關聯，同時，區別了兩種知識系統，一種缺乏對傳統和歷史經驗的意識，而另外一種則運用這種意識在各種知識系統之間合理溝通服務，也就是實現有效的理解，它用這種區別取代了「意識形態的」（錯誤）和「非意識形態的」（正確）知識之間的劃分；其次是重新發現詮釋學，哲學家和社會科學家對伽達瑪的《真理與方法》（*Truth and Method*）抱以熱烈歡迎，這本精彩的著作明確表明反對方法論上的真理和真理的方法，它試圖將哲學或社會科學的工作，重新定義為一種詮釋活動，一種對意義的探索，一種對「他者」的理解並使自己能夠獲得理解（從而促成各種生活形式之間的溝通），同時，展開一個意義溝通的世界，使各種不同方式得以相互接近；第三是羅逖「多樣性」（variety）的新實用主義，這個理論攻擊了過去三個世紀以來占主導地位的「笛卡爾－洛克－康德」傳統，認爲這個傳統是不幸歷史事件的意外結果，是錯誤的選擇和混亂的產物，這個理論斷言，對於普遍性和無可撼動的真理基礎的哲學探索，從一開始便走錯方向，羅逖主張，取代這個傳統的，應該是哲學家將注意力集中於發揚西方文明化交談活動，而不是繼續對這個傳統的普遍有效性抱持令人欣慰而卻讓我們誤入歧途的自信。

在近來的這些發展中，沒有一個表示它們從替西方社會建構基本框架，使其能夠爲履行知識分子的使命而創造良好條件（至少在它們的主流中看不出有所改變）的迷戀中醒悟。曾爲西方社會「不證自明」的優越性提供根基的確定性日益瓦解，在這個困境中，最終形成的將是一些爲西方知識分子生活方式所作的辯護（儘管從表面上以及從令人震驚的後果而言）。伽達馬希望具有詮釋學意識的哲學和社會科學將有助於澄清、發展並充實我們的傳統，後者是我們的家園，是我們與他者的對話式位置、文明化交談，是我們理解與西方智慧的出發點和視域，這種哲學與社會科學透過向他人開放來保持我們的傳統。羅逖積極致力於交談與傾聽，致力於衡量我們的行爲對他人的影響，他從不諱言其意圖。羅逖強調最合宜的哲學主題旨在使交談得以延續，而這就是我們明白無誤的事業，就是歐洲知識分子的生活方式。新的哲學與社會科學充斥著對於一種共同的語彙、共同的世界和意義共同體的渴望。它要修剪人類，使之更自然、更舒適、更自在，像在自己家一樣。人們曾像飛蛾一樣圍繞著馬克思團團轉，我們也像他們一樣，一旦普遍主義的太陽隕落，我們只好被家裡桌上的燭光所吸引。

「共同體」確實在自覺的後現代哲學與社會科學中，成爲核心概念。它已經逐漸取代了通向理性和普遍性真理的道路。正是在這個共同體，而非在人類的普遍進步中，西方知識分子試圖找到專業角色的可靠根基。然而，這會是一個怎麼樣的角色呢？

爲了尋找這個問題的答案，讓我們回過頭來看一看這一位對後現代哲學最敏銳的觀察家伯恩斯坦（Richard J. Bernstein）的觀點。[21]細讀他的《哲學概要》（*Philosophical Profiles*），可以發現其中的雙重目的：在各種共同體（傳統、生活方式）之間，知識分子應邀履行詮釋者的功能；在他們自己的共同體內部，他們依然行使著立法者的角色，現在，他們的角色是在意見不同的場合下，進行裁判或公斷（顯然的，在各種共同體間與內部的爭議都可以被歸爲不同的哲學性規則）。在共同體之內，哲學家有權利和義務闡明用來判斷討論是否合理的法則，他們的責任是對意見的正當性與客觀性進行評判，提供批評的標準，批評由於這些標準才具有約束力。在共同體之內，哲學家可以而且應該確保確定性和理性主導（統治）的存在，儘管這回他們只能自己努力了。

乍看之下，這個區別似乎令人信服。它重新喚起那種經驗，

---

[21] Richard J. Bernstein, Philosophical Profiles, Polity Press, Cambridge, 1986.

比方說，在大學的討論課上，每個參與者都被所有的其他參與者要求使用「共享語彙」（share vocabulary）表達，他們是一個「共同世界」的成員，參與這個「意義共同體」；為了這個心照不宣的預期，我們在討論課上提交論文，實際上，這當然不可能對論文有什麼期待。因為我們相信，討論的基本前設（亦即溝通條件）已經一勞永逸地獲得解決，或者，我們相信，至少在討論期間，對這種前設的一致認同始終有效；我們相信，在不同的有效性之間，甚至在討論中產生的對立意見之間，我們都能夠找到共同點。存在著原則上使這種一致成為可能的法則，例如，「事實」或「經驗證據」的權威性，「邏輯一致」的權威性。這些法則使我們得以判斷「某人是否是理性的參與討論者」。我們能夠判斷「問題的真相」，或至少知道應該做什麼來證明真相。這種經驗與截另外一種經驗然不同，比方說，協商過程的經驗，協商代表顯然從屬於相互對立的陣營，其利益、意圖、觀點，以及選擇的相關事實等等，都是對立的；不能指望那種通過被賦予的權威來獲得真相，或者，指望對於邏輯一致性的要求超過不平衡勢力所起的作用。這兩種經驗使得下述區別看來頗有道理：知識分子內在（共同體內部）與外在（共同體之間）之間扮演的不同角色，作為立法者與詮釋者的角色之間具有差異。然而，問題在於，如何描繪這兩種不同的情境，它們各自需要選擇這兩種角色的其中之一嗎？

西方知識分子傳統正是在這種社會基本架構中發展並形成的普遍統治的衰落，暴露了前所未見，在傳統的實用的正當性與「生活形式」或「意義共同體」的共同性之間的聯繫。但問題是，共同體的規模多大？誰是其繼承人？它的界線應該劃在哪？

在葛爾納試圖爲民（國）族作出有效性定義的研究中發現：

> 將民（國）族視爲一種自然而天賜的劃分人類的方法，視爲一種雖然長期延續卻又與生俱來的政治天命，都是神話（迷思）；民（國）族主義，有時將既有的文化轉變爲民（國）族，有時創發文化，通常是毀滅既有文化；無論好不好，這就是現實，通常是沒有辦法避免的……民（國）族只能藉由一個民（國）族主義時代來獲得界定，而非相反的（像人們通常所認爲的），藉由其他的方法。[22]

民（國）族是一種特殊的共同體，然而，葛爾納的洞見更具有普遍的適用性。它與我們的問題直接相關。共同體是某塊領土上的哲學名字，在它的範圍內，知識分子依然可以施展他們的立法技藝，葛爾納的觀點揭示了共同體首先是一種假設，方案或策略，它宣布某種意圖，行動則緊隨其後。問題並不在於「哪個特殊群體可以被稱爲一個真正的共同體」，而在於在一個「共同體」中，針對哪個群體，我們所從事的這類行動才是正當、有效，而「合理」。共同體不是「自然、天賦的類屬」單位，而是一種區分

---

[22] Ernest Gellner, Nations and Nationalism, Basil Blackwell, Oxford 1983, pp.48-9,55.

與分離活動的結果。共同體是且必然是通過這種行動所構建的。

使用葛爾納對於民（國）族與民（國）族主義間之關係的思考，我們已經指出了這個虛假的分類單位乃是起源於一種策劃，這其實不是什麼新東西。把多樣性轉化為一致性，用「某種特定文化」來取代生活方式的多樣性，已經成為西方知識分子歷史上最顯著的特徵。今天的「地方自治主義」（communalism）與葛爾納所描繪的「民（國）族主義」不同，它被剝奪了民（國）族主義所曾經享有的新興專制主義國家的權力支持，基本上只是一場哲學運動，這看來是個新出現的問題，沒有可靠的解決辦法。早期知識分子在思想上的改宗，一帆風順，獲得成功，可以說順應歷史潮流；順應渴望對精神實行統治的權力，順應建立在正當性和愛國熱誠的基礎上的社會整合與控制。地方自治主義似乎無法享有民（國）族主義的這種歷史機緣。

西方知識分子從他們歷史上頗為順遂的那段時期中出發，從自己普遍性的集體經驗進行推斷，並且從其特殊生活方式，作出與事實相違的假設,描繪了一幅更文明化或更理性化的社會藍圖。僅管在許多社會理念之間具有明顯差異，然而，「好社會」總是具有這樣一個特徵：這個社會總是能夠很適合地履行知識分子的使命，發揚其生活方式。知識分子的世界與政治作了區分。他們不是站在相互敵對階級的這一邊，就是那一邊，這些階級為了奪取國家權力進行著不共戴天的鬥爭。然而，每次選擇的時候，都希望被他們選中的階級具有創造或維持某種社會（在其中，知識分子可以自由地追求其目標，社會實際上亦承認特定知識分子領域（像是文化和教育）的核心地位，承認思想在維持共同生活方面的決定性作用）的渴望與能力，這種希望使他們的選擇成爲正當合法性的。

在今天，沒有哪種歷史力量能夠回應這樣的描繪。歷史的焦點不再放在造就一個讓知識分子看來舒泰的世界的希望。這或許是我們所意識到的一個新時代面向，這個新時代，杜衡總歸爲「喪失歷史代言人」(disappearance of historical agent)，或哈伯馬斯所說的「合法性危機」的時代。這兩種表述都發自內心深處，都認識到作爲知識分子，在生活方式之正當性基礎的雄心壯志已不復存。尋求哲學家的忠告並以開明君主自許的人也不復存。只有哲學家留下來，他們絕望地努力建造共同體，用其論證力量獨力支撐。到目前爲止，通過這種方式建造的共同體，並且能夠有效維持的，只有一個，就是他們自己。

第十章

被誘惑的消費者

多年以來，「清教徒」(Puritan) 在智識的偏見中，占據一個極爲不相稱的位置。「清教徒」這個形象，既不屬於弒逆、偶像崇拜破壞者和獵巫（進行政治迫害）的圓顱黨人（Roundhead），亦不屬於虔誠篤信、敬畏上帝和迷信的新英格蘭流亡人士，甚至亦不屬於任何特殊歷史類型的的清教徒。作爲智識活動急切關注的對象，「清教徒」這個形象出自聖人與賢哲之精闢傑作，而這個形象是根據作爲理智與理性的現代性模式設計，努力拼湊而成的。韋伯的道德傳奇替知識分子提供了最有力的現代性起源學上的神話（這則傳奇必然會討好那些工業資本家的企業大亨們：它認爲其財富是聖潔生活、禁欲主義、追求高尙目標之非刻意、非預期性的副產品。至於後來大亨們，是否還會留心對他們的諂媚或這種童話的熱心讀者，就完全不清楚了)。知識分子，最喜歡的是韋伯的傳奇。在清教徒的神話中，他們永恆化自己投射在鏡子上的反應，也永恆化他們未能實現、卻依然活躍於心，渴望掌握真正歷史進程的雄心壯志，甚至有時（無論是否可能）認爲他們自己已經擁有歷史性的統治權。

的確，聲名狼藉的「選擇性親和」(elective affinity) 理念，並非冷酷、仔細分離的經驗證據，並且沒有任何歷史研究可能製造這種理念。它是事後諸葛之建構物，並且是從像「鐵牢籠」(iron cage) 一般完全理性化的世界角度出發，據說，我們過去曾經生活於此，或未來會生活於此；這種鐵牢籠的功能，就像其原型，曾經披在聖肩上的「輕盈的斗篷」(light cloak) 的功能一樣。在韋伯的神話中，真正的英雄，不是加爾文（Calvin），不是巴克斯特（Baxter），不是富蘭克林（Franklin），而恰好是這個「選擇性親和」，即在理性世界與激情（完美，正直的生活，努力地工作，控制本能與情感，延遲滿足，「一生追求德性」，對肉體與命運的掌制）之間存在著牢不可破的關聯。韋伯的傳奇，並非，並且永遠不是對歷史事件的陳述。正如所有神話一般，它置身於歷史時間之外。這是一齣神秘表演的腳本，我們都是作者，也都是劇中人物，劇情沒有終點，但永遠是完整的現代性的戲劇。

「選擇性親和」的「資本主義」，代表「組織化理性的社會」（這個社會「理性地追求利益」，韋伯對當時流行的的知識分子歷史性模式的讚揚，只是一個面向，然而卻是最核心的面向）。清教徒代表了那種「內在導向」（inner-directered）、能自我控制的人，知識分子從自身的生活模式出發，將他們視爲由理性引導社會的核心行動者，同時也是這種社會的產物。清教徒和「理性追求利益」（rational pursuit of profit）兩者都表現出知識分子計劃的設計和可行性：它們的聯姻賦予知識分子自信和理性，使知識份子得以依據其臆測來形塑並推動世界的進程。用伏爾泰的話來說：「那裡即使沒有清教徒，他們也可以創造出清教徒來。」

一個特殊型態的社會在首次察覺到末日將臨之時，也就是它最需要一種關於起源和超越時間的神話的時候，這或許是條法則。更有可能的是，隨著這個現實的「明顯性」（obviousness）和自信的下降，放棄神話的力量也逐漸增強。韋伯的傳奇必然等待著被重新發現，被充分地重視，而且進入智識的核心關懷之處。對清教徒的獨特特徵，和其巨大歷史成就真正研究，當思想家對迄今爲止的社會發展進行深入思考之時，他們首先察覺到，隨後便公開指出，社會發展方向已經偏離原來的規劃，轉向錯誤的方向，一些極爲重要的東西遺失了，或者即將消失時，才算真正起步。這似乎是清教徒愈迷人，他們的消失也就愈令人心痛。表面上來看，韋伯建構了一個現代觀點的普羅米修斯神話，以解釋現代性的起源。近來清教徒則往往是爲了解釋其沒落。

當然，不能確定，對於即將降臨的末世，在此，完美體現於理性的不詳預感（或者，對這樣一個世界是毫無希望），並沒有在韋伯起初決定整理清教徒倫理之時，扮演過重要的部分。當韋伯沉侵於其研究之時，歐洲的智識氣候充斥著末世的預言和對建基於理性和高度文化理想之上的社會能否存在懷有疑問的警告。清教徒還未出世，或者天啓作者還未獲得關於他們出生的消息，但是依然（每個人都從自己的立場）摸索到某些與韋伯模式非比尋常地相似的結論；這個還未曾命名的清教徒站在偉大的現代文明身後，而其退隱或被放逐則意味災難的降臨。

因此，尼采悲痛其同時代人們對於短暫及轉眼消逝之物的熱情與留戀，他們屈從於三種哲磨：時機（Moment），輿論（Meinung）和時尚（Moden）；他們的生活未經設計或謀劃，被撕裂成一連串轉眼消逝的經歷、激動和快感；他們顯然缺乏一種進行長期、有目的的或爲某種有價值的計劃而自我犧牲奉獻努力的能力（也許有人會說：清教徒是欣然延遲滿足者）。[1]勒邦（Gustave le Bon）宣稱，即將到來的是一個「群眾的時代」，他定義群眾為一種社會背景（social setting），在此，個體（反過來定義自身為具有理性判斷能力之人）在群眾中被抹煞。群眾統治是文明的終結，因為所有的文明生活必定以道德力為基礎，只有道德力才能確證走向一條自我卓越和理性生活之道。[2]文明創造出自於某種明確的心智構造，而其基礎在其人民的性格之中。[3]大眾（通俗）心智目前取理性心智而代之，這種心智的明顯特點在於其輕信和素樸，屈服於他人的導引，而且沒有能力自我控制或自我管理行動（也許有人會說：一旦大眾心智獲得優勢主權，則清教徒的品格便蕩然無存）。[4]稍晚之後，加塞特的反烏托邦（dystopia）思想才出現，但是，這只是使得其為數眾多前輩的洞見和數以百計的尖嚎顯得更加刺耳；而尤其重要的是，他的著作立刻成了經典，而且在韋伯傳奇重新成為人們關注焦點很久之前，激發了歐洲人的想像力。加塞特對末世審判的診斷，主要著眼於我們「只為了吃喝」（from hand to mouth）的生存，我們渴望擺脫一切的束縛，我們一個心理上的「嬌生慣養的小孩」，我們因此心滿意足，不願意進一步提

---

[1] David Frisby, Fragments of Modernity in the Work of Simmel, Kracauer and Benjamin, Polity Press, Oxford 1985, pp.28-32.

[2] Gustave leBon, Psychologie des foules, Alcan, Paris 1907 (12th edition), pp.3,51,55-56.

[3] Lois psychologiques et l' évolution des peuples, Alcan, Paris 1906 (7th edition), p.64-5,117.

[4] La psychologie politique, Flammarion, Paris 1916, pp.124,136.

昇自己，相反的，一種真正高貴的生活必然是「需要經過努力的生活」(也許有人會說：我們所缺乏的，正好就是清教徒那種爲了自我克制和自我卓越的猛進精神)。[5]

曾經有許多維吉爾和奧維德（Virgils and Ovids）期盼著福音。他們探索並試圖給予某些東西定位，而福音賦予其名和關注：淸教徒，理性統治的世界創造者，而隨後，淸教徒可以預期的是也是一個無法實現產物。

對淸教徒遺產進行研究的學者當中，並非所有的人都是無條件地讚揚這種含糊不淸的現代性預言。理查納塞特（Richard Sennett）或許則是最典型性的這類分析家，這類硏究的結果，是淸教徒人格中「最腐蝕性」(most corrosive）層面的浮現：像是對於自我證成、正直生活、自我犧牲奉獻、「靈性」(inwardness）導致當代人的自戀主義，固執自我，放棄在公共生活中扮演領導角色的能力，使個人隱私(privacy)轉變爲親密關係(intimacy)，使社會（群居）性（sociality）轉變爲無止境地爲了自我實現而競爭。[6]對新教倫理歷史變形（transmogrification）的毀滅性批判，雖然揭露了韋伯筆下之英雄毋庸置疑的固有危險性，但並不必然意味著否定淸教徒這個理念化形式的價值。它只是道盡這種理念的非現實性。

---

[5] Jose Ortega y Gasset, Revolt of the Masses.

[6] Richard Sennett, The Fall of the Public Man, Vintage Books, 1978, pp.11-12,333-5; “Destructive Gemeinschaft”, in Beyond the Crisis, ed. by Norman Birnbaum, Oxford University Press, Oxford 1977, pp.171 ff.

對此，主要的反對意見是：清教徒都已經是過去式，或行將就木，一種完全不同的人格特質取代了清教徒的位置。這種人格更加令人厭惡，因爲它與啓蒙哲學家們夢寐以求的人格特質完全對立，它尤其無法接受啓蒙哲學家們認爲自己有能力並註定所要從事的工作。

在這場爭論中，最激烈地主張清教徒垂死及其可怕後果的是約翰卡羅爾（John Carroll），他提出「寬恕文化」（remissive culture），這種文化創造出「寬恕人格」（remissive personality），而正是這種「寬恕人格」導致「寬恕文化」的到來。

> 寬恕文代必然反道德主義者。在道德主義者文化中，像是新教，社會需要與人類欲望之間的衝突是藉由禁止來解決；控制人們行爲的規範，減輕混亂和絕望。一個寬恕－快樂主義者所著意奉行的規範是反清教徒，他們堅持一種無政府主義者的道德要求表徵（馬虎命令，以表漠視規範），質疑所有傳統價值，否認有任何特定制度和人格具有特殊地位。這是一種「永恆的文化革命」狀態，其附帶的一個特徵是，舊秩序結構過於強勁的攻擊，必然是一種神經過敏、將秩序看得過於嚴重、並且不能真正地從其中解放出來的表現……
>
> 然而，這種無政府主義所表現的，與其說是寬恕者在看

> 待他們自己任何現實現實時採取的寬恕觀點，毋寧說是對他們自己的寬恕。寬恕的方式有其規範，贊成自發性，隱密性，享樂主義的解脫，情感的坦率表露；反對權威性與控制；譴責任何的譴責態度……
>
> 在道德面，寬恕表示原諒所有的罪；在制度面，意味著擺脫所有控制……評判罪行的公正性基礎被取消了；不應該指責任何人，任何事，個人所需承擔的唯一責任就是他成功地選擇他的歡愉。

卡羅爾的「寬恕者」（remissive man）正好與清教徒對立，而且他們絕非後者的（無論合法與否）繼承人：「經濟人是自我節制、吝嗇的肛門型人格（anally-retentive）和清教徒，相反的，寬恕者則是饕餮客，放縱口腹之欲，且在許多方面是天主教徒」。清教徒「依賴的內在權威是對具有約束結構的自我（self），而依序是對民族精神的承諾；但是，對於寬恕性的享樂主義者來說，該意義上的自我（ego）在根本就是一個牢籠，其唯一目標在於限制其歡愉」。而卡羅爾進一步總結說道：「對於美的渴求，尤其是對成爲完美意象的渴望，描繪了新教主義的輪廓特徵……與之相對的則是，娛樂，一種完全放鬆的方法。」[7]

在卡羅爾的尖酸刻薄，故意誇大渲染，並且挑釁地並置，引

---

[7] John Carroll, Puritan, Paranoid, Remissive, a Sociology of Modern Culture, Routledge and Kegan Paul, London 1977, pp.17-19,21,45,56.

發了一場騷動的「清教徒之死」之意便昭然若揭：清教徒是一種簡略的表達方式，其意為承認強制性的超個人權威，甘願努力抑制情感衝突，使其屈從從理性法則，相信至善理念和客觀的道德、美學和社會優先性的基礎，從事自我約束與自我管理。換句話說，（在「清教徒之死」的討論中）清教徒，是啓蒙時代知識分子著手建構之相同世界中的居民。清教徒代表由理性統治、以其名義施加約束的社會，代表他所預期的產物——一種內化其規範的人，後者作為共同合作者，「保衛他所征服的城市」。「清教徒之死」意味著，上述希望已經無可挽回地破滅了。現在回頭所能看到的現代性「方案」都明顯缺乏現實性。無論作為整體的文化，還是其個別成員，似乎都已經不再受（如果他們曾經是）對文明描繪的影響，啓蒙哲學家們曾以此自我激勵，哲學家的繼承人們則自我訓練以其實現這個理想。立法性的雄心壯志，啓蒙哲學家們的遺產，知識分子固定化的集體建構記憶形式，似乎被絕望地困在一個理論和批判無效的象牙塔上，失去與日常生活的關聯，不再能夠控制平凡人的身體與心智；這些雄心壯志，現在頂多被視為專業化並分門別類的眾多知識活動領域中的一個面向中的陳腔濫調（無論何崇和如何令人滿意）；只能作為它自己的目標而繼續其活動。

這些希望曾幾何時確實令人興奮。那些開明，博學之人以及知識分子，相信他們擁有一些相當重要的東西，可以提供給情況不好、引頸期盼的人類；他們相信人類一旦穿過並被吸引，便可以更人性化；便可以重塑人類生活、他們的關係和社會。文化，是知識分子的集體性產物，而且是知識分子所珍愛的財產，文化被視爲人類逃避社會混亂、個人自私自利和單面化、殘缺化、醜陋的自我發展之綜合威脅的唯一機會。文化是一種導引，然而卻又需要熱情和普遍參與的努力。沒有人比馬修阿諾德（Matthew Arnold）更深刻地表達了這個希望：

> 文化，尋求完美，使我們……構思真正完美的人，作爲和諧的完美，我們人性的所有面向都獲得全面性的發展；作爲一種普遍性的完美，我們社會的所有部分都得到全面性的發展……作爲一種心靈和精神的內在狀態，完美的理念與我們所推崇的機械和物質的文明有所區別……作爲一種遍及全人類的理念，完美與我們強烈的個人主義有所區別，與我們對一切界限的憎恨（這些界限約束了人性的任意性）有所區別，與我們的「自掃門前雪」的格言有所區別。最重要的是，作爲對人性和諧的表達，完美的理念與我們那種缺乏彈性有所區別，與我們無力由更多的面向來看待事物有所區別，與我們總是強烈地全神貫注於某個特殊目標有所區別，而這個目標只是我們碰巧遇到並跟隨的……
>
> 文化努力不懈的努力，是爲了制定人類能夠藉由它而塑造他們自己的法則，這些法則不是讓每個處在自然狀態中的人喜歡，而是爲了更接近領會什麼是真正的美麗、高雅和合

宜，並且使自然狀態中之人喜愛。[8]

並沒有阿諾德所說的法則存在，即使可以通過這些法則來認識什麼是「確實的」美麗、高雅和合宜。但這並不能阻止其主張將一種確定性和自信的態度緩慢而有力地推廣。無疑的阿諾德明白，什麼是美麗與合宜，什麼是「甜蜜和靈巧」；而且，他必然也明白，在某種機緣之下，任何人都會同意其主張。這種自信不是建立在方法論的規則基礎之上，也不是建立在對於程序法則的制度性約定之上。阿諾德對確定性的描繪來自於可能是最穩固的根基，一種無庸置疑的價值層級，這個層級代表一種無庸置疑的權威層級。那些站在文明頂點的人認爲是高雅、有價值的，就真的是優雅與有價值。美與價值，不存在其他的衡量標準。

我們可以將喬治史坦納（George Steiner）兩篇題爲「在後文化之中」（In a post-culture）的論文，不只是在一種意義上，視爲對阿諾德的《文化與無政府狀態》（*Culture and Anarchy*）一書觀點的回歸。[9]史坦納說，不必深究我們今天所知道的曾是阿諾德或伏爾泰的特權；無知導致自信。而我們已知其所不知：人類並沒有因此而變得更人性化，至少不非得如此。站在當時被理所當然地視爲文明頂點的高度，在「用正式知識對人類心智進行

[8] Matthew Arnold, Culture and Anarchy, Cambridge University Press, Cambridge 1963 (orig. 1869), pp.11,49,50.
[9] George Steiner, in Extraterritorial, Atheneum, London 1976.

培育與頌揚生活品質之改善間，存在著」一種明顯而預定的一致性。對我們來說，這種明顯性已經消失；更糟糕的是，我們發現，提出證明某件事物被「改善」的理由，將非常困難，因爲我們已經拋棄進步的公理，喪失「進步的夢想」，不再被「生氣勃勃的本體論烏托邦」所鼓舞，失去從「較差」之中辨別「較好」的能力。在我們的時代，同意的（也許有人更想這麼說：統治的）層級價值結構行將就木，所有「代表文化對自然符碼統治的二元分裂」，像是西方與非西方，有教養與未受教育者，上層與下層的分裂，都不再被承認。西方文化的優越性不再看似自我證成，因此之故，我們喪失了「自信的核心」，即便文化仍然存在。的確，我們所處的是一個「後文化」時代。史坦納堅持認爲，文化必須是精英和評價性的。由於這兩個特徵一直爭論不休，甚至遭受攻擊，我們文明的未來似乎「幾乎難以預料」。倘若非得作個結論的話，則阿諾德的二分法再合適也不過，「選擇永遠在文化與無政府狀態之間。」但是，阿諾德並不清楚，選擇是透過何種方法運作的。

不是所有研究現代文化的社會學家都同意史坦納關於末世的預言，但大部分人對他在研究中所持的想法表示贊同：曾經是非常競爭性的文化價值層級崩解了，西方文化最明顯的特色今天已經喪失其根基，正是在這種根基之上，關於價值的權威判斷才得以形成。社會學家自然對導致這種結果產生的社會過程有著濃厚的興趣。爲什麼突飛猛進的啓蒙運動在尙未達成社會及其成員的「普遍」與「和諧」之完美時便戛然而止？爲什麼對正式知識與生活品質的提升間那種一致的希望未能實現？人類在哪裡走錯了路？這種歧路是必然性的嗎？

關於這個問題，一種最普遍性的答案是，人類知識由其自身力量的推動，不可阻礙地分裂成受限制的、片面的、相互之間只有鬆散連結的專業主義。這個問題始終受到廣泛的討論，但是，齊美爾在七十多年前，關於文化的命運與科學技術之發展的討論，至今無人能超越。齊美爾的看法是一種巫師學徒故事的現代觀點：工具從爲人類目的的源初服務中解放，它成爲自身的目的，規劃它們的運動步驟與方向。

> 推動精神的創造向前走的，是客體的文化而非自然科學邏輯。在此，任何技術運動一旦超出立即消費的範圍，則它們就註定會產生一種內在驅力。工業生產的多樣化產品，產生了一系列與之密切相關的副產品，確切的說，這些副產品是不必要的。只是由於被創造的設備，強迫要求充分利用它自身。技術要求通過這種循環來完成整個過程，然而心理過程則不需要這種循環。從主體的文化角度來看，出現大量供應的產品，和產生人爲需求，這些都是毫無意義的。這一點，在不同學科之中都沒有例外。一方面，例如在語言學技能之發展已經到了無法企及的精巧，和方法論的精確。另外一方面，對於智識文化真正有重要意義的研究主題，卻沒有同樣迅速地獲得補充。語言學研究就這樣經常成爲一種糾結於細

微末節的繁瑣而迂腐的研究，同時，那種無關宏旨的悉心鑽研，變成涉及其自身目的的方法論研究，變成一種自成一格的研究規範的膨脹，這種規範有其獨立路徑，不再與作爲一種圓滿生活的文化相合……

沒有理由它不可以朝其發展的方向無限增殖，爲什麼不可以在可以登錄之時而不應去登錄，可以創作藝術作品之時而不創作，可以發明之時而不發明。這種客觀性形式支配了無盡的實現能力。這種爲了積疊而貪得無厭的能力，與各種人類生活形式完全無法相容。[10]

對齊美爾來說，「文化悲劇」表示現在：科學、技術、藝術之中，所有這些在人類精神朝向改善與完美突飛猛進的過程中所衍生的東西，與它們的創造者初始之時的目的日益無關，而這正是由於它們的成功。人類並沒有變得更有人性，原因在於他們所創造之物異常繁雜、豐富、茂盛，首先「人性化」的進程停止了。「創造者」不再能從其造物中認出自己。在他看來，這些東西顯得陌生而客觀，並且，由於它們的這種非相似性和「外在性」，它們對創造者所支配的領域構成威脅。

從不同的角度來看，齊美爾的觀點反映了，也就是認爲，能

[10] George Simmel, "On the Concept and the Tragedy of Culture", in THe Conflict in Modern Culture and other Essays, transl. by K. Peter Etzkorn, Teachers College Press, New York 1968, pp.42-44.

讓啓蒙運動的文明化目標保持動力的場所日益「減少」。現在，「知識分子」成爲文化擔綱者這樣的概念，它不僅與未受教育、無知、原始或其他沒有教養的相區別，而且也和科學家、技術人員和藝術家相區別。難怪齊美爾在玩味知識分子概念之時，將它視爲異鄉人，一個處在充斥科學、技術和藝術世界中的異鄉人。在這樣的世界中，扮演傳統文化立法者角色的知識分子，必然是悲劇式、無家可歸的漂泊者。在相互隔絕而孤立的理性世界專業領域中，沒有任何人可能歡迎他的歸回，也沒有任何人可能將他當作被錯誤地忽略的引路人；大多數人將這種知識分子拋到九霄雲外，如同他們古老、過時的前輩，這個事實加深知識分子的悲劇性。不再有人需要他的指引，除了極少數像他一樣的另外一些異鄉人。

巫師的學徒感到失去控制自己的創造物及其遺產，這種感受或許可以追溯到這樣的事實，看來應完全由知識分子掌握的（並且唯有知識分子有權參與）關於真理、判斷和品味的論述，現在被一些知識分子（對真理、判斷和品味進行驗證的後設專家〔meta-specialists〕）所無法控制（即使他們想要控制的話）的力量操控。他們的控制權被另外一些力量接收，這些力量或許是一些自主性的學術研究機構，它們無需經過檢證，只要從他們自己的制度性支持的程序性規範中源源不斷地提供補充就可以了，或許是一些具有同樣自主性的商品生產制度，它們也需驗證，只要有它們自己的技術生產能力就可以了。凌駕於這個被制度分割成碎片的世界塔之上的，是提供驗證的新後設權威（metaauthority)：市場，它用價格與「有效的需求」掌控區分真假、善惡、美醜的權力。

齊美爾和史坦納的立場無庸置疑是最勇猛不屈的，然而，他們的努力卻也是一場沒有希望的保衛戰，一場知識分子立法者已經落敗的戰鬥。另外一些後勤部隊的小規模遭遇戰，是由「大眾文化」理論家所發起的，他們震驚於其繼承者的那種趨勢，屈從於後現代狀況，並且歡欣鼓舞。在這些遭遇戰中，市場成了主要的攻擊目標。這是對那些非法盜用對有關問題進行評判之權利所提出的譴責，他們認為只有文化精英才是這些問題夠可靠的裁判者。市場利用一種實用的評價標準（可以被量化的需求）來衡量文化標準，從而使文化精英成為為數眾多的「品味利益集團」（taste interest groups）中之一，這些集團為了消費者的光臨而相互競爭。帶著一定程度的虛榮，少數集團自覺地與普通民眾隔離，他們總是從其不可親近中獲得對自身價值的優越感，「高級文化」品味對於這種競爭尤其缺乏準備，而且必定在競爭內中箭落馬。因此，它是不可能承認那種既把市場是為主審官，又把市場視為陪審團的合法性。

在另外一種脈絡中，大衛約拉弗斯基（David Joravsky）認為，「知識分子所自由依靠的正是現代政治家們對智識世界的漠視」。[11]我們已討論過，隨著全景敞視控制技術的發展與社會權力

[11] David Joravsky, “The Construction of the Stalinist Psyche”, in Cultural Revolution in Russia 1928-1931, ed. by Sheila Fitzpatrick, Indiana

的日益滲透，隨著意識形態合法性逐步的被取代並且最終喪失與維持系統整合之間的聯繫，國家權力的基礎產生了決定性的變化。從另外一方面來看，這個發展進程也可以被描繪爲知識分子活動逐漸從政治國家的限制中獲得解放的進程，可以被視爲從兩者之間過於密切的關係中，獲得解脫，並不再相關。這種過於密切的關係，使知識分子無法將這個進程視爲完全令人滿意，或者，不如這樣說，它導致曾經統一的（即使不是實際上，也是在概念上）文化精英之間的深層分裂。齊美爾注意到，許多專業從各種自由中受益，尤其是從其所關心問題的局部化、狹隘化以及它們對範圍和功能的嚴格限制等方面，得益最多。文化精英的中堅，繼續他們的現代性後設論述（meta-discourse），關切真理、判斷和品味這些傳統問題，關切有效立法這個傳統職責，他們知道只有一個問題與他們最有關聯：【這個問題】在範圍上是整體的，在功能上是政治性的。現在由於這個問題已經被取消，這些後設知識分子（meta-intellectical）必定感到在交易中被擱置於一旁。

約拉弗斯基的評論具有更豐富的關聯，可以適用於整個文化領域。在「合法性論述」的場域中，一種意外的結果是自由。對於現代國家的形成有著重要利害關係的是鏟除地方差異，鏟除以共同體爲基礎的自主和自我推行的生活方式，取而代之的是一種統一的、全社會式的規訓模式，爲了達成目的，需要一場文化改

University Press, 1978, p.121.

造。「園藝」國家野心勃勃地想將一切都納入國家制度之中，知識分子野心勃勃地想將他們的智識改造推廣到全世界，兩者一拍即合。國家的政治活動與知識分子的啓蒙努力看起來在相同方向上施力，它們相互扶持，彼此援助，爲了達成各自的目的而相互依賴。然而，在合法性論述這個活動中，現代國家日漸將低依賴橫掃一切的文化改造。隨著國家全景敞視技術的編制完成，官僚（科層）政治的分工、分殊化和分類，成爲國家進一步興旺的秘密。「哪裡還有這種社會改造？」它們何以爲政治家所必需？文化精英的確還保有其優越社會地位，但是他們誇耀並守護的價值（同時，他們展示這些價值，以證明其集體的重要性），與政治失聯，從而也喪失他們明顯的優越性。

從合法化重擔下解脫的文化能夠（而且已經）展現其新整合性角色。文化與系統脫離關聯，對文化精英爲價值立法的雄心壯志而言，並無益處。並非文化精英佔據政治家所騰出的位置。由於他們的政治支持被剝奪，因此，發動更爲長遠的文化改造的努力，看來必定日益成爲一個空洞的想法，成爲一齣現實鬧劇。同樣令文化立法者們感到驚慌的是，文化擺脫國家的控制，（也是不可避免地）意味著，文化從立法者自身權力下獲得解放。因爲文化在系統整合制度中是多餘的，於視它便進入社會整合領域，它在此發現自己身處所有其他大大小小的滲透性權力之間，並且跟它們一樣，缺乏焦點，多樣性和散漫性。

然而，從文化史的角度來看，這個變化並不意味著文化返迴到它用來服務現代國家的系統整合之前（前現代）最初所處的領域。目前它所處的領域，從功能上來看，與前現代相似，然而，這個領域卻採用與前現代的特徵及其結果完全不同的後現代制度形態。作爲地方性權力基礎的共同體，在現代國家的漫長的進程中已被有效地摧毀了；當文化被認爲在系統再生產層面上是無用的，並回歸作爲子系統的社會層面上時，這些共同體已經無法被再次地利用。但是另外一些地方性的權力基礎則等待著，並且期望將文化變爲它們所控制的對象。這些基礎置身於市場的制度化網絡中；文化成爲可銷售的商品，就像其他商品一樣，服從於這個超級法庭，而穩坐法官席的，則是利潤和有效需求。

文化從政治中獲得自由，然而帶來的卻是文化立法者權力的喪失，理論家們對「大眾文化」的憤怒抨擊，正是由於這個現實。麥克唐納（Dwight Macdonald）對其繼承者們提出警告，指出在新狀況中存在著內在的危險：「一種溫和、軟弱的平庸文化正在緩慢地發生，這種文化像是一灘正在蔓延的淤泥，吞沒一切，威脅所有東西。」麥克唐納敏銳地察覺到，這個可怕傾向的根源正在於，伴隨著自由和民主制度的產生，辨識力的喪失在所難免：「大眾文化正是極端民主的：它完全不承認對於任何人事物的貶抑，或不承認任何人事物之間有差別。」當然，最令人惋惜的是，這種欠缺辨識力實際上意味著「高級文化」的淪落，「高級文化」與其他文化選擇被置於相同地位之上，並且不再有人願意認真聽取「高級文化」宣揚者所作的有效評論。麥克唐納毫不掩飾其憤怒，他直接針對那些以自由為藉口，在選擇（和把其選擇「強加於人」）之時，公然拒絕承認只有文化精英才擁有這樣的特權，他並不是針對（或「被迫」）接受這些選擇的「民眾」。他刻意在「大眾」（在文化操控者暴力之下的無助受害者），與真正的「民眾」（被文化操縱者所摧殘的文化自主性承擔者）之間作出明確區分。麥克唐納一再強調，大眾文化絕非另一種形式的「俗民文化」（「俗民或人民……是一種共同體，亦即一個由共同興趣、勞動、傳統、價值和情感所聯結的個人間的團體」），但「大眾的視野，則完然不同」。[12]麥克唐納把知識分子在摧毀「俗民文化」和摧毀他們曾經置身其中的共同體之時的角色，輕而易舉地拋在諸腦後。昨日那些愚昧無知的人、迷信的原住民子孫，從精英主義文化的控制下解放，突然搖身一變，成為保護價值免於「庸俗」文化侵害的承載者，儘管在這個方面，他們從前未曾能夠保護他們自己免於精英主義的「文化承載者」（Kulturtraegers）及其教育者的侵犯。布爾迪厄在談到知識分子與「未開化」、缺乏文化知識的「一般」民眾之間的「特殊關係」時指出，藝術家

> 應該樸實一些，而不是「自命不凡的」。「一般民眾」的根本優點在於，他們沒那種因為藝術（或權力）而產生的自

---

[12] Dwight Macdonald, "A Theory of Mass Culture", in Mass Culture, The Popular Arts in America, ed. by Bernard Rosenberg and David Manning White, Free Press, Glencoe, Ill. 1957, pp.63,62,69.

負，這種自負會使「小資產階級」獲得鼓舞。他們的冷淡和沉默，表明他們認可這種壟斷。這也就是爲什麼在藝術家和知識分子的神話中，藝術家和知識分子的迂回策略和雙重否定策略，有時會將他們帶回「民眾」的品味和意見，「民眾」通常所扮演的角色，與日漸沒落的貴族政治的保守意識形態中的小農形象並無不同。[13]

布爾迪厄的見解獨特、敏銳而深刻，不過，他沒有注意到這個比較的真正涵義：正是貴族政治的沒落，才使得「小農」被理想化；正是「文化立法者」的沒落，才使得「民眾」被理想化。昨日的狩獵者，保衛「民眾」，他們合法的文化遊戲，以免遭受盜獵者的殘害。

至於談到大眾文化批判的內容，我們發現這裡的基本主題與我們已經發現「清教徒之死」那套論述相同；不過只有這一次他們圍繞著文化概念爲核心而組織起來，正如過往，被理解爲教育進程，「人類自行改造」。正如「好藝術家」與「好藝術」這兩個概念彼此賦予對方合法性一樣，在大眾文化批判中，「做錯事」與「這是犯錯之人所作之事」這兩個觀念也彼此賦予對方合法性。對當代（非智識）文化行政管理者的指控，需要一件證據，就是他們作品的品質低劣，然而，除非證明這些作品缺乏可信的品質

[13] Pierre Bourdieu, Distinction, a Social Critique of the Judgment of Taste, transl. by Richard Nice, Routledge and Kegan Paul, London1984, p.62.

憑證，否則無法證明其品質的低劣。

對大眾文化的譴責，首先是因為大眾文化促成簡單的流行。麥克唐納所謂的「平庸文化」(middle-brow culture）之所以「缺乏熱情和軟弱」，主要是因為它們只侷限於容易理解之物，而拒絕需要消經過費者刻苦努力並進行專業訓練才能理解的東西。必須經過超凡努力，方能達成對神秘和真正有價值的無價之寶的理解，永遠是知識分子自我合法化神話中，絕對必要的一個部分（參考第一章）。假如一個人毋須努力、犧牲和磨難，而得以成為一個「有教養之人」，則會嚴重地撼動知識分子自我優越感的根基。羅森伯格（Bernard Rosenberg）指出：「如果教育和教化是一個循序漸進、進步的和有秩序的過程，那麼，大眾文化則正好與相反。使大眾文化具有誘惑性的原因與它的簡易性有關。」[14]哈格（Ernest van den Haag）總結道：「文人在很大程度上成為一種適合觀賞的體育運動。」[15]

羅森伯格和懷特的著作，以及本世紀五〇和六〇年代爆發的大眾文化論戰，或許是「日薄西山的貴族」精神在歷史上的最後一次出擊。米爾斯（C. W. Mills）在當時寫道：「大眾傳播媒體應該從市場力量解放出來，並置於知識分子的掌控之下，大眾傳播媒體當然應該從屬於知識分子。」在當時的學者看來，文化一

[14] Bernard Rosenberg, "Mass Culture in America", in Mass Culture, p.5.
[15] Ernest van den Haas, "A Dissent from the Consensual Society", in Mass Culture Revisited, ed. by Bernard Rosenberg and David Manning White, Van Nostrand, New, York 1971, p.91.

旦脫離其傳統系統內的合法化功能，可能重回原來的方向上去；立法者的角色可以重新成爲知識分子精英的核心使命。這些年來，這個希望日益無望，隨之而來的便只有大眾文化論戰的逐漸消失。這些希望以及論戰，是可以延續下去的，只要依然無視於晚期現代國家中的文化藝術領域與政治領域不可避免的疏離。無論是大眾文化的詆毀者，還是少數的推崇者，都忽略了與政治的疏離。在後面這個類型中，席爾斯（Eward Shils）認爲，先前被譴責並「邊緣化」的大眾，逐漸靠近社會「核心」，也就是說，接近制度核心和價值系統核心。[16]正如大眾文化所批判的，希爾斯也看到，文化正在老化，它在喪失功能。實際上，與他的觀點恰好相反，即使「處在核心位置的制度」確實比以過往更長遠地延伸到「邊緣地帶」（儘管是通過他們的全景敞視觸角，而非藉由傳教士作爲前導），但是，「核心價值系統」仍然只與知識分子有關，由於它們喪失自身的有效性，從而也喪失對其他人的意義。

在晚近數年當中，我們越發清楚，市場力量對於文化的吞併，已經到了無可挽救的田地。由此，文化論戰的焦點也正緩慢而顯著地發生轉變。我們已很少聽到高級文化代言人要求收回他們失去之權利的聲音；可以預期的是，由於這些要求日益沒有實現的可能，那種對於令人厭惡現象的可怕敘述，以及市場分配文化產品而導致令人羞恥的感受，逐漸被多樣性、更清醒、更超然的「品

---

[16] Edward Shils, "Mass Society and Its Culture", in Mass Culture Revisited, p.61.

味系統」、消費選擇、文化時尚及其背後的制度網絡的研究所取代。這個登峰造極的傾向，便是後現代文化理論。在這理論中，最終將拋棄知識分子的立法者角色，而其新角色的外形輪廓闡釋者，逐漸成形。

最近數十年內的變化，或許可以稱爲消費文化的自我持續和自我繁衍機制的發現。這個機制迄今爲止已經有過充分說明，這裡毋須再對其詳盡分析。我們只是就其中一些主要的面向進行簡扼的論述。

最重要的一個討論面向，就是消費市場使消費者依賴市場自身的能力。豪格（Wolfgang Fritz Haug）對此作了巧妙的闡釋，「首先，新商品必須使必要的日常瑣事變得較爲容易，而且如果沒有這些商品之助，這些雜事就會變成一堆困難之事，無法進行……私人轎車伴隨著日益惡化的公共交通狀況而出現，它們使城市四分五裂，其後果不亞於遭受轟炸，它們製造沒有汽車就再也無法跨越的距離」。17第一個陳述之所以正確，是因爲隨著新商品的引進，人的技能被破壞殆盡；第二個陳述之所以正確，是因爲接受新商品需要重新形塑環境。在這兩種情況之下，新商品使自己成爲不可或缺的；它們爲自身創造必要性，有時分析家們將這種能力稱爲市場創造「人爲」需求的能力（或許可以將這個現象表述爲實際上市場使新需求無法與「自然」需求有所區別的

---

[17] Wolfgang Fritz Haug, Critique of Commodity Aesthetics, transl. by Robert Bock, Polity Press, Oxford 1986, pp.53,54.

能力，事實上，如果拿最具當代特性的美國城市及其在居住、工作和閒暇間的空間關係來看，談論一輛汽車，或任何其他類型的私人交通工具的需求，是一種「人爲的」，或更糟糕的「虛假」需求，是毫無意義的）。

對市場的依賴還由於人類社交能力的逐漸破壞殆盡，這種能力和積極社交願望，能夠使男人與女人參與社會關係，並維持【這種社會關係】的存在，在發生衝突之時，能夠修補這種關係。理查德塞納特對從「私密性」到「親密性」，從「愛欲」（eroticism）到「性行爲」（sexuality）的轉變，進行了深刻的分析，他的分析有其廣泛的影響；在塞納特看來，這種轉變導致一種「破壞性共同體」（destructive Gemeinschaft）的建立，在這種社會環境中，由於參與者缺乏社交技能，於是人們只能避免建立穩固的關係（因爲這種關係需要用權利和責任來實現）；在這種社會環境中，「他者」只被視爲個人安穩和無止境的（由於缺乏明確目標）奮鬥工具；在這種社會環境中，由於所有人與人的結合，都具有臨時性和「易變性」（until further notice）特徵，不可能積累社交技能的。市場輕而易舉地入侵這個「社交真空地帶」。由於無法面對他們在相互關係中所產生的挑戰與困境，人們轉而求助於可以進入市場的商品、服務與專家意見；他們需要用工廠生產的東西粉飾其身體，藉此獲得具有社會意義的「人格」，他們需要醫生或精神分析學家的忠告，以治療他們曾經遭遇（以及未來將會遭遇的）挫折的創傷，他們需要旅遊服務，以逃向一個陌生的社會關係中，期望那是一個解決常見問題的好地方，或者，乾脆需要工廠噪音（在字面和隱喻意義上），以使社交時間「擱置」（suspend），並且消解處理社會關係的需要。

由於缺乏社交技能，而產生對可行銷貨品和服務的依賴，很快地便轉變成從屬市場。貨品和服務將他們自己引介到真正的人性問題當中，並且被視爲解決這些問題的方法：對於缺乏家庭關懷、年老色衰的妻子和母親來說，這是一種柔軟劑；一種新的香水品牌，一種不必經過認真努力便可贏得異性忠誠的手段（「出於一時衝動」），一種使宴會賓客感到招待周全並且趣味盎然的新葡萄酒品牌。它們成效日益卓著，原因在於人們堅信對於任何關於人性的問題，都有某種解決之道正在商店的某個角落等待著被發現，一個有才能的男人和女人，最需要的就是具有找到這項商品的能力。這個信念使消費者更關切物品及其所附帶的承諾，消費者的從屬性因而變得更加持久和深入。購物成爲取代其他所有技能的技能，而其他的技能，或爲多餘，或已不復見。

由於貨品的承諾比它們所能提供的更多，消費者遲早會發現某項產品表面上的使用價值，與真正的使用價值之間存在著不一致，因此，必須有「新」和「改進」承諾及其物質形式，以不斷激發消費者的信念。因而被描述爲「內在陳舊性」（in-built obsolescence）現象，最初被視爲物理、技術性的性質，然而現在則被視爲是行銷「排除」技術的功能。新產品的功能主要在於使昨日的產品過時，並使人們不再想到這些「舊」產品不曾兌現的承諾。希望是未曾完全落空；相反的，它始終處於持續的興奮狀態，興趣總是在變化，並被不斷出現的新對象所轉移。布希亞（Baudrillard）說，時尚「包含一種創新需要和另外一種不觸及基本秩序變化之需要間的折衷。」[18]我們寧願將敘述重點轉換一下：時尚似乎是一種機制，透過這種機制，永無休止的創新鏈維持著「基本秩序」（從屬於市場），正是創新的永恆性，使個別產品（並且不可避免）的失敗對秩序而言是無關緊要，而且不會危及秩序。

消費者對市場的依賴，不僅爲了處理問題，這些問題應該用他們自己的技術、社交技能和實現夢想之力（只要他們擁有夢想）來解決；而且，他們需要市場作爲他們確定性和自信的基礎。最重要的是購物技巧，最有價值的是與選購活動相關的確定性，它承諾可以彌補其他確定性（的缺乏）。時尚是靠他人選擇的統計學數字來支撐的，它提供確定性；只要知道十個人當中有六個選擇「威斯卡斯」牌食品，則購買該品牌時就不必太擔心個人經驗的缺乏。得自於選擇商品時的「理性」（只需從眾即可），塡補了欠缺自我成就感所造成的空白，這種令人滿意的自我成就感是建基在對個人技術或社交技能的表現基礎上，現在這已經毫無用處。今天的家庭主婦誇耀自己購買物美價廉的洗衣粉時如何精明，而不是爲她的洗衣熨燙技術的高超而自豪。

---

[18] Jean Baudrillard, For a Critique of the Political Economy of the Sign, transl. by Charles Lewin, Telos Press, New York 1981, p.51.

由於必需品的數量急速膨張，而且向各個領域殖民，市場依賴現象進一步加深。在所有的必需品中，包含一種生活規劃的需求；現在，生活是圍繞著未來所要購買的物品的時間序列所組織。就像是對於娛樂的需求，市場提供數量不斷增加的玩具和消磨時間的玩意兒之外，還提供它自己作爲一種超級娛樂。購物行爲，不僅意味著滿足人們對已經喪失的技能、確定性和生活目標的渴望，而且極其有意思的是，它是一個取之不竭用之不盡的提供感官刺激的寶庫，一個可供其他人分享的最後一個場所。它還爲當代人提供一個類似於異國的場所，人們可以在此感受探險和奇遇的經歷，他們將自己暴露在帶著幾分適度刺激性的危險之下，從而展示其勇氣和冒險。

大多數分析家認爲，「消費文化」成爲我們時代一個無法阻擋的特徵，這個制度透過生產和再生產對它的總體性依賴能力，使其地位不可動搖，這個制度由當代西方社會樞紐的市場制度所支撐。消費文化使男人與女人被整合到消費社會中。消費文化的特徵，只能用市場邏輯給予解釋，從此產生並發展出當代生活的其他方面，假若還有不受市場機制影響的領域的話。就這樣，無論是透過直接的經濟機制，還是透過間接的心理機制，文化的每個面向都成爲商品，從屬於市場邏輯。對世界的看法，對未來的期待，生活的節奏，對過往的回憶和關切焦點的特質，相關動機和議題，都在市場這個新「基本」制度中養成，模鑄。從而，根據這些分析家的觀點，人們需要求助於市場邏輯來理解當代藝術或政治。

消費文化創造了自給自足的世界，這個世界由其引人注目的英雄和先驅所實現，這些英雄或先驅，或許賣錄影帶大賣，或許打破票房記錄，或許是在投資中獲得成功，或許「正確」預測了當前流行的商品「價格」，或許具有一些其他超過平凡消費者的特質，這些特質保存在清教徒勤勉工作以及自我克制的完美記憶之中。在這個世界裡，英雄如過江之鯽，又多如流星一般轉眼即逝，這樣才能避免人們從商品的幻想中翻然醒悟，也有少數「超級巨星」始終留在觀眾的記憶裡，以展現消費生活方式的永恆性和連續性。這個世界充斥著消費者和英雄，沒有留下空間給其他類型的人；新聞廣播的時間和大部分的內容全都被體育、娛樂和「名人」（相當普遍的「八卦消息專欄」）所占滿，吸引絕大部分電視觀眾或讀者的注意力。在消費英雄的壓力下，政治家們必須具有像他們一樣的行爲模式，否則就會使其政治生涯告終。政治消息在某種程度上也必須像消費市場爲觀眾所準備的「新聞」那樣，大概就是一種爲了遺忘的工具，一種把昨天的頭條觀眾的意識中排擠出去的方法。結果是，新聞報導好像施托克豪森樂譜：連續音符的排列沒有任何結構，無法從前一個音符推敲出後面的音符，前後完全是隨機排列；不允許任何固定的預期結構，這樣一來，作曲家的自由則不受任何限制。

在這樣的消費文化環境下，作爲立法者的知識分子很顯然的沒有立錐之地。在市場中，不存在任何權力中心，也沒有創造這種權力中心的渴望（作爲另外一種選擇，可以有一種「建立在缺乏之上的政治獨裁」，但這個主張對於具有立法企圖的知識分子來說同樣沒有吸引力）。不存在可以生產權威性論述的場所，也不存在足以掀起一場規模巨大的思想改造，對權力集中和壟斷的資源。因此，傳統「知識分子的立法」手段（無論是實際存在，還是期望終的）付之闕如。知識分子（像其他人一樣）缺乏控制市場的能耐，也無法期望現實符合啓蒙哲學家傳統的社會，後者是記憶中鮮活生動的知識分子立法活動的歷史根據。

在研究消費時代的文化學習當中，布爾迪厄是造詣最深的一位，他指出，消費時代的來臨，意味著社會整合的核心統治模式發生了實質上的變化。新統治模式的獨特之處在於：「以誘惑取代鎮壓，以公共關係取代警察，以廣告取代權威，以創造需求取代強制規定。」今天，是個人關係或社會力量，作爲消費者的活動，他們由消費構成生活。因此，不必壓抑個人的本能衝動，也不必受到壓抑，他們那種使行爲服從快樂原則的傾向；他們不必被嚴加看管（這個功能已由市場接管——透過使訊息技術成爲私人消費的對象，正如雅克阿塔利所說，一個「監控」社會已經被「自動監控」社會所取代）。[19]個人欣然屈服於廣告的權威，這種信念因而不需要進行「合法化」。透過需求的快速增加，而不是更加嚴密的規範，使消費者行爲便於管理，可以預測，從而使其不具有

[19] Jacques Attali, Les trois mondes, Fayard, Paris 1981, pp.283-289.

危險性。

布爾迪厄的思想來自於一種過於狹隘的觀察取徑，這種觀察取徑忽略了當代社會中一個相當重要的部分，在我們看來，這是個絕對必要的、不可迴避、不可化約的部分。在構造關於市場統治的社會理論模型時，這個部分確實很容易被忽略，因爲正是市場統治，使這個部分成爲與主題無關，邊緣化的，從理論上看來是「與其完全迴異的」、「殘存」或「尙未淘汰」（這正如以資本爲核心的社會理論看待「未受過教育之人」，或者，以國家爲核心的共產主義理論看待人性中「非社會主義」的面向一樣）。然而，另外這個社會領域並不像布爾迪厄所描述的那樣，相反的，與這個領域一樣，它不可避免地同樣由市場產生。它構成「硬幣的另外一面」，磁鐵的另外一極。這兩個部分唇齒相依，唇亡齒寒。人們可以從布爾迪厄本人的分析中得出這樣的結論：誘惑之所以有如此巨大的效果，是因爲我們只有一種誘惑或鎮壓，非此即彼的選擇；並且，「競爭性鬥爭之所以永無止境，並非由於差異的狀況，而是由於狀況間的差異」。[20]這種在狀況與狀況之間的差異，就是自由與必然之間的差異，它們各自從其對立面的存在獲得自身的意義。市場是一種民主制度，它就像豪華旅館向每個人開放。在其內部，不需要通行證或許可證。男男女女們要進入市場，唯一需要的東西是錢。沒有這個玩意兒，他們只能待在外邊，而在外面，他們發現一種性質截然不同的世界。使錢具有如此可怕的魅

[20] Bourdieu, Distinction, pp.154,164.

力，並使人們殫精竭慮地賺取金錢的力量，嚴格地說，就是為走出第二個世界的第一條出路。與這個世界相對，市場經濟有如一個自由王國，一個解放的化身，閃爍著迷人的光芒。

大約在一個多世紀以前，關於現化，迪斯累里說了一句令人畢生難忘的話：「我聽說，特權階級與平民組成了兩個國家（Two Nation）。」

可以想像，迪斯累里的意思是一個雇主和一個受僱者的國家，一個剝削者和一個被剝削者的國家。再一次，我們的社會由兩個國家所構成。只有在我們的時代，才有這樣的兩個國家：被誘惑者和被壓抑者的國家，前者從心所欲，後者被迫遵守規範。然而，沒有後者的存在，後現代世界的圖象註定不完整。

第十一章

受壓制的新窮人

托洛茨基（Lev Trotsky）曾經在談論俄羅斯「知識分子」的時候說過：「剝奪他們的社會生產任何獨立的重要性，他們成員數量少，經濟上缺乏獨立，……正確地意識到期無能爲力，他們始終想找個厚實強壯而可以依賴的社會階段。」[1]俄羅斯尋找厚實強大階級的願望，其渴望程度，可以說比任何西歐國家要強烈得多。因此，便更容易在俄羅斯考察這個現象。知識分子在西方世界承擔其使命的活動方式，已經穩固地建立有一個世紀之久，而俄羅斯知識界對讓沙皇變成開明專制君主，讓沙皇所統治的這個國家變成一個由理性進步組織起來的政治體制，只抱著最微弱的希望，這就是他們在十九世紀進程中所形成的道路（參考羅伯布賴姆（Robert J. Brym）的出色研究）。[2]難怪俄羅斯知識分子爲保持對其所認定的使命的忠誠，不得不採取激進立場；難怪他們四處尋找那個或許存在的「強大階級」，這個階級出於其天性，傾向於創造一種爲知識分子實現其使命所必需的社會制度。

然而，俄羅斯的獨特環境，只讓這種處境變得更加廣泛的重要。縱覽現代歐洲史，聯合知識分子的力量，是社會世界理性組織的渴望，是這種組織最終成爲永恒的學術「報告」（teach-in）景象的嚮往，俄羅斯在此亦無不同；可以預期的是，知識分子從

---

[1] Lev Trotsky, 1905, transl. by A. Bostock, Penguin, Harmondsworth 1971, p.58.

[2] Rebert J. Brym, The Jewish Intelligentsia and Russian Marxism, A Sociological Study of Intellectual Radicalism and Ideological Divergence, Macmillan, London 1978, chapter 2.

其集體性生活方式中，鍛鑄了一個理想社會的圖像，同樣可以預期的是，他們永遠不會忘懷在此理想中加上一種特徵，最高權威必須聽命理性及其代言人。他們同樣傾向從以下角度來品評既存的諸社會形態，與標準模式理性王國相似的程度，向著這個標準模式充分實踐而自行發展如此模式。

這就是導致聯合的元素；而其他的東西，都讓知識分子分裂成互相敵對的陣營，讓他們頻繁地捲入互相爭戰、仇視，並且讓他們彼此戰鬥而且無所不用其極，其嚴重程度超過他們在反對其他社會團體或社會階層時所展現的。在一切足以導致其分裂的諸多因素中，最根本的一點就是不同部分的知識分子階層提出不同的策略來推銷其各自的社會理性化程度；他們訴諸不同的權力以期實現使命。我們在前面已經有過討論（參考第三、四兩章），這個使命的孕育和形成，首要是在開明專制君主政治居統治地位的背景下，而其對社會行管理技術的要求則是前所未聞。開明專制君主及其行使政令改造社會現實的無限能力，自然只能表現爲赤裸裸的權力和策略。但是，作爲這個角色的開明專制君主，不太可能存在太長的時間。俄國的葉卡捷琳娜女皇（The Russian Catherine），或者普魯士的腓特列大帝（the Prussian Frederick），就並不是早期樂觀主義時期的伏爾泰、狄德羅、達朗貝爾或盧梭們所期望的，也無法成爲他們所期望的。在路易十四（Louis XIV）的後裔之中，沒有一位像「太陽王」一樣在哲學家的天空中散發出燦爛耀眼光芒，這位國王是令人難忘的藝術和科學的保護人。

自從那時候開始，知識分子始終分裂，首先，「分出」(hiving off)是一個規模逐漸擴展的進程：由於利益領域及其發展的需要，從主幹旁斜逸增生，隨著進一步的擴展，這些領域與源初理性化計劃間的距離不斷地擴大。啓蒙哲學家們的後裔成了各種專家，到處殖民，或開拓興建新能夠按自己意願來控制（或在這個社會中享有高度自主權）的社會，所有這些發展，都只會讓他們與原初計劃命運的關聯日益缺乏直接性，日益空洞。這個進程另外的結果是，作爲核心的普遍性知識分子（或譯爲一般性知識份子 general intellectual）的數量日漸稀少，這些知識分子依然專注於其使命，而無法避免地使他們和國家的政治權力相遇，或衝突。社學家普遍認爲，在這個進程中，這兩個面向的發展程度正好成反比。局部性知識分子愈成功，其封閉而孤立的專業領域就愈會受到文化精英階層的青睞，對後者就愈具吸引力，就愈會有源源不絕的新參與者。普遍性知識分子愈是缺乏傑出表現，就愈不敢果決地捲入政治衝突之中（反之亦然）。讓我們牢記這個觀點，緊接著，我們將集中於分析普遍性知識分子的所有遺產，這個類型的知識分子是他們這種生活模式的守衛者和實踐者，他們的遺產保存在對理性時代的冀望、成就和挫折的集體記憶中。在這裡使我們感到興趣的是他們自身的內部分裂。

現代社會的階級和階層有一個共同特色：它們的集體性面貌，通常由同樣的藝術家所描繪的這類藝術家就是知識分子。爲了繪製這些肖像，不可避免地知識分子要運用他們自己的美醜標準。縱覽整個現代，令人吃驚的是，美的標準被完整地保存下來：這就是與進步密不可分的關聯，所謂「進步」，就是鏟除任何阻礙擴張理性版圖；讚揚理性價值，強烈宣稱需要啓蒙；崇尙眞理，尊重能夠辨是非並擁有眞理之人；在形塑並管理社會及其成員生活之時，願意賦予理性最高權威。然而對於醜的判斷標準竟然也始終如一：反對理性法則；壓抑對自己不利的眞理；堅持認爲眞理專家的論述均爲非理性、偏見或虛妄的觀點；將社會及其成員的「局部」（因爲與理性普遍性相悖）利益需求置於「普遍性的」（因爲普遍理性）需求之上。

由於對美醜的評判標準並無產生變化，隨著時間的流逝，這些肖像在改變，出現差異，因而記錄下綿延的知識分子希望和其挫敗史。長廊上陳列著一系列的肖像，完全可以視爲一段未能完成的羅曼史，一場未曾得到回報的戀愛。我們可以在長廊上看到爲數眾多的現代性英雄，在漫長的歲月中，每個人都曾榮辱參半。

工業社會的先驅，大自然的馴服者，蠻荒的征服者，敲開人類空前功績之門的創造者，聖西門親切地將他們稱爲無瑕、大無畏的理性騎士。不像貴族，他們對其行爲所預示的進步充滿恐懼，因而縛手縛腳，然而，聖西門的英雄實業家充滿求知慾，具有鑽研的精神和開放的心胸，他們「迷戀」、敬重科學工作者，對其言聽計從。實業家們必須創造出一個得以檢驗知識分子天馬行空夢想的世界。這類肖像的問題在於，繪製之人並沒有認出被繪製者就是他本身（即使他們曾經費心仔細審視過他們自己的畫）。隨之產生了更多的問題，另外一些知識分子困惑不解地凝視著肖像，他們看到所謂的對象不過是一些粗鄙、無知的傢伙，他們懷疑思想的言不符實，懷疑兜售這些思想的人（後者並不成功）；因爲那些愛好「理性」之人，不過是愛好其財產的「理性」，他們並不關心，他們在自己籬笆那邊所造成的任何東西的毀壞。而馬克思所發起的對工業巨頭的批判，矛頭指向後者的道德淪喪，而這些德性，正是聖西門所堅信的。

長廊上還有一些其他的英雄人物。像是民主選舉制度所產生的政治家，這些政治家服從「國家理性」或「普遍利益」，約束其行爲，他們所有自私的、個人的、褊狹的和侷限都要受到約束。他們是近代開明專制君主的承載者。他們肩負現代國家機器的管理職責，迫切需要一種有效的政治實踐理論，一種數量眾多的專家和大量的有教養者能夠向國家表達自己的願望並保護自己既得利益的理論。然而，一旦政治家們表明他們對「政黨」政治更有興趣，他們更需要的是標語和口號，而非理論和意義，他們尋找的並非脫離困境的辦法，而是制訂一些遙不可及的計劃，則知識分子可能想到這種可能性：只有他自己，和其同類人，才可信賴。藝術家、文人、哲學家不得不擔負起進步的重責大任，希望他們的思想觀念能夠形成一種物質力量，而其強大足以勝過任何既存的世俗權力。

無論如何，在所有的英雄之中，至少一個人可以擁有一個特別惡名昭彰的角色：「無產階級」，「塵世不幸者」，這是一些遭受太多苦難而不願繼續再扮演這個角色，他們首先承擔姍姍來遲的理性社會所附帶的種種動盪。因而，在被召集到進步大旗之下的成員中，不能沒有他們。他們此時發現其貧困的真相。他們或許是些農民代表，像是俄羅斯民粹主義知識分子或其當代傳人，非洲或拉丁美洲的激進主義者，不過主要還是工業生產者，在爲其繪製肖像之時，他們通常會（無意識地）擺出一副作爲理性的標準信差的無產階級姿態。

現代社會中，沒有任何其他階級比工人更接近於這種集體性英雄的理念化形象，集體性英雄引導人類邁向其所許諾的理性王國。首先，他們是前所未聞的，不同於其他比他們更幸運的社會階級，他們的立場篤定：革命尚未成功，因此也不曾被事實所否證，故也不曾被放棄。儘管懷有歷史意識之人讚美他們，並使其與那個古老之名緊密相聯，然而，現代工人依然是前所未聞的一個群體。他們的確是全新的，因爲他們能夠許諾未來，而沒有被略帶苦楚的回憶所污染。不同於以往的困苦階級，他們聚在一起，可以明顯地被看見，他們的數量極快增長，他們像是部落社會的鐵匠，履踐著一種魔術般的馴服和形塑自然的儀式，他們被要求提高其耐力和體力，對於他們的力量，他們的仰慕者必然印象深刻。

不過，找到工人階級，並且將其視爲「歷史階級」，宣告其爲現代社會的無產階級（proletariat），則還有更重要的根基。

有徵兆顯示，這個階級十分清楚他們天命的共同性，並且決定起而行；他們倔強不屈，極富戰鬥精神；他們走上街頭，革命起義，設置街壘。現在回過頭看，我們已經知悉，當他們徒勞無功地試圖阻止「理性進程」時，也就是，徒勞無功地企圖奪取工廠對這些微不足道勞動者自由的制度，他們還保留對自由的回憶，此時的他們是最具戰鬥性的。[3]但也正在此時，他們缺乏可以幫助他們的智慧，他們很容易將這種在特定歷史脈絡的戰鬥普遍化，並且歸咎於永不停歇而保守的工廠，這些工廠掌控他們所沒有的利益。他們藉由暴力，抗拒向屬於「理性」資本主義社會的紀律嚴明而控制嚴密的階級轉化，表示這個「自在階級」(class in itself)已經轉變成「自為階級」(class for itself)，工人們被賦予「理性化」社會「終結者」的合法資格，人們自然會聯想到製造神話的知識分子，工人階級與他們相似。

或許知識分子將今後夢想的實現，寄托在工廠工人，最重要的原因就是這些理性代言人，終於碰上了無論現在或將來，都不可能對知識分子權威發出質疑的群體範疇。的確，工人階級實際上已經命定被當作「有機知識分子」(organic intellectuals)觀念的原型，知識分子並非努力讓他們自己發揮功能，而是透過一個階級的「歷史利益」將其功能徹底地強加於工人階級身上。無疑的，工人們需要提昇改進和自我卓越：他們未受過教育，愚

[3] Cf. Z. Bauman, Memories of Class, Routledge and Kegan Paul, London 1982.

味，無法理解偉大和深邃的思想，不能將個人苦難與偉大的歷史進程相聯繫。由於他們本質上的被剝奪，因而，他們的提昇改進和自我卓越，只能由知識分子來充當其導師：教育他們。也就是說，知識分子集團扮演了邁利安（Pygmalion，希臘神話中的塞普勒斯王）的角色（蕭伯納（Berbard Shaw）的看法）。工人們給予知識分子所需要的力量，然而形塑並控制力量的權力卻只在知識分子之手。即使知識分子將自己與工人的「階級本能」和「自然力」相比，責備自己無能、缺乏智識，不過他們所做的，也就是那些自豪雙親所經常做的事：讓自己的平庸與孩子的豐富相比。在使「那群受難者」和「這群思想家」團結起來的計劃中，前提是預設受難者不再只是考慮他們自己的利益，而思想家也要適應使這兩者合一的任務。

這個主題始終貫穿知識分子與現代工業「無產階級」充滿暴風雨的傳奇性歷史經歷的結合中。關於馬克思從「自在階級」向「自為階級」發展的看法中，可以非常清楚地聽出這個主題，從「自在階級」向「自為階級」的完成，需要構築一種與社會和歷史相關的理論。在下述的馬克思思想中，這個主題的存在是清楚可見的：首先，馬克思主張只有借道科學研究，也就是說，只有藉由專業知識分子的慣習、技巧和所作所為，才能獲得和掌握這個理論；其次，馬克思尖銳地批判完全聽任他們自己謀略擺布的工會氣息，馬克思認為這種氣息受到「資產階級虛榮心」的誘惑；最後但並非不重要的一點是，馬克思認為「意識形態批判」或「政治經濟學批判」（這些精妙絕倫而卓絕的思想創造）最終將順利實現現代社會之「理性化」的道路，它最終將導向推翻本主義制度的無產階級革命。同樣這些主題也在馬克思追隨者們的各種思想中回響呼應著。考茨基（Kautsky）將社會主義視為工人階級運動（自發的、天性、階級本能等）和社會主義政黨（科學理論的組織化的承載者）的結合。考茨基的科學理論認為必須涉及討論形塑理性社會的社會主義觀的看法，伯恩斯坦（Berstein）也加以贊同。列寧（Lenin）在精神實質上徹底吸收了考茨基的原則，並且賦予新意：工人光靠自身之力，最多只能達到一種「工會」狀態（這是愚昧的劣等狀態，混著一些來自局部、褊狹的經驗對現實所形成的印象，並且沒有能力提升他們自己的狀態，使其達到普遍性的高度，唯有科學知識才能做到）。兩者之間的關係已被視為公理，葛蘭西（A. Gramsci）的理論是兩者關係的明證，他將政黨稱為「集體性的知識分子」。盧卡奇（G. Lukacs）煞費苦心地證明「階級意識」（class consciousness，知識分子進行分析後的產物）相較於「階級的意識」（consciousness of class，只是工人擁有的一種意見）之下的優越性：他證明，後者必然是一種「虛假」意識，它等待著，唯有借道歷史進程的全面分析，才能帶來的高潮的出現。阿圖塞（L. Althusser）將觀念世界（知識分子生活於其中並視為他們自己的世界）提升到一種擁有自己既有存在權利的現實狀況，所有的實踐意圖和目的均源於此，並且是社會變遷之源和出發點。今天各種左派和集團日益分裂，對馬克思思想中的許多面向日益抱持批判態度，然而，它們依然全神貫注地給人們「灌輸意識」,「使人們覺醒」，也只有此時，它們才擺脫了彼此間的混戰，達到統一。與其說這是「普遍性」(更不用提那些「局部性」) 知識分子當下的集體性經歷，毋寧說是由他們共同的歷史記憶所推動。

以上所說並不意味這些值得看重的知識分子之所以尋求與工人階級聯合，只是出於對實際利益的精心計算。推動他們滿懷激情地讓自己與無產階級的力量認同的，多半是出於一種相當強烈而由衷的人道同情，出於對受剝削者和苦難者命運的關懷。在某些情況下，這個事實本身足以使人如此行而無需任何歷史智慧之興趣的推動(像是梅休、布思或里斯(Mayhew, Booth or Riis))；一開始有時候，同情是由後者引發的，然後便從手段變成行動目的(可以說，布朗基(Blanqui)是典型這類的人)。在知識分子關於工人階級的處境及其未來功能的所有理論中，苦難是一個不可或缺的環節。使工人成為歷史理性化的首要代言人的唯一因素，正因為工人的貧困自行導致。正如後來所揭示的，同情必須具備工人的處境及其內在本性這兩個屬性，才能使工人階級具有正當性。

當代知識分子對工人階級失去興趣，表示他們已經清楚認知上述的正當性已不復存，或正遭受侵蝕。只有偶爾地，這個古老的希望會突然復甦，暫時使人不再想到上述正當性已不復存，工人所表現出來的短暫戰鬥性格(一九六八年的法國，七〇年代初期的英國罷工風暴）突然產生對現代進行解釋的強烈要求，激起這種古老希望的復活。古德納（Alvin Gouldner）有句名言：今天的普遍性知識分子（或者，正確地說應是知識分子當中依然效忠於傳統立法者使命的那些人）又在「到處物色歷史推動者」。[4] 他們顯然不再相信工人階級能在未來從事那些到目前爲止，無疑不曾完成之事，不再相信工人能夠完成所賦予他們的使命。書刊、論文和談話中充斥類似「告別無產階級」的主題，充斥無產階級被資產階級化、私有化、企業化或被意識形態國家機器所奴役的論調，在他們看來，不管當初預設的工人歷史功能是否正確的，後者已經永遠無法扮演所賦予他們的歷史角色。今天所謂的窮人，指的是尚未變成資產階級，尚未私有化，或者尚未創辦公司行號者，而已經不再被托付歷史推動者的這筆遺產；事實上，他們不再被賦予任何東西；苦難並不必然會使人成爲理性的代言人。就像其他所描繪的英雄肖像一樣，證明他們從一開始只是畫中的英雄，因此，現在還可以採納的只有兩種策略。第一，畫師從畫布後現身，就像後現代藝術家一樣，承認肖像畫只是展現畫師本人及其技藝，只是表明他本人才是即將到來的理性主要代言人（正如古德納將知識分子稱爲正處於「我們未曾有過的千載難逢的良機」時的意思，或者，丹尼爾貝爾在《後工業社會的來臨》中所提出，只爲了將他自己在《資本主義的文化矛盾》中的觀點置於

---

[4] Alvin Gouldner, "Prologue to a Theory of Revolutionary Intellectuals", Telos, London 1975, 26, p.8.

爭論之中）。第二，徹底放棄扮演立法者的野心，承認世界的理性程度不會有所提升，明言這已經不再是問題，因爲大多數人所需要的不是真理，而是理解，不是立法，而是出色的詮釋，幸運的是，理解與詮釋並不需要歷史代言人，只靠知識分子自己便能做得很完善。

然而，爲何工人階級喪失對知識分子的吸引力？爲何「新窮人」從一開始就不具有這樣的一種吸引力呢？

研究當代經濟發展趨勢的學者幾乎普遍都發現，工人階級的數量已過了顛峰期，人數正持續下降中，直到工人成爲總人口中極少數的一部分。的確，這種看法的理由是，製造業經歷了一個類似十九世紀農業所經歷的過程。當時，世界上的農產量劇增，然而與此同時，農業勞動力的數量卻驟減：十九世紀初，40%的人口從事食物生產，但在十九世紀末，這個比例降到3%。在農業領域所發生的事情，現在正同樣在工業製造領域中發生；統計結果表示，二十五年後，要達到目前的工業總產量，只消5%的勞動力就足夠。從事手動生產的工人正被日益增加的自動化操作和機器人所取代，後者在基本上將比使用「活」工人要划算。今日的廠房與不久之前用龐大醜陋的「集中營」所比擬的廠房相比，幾乎難以找到任何相似之處，過往在那些「集中營」裡，翻騰著無產階級的憤怒，鍛鑄著革命的動力（至少在外人看來）。

在工業核心部門，雇員總數並未以同樣的速度減少，但發生了一場極其爲重要的結構調整，隨之而來的是一種不可逆反的結果：受雇工人的實際特性與所描繪的無產階級間由於其惡劣的工作環境而激化的差距正在急速擴大。安德烈戈爾茲（André Gorz）認爲，這種新勞動力的結構特徵，首在於「勞動總人口中，存在二元分裂：一方面是持續、可靠、負擔工業制度的專業的精英集團，迷戀自己的工作和社會地位，擔任工業制度的專業傳統價值的儲備軍的角色；另外一方面是大量、經常失業、只有偶爾打零工的不穩定工人，他們沒有資質或地位，總是做一些粗活」。[5]後者的工作「粗鄙而瑣碎」，自然是因爲工會撤銷對他們的保護；不承認他們的社會地位，他們是那些受到保護並集結成工會的勞工，採用將他們「逐出工會，並不再對他們開放」的策略之副產品。在勞動結構全面的重組過程中，某些工人群體之間，發生了令人關切的分離現象，而分析家們試圖藉這種變化來解釋工會激進主義運動的瓦解，看來是走錯路。例如，英國在長達四分之三的時間的十九世紀中，勞動分工一直是工會關切的核心問題，是其策略最主要的決定性因素，它引導一些政策獲得成功，在這些策略下，站在工會這一邊的工人獲得了比臨時工、兼職工、無工會組織者、正式的非技術工作和低薪工作者更好的工作。面對新技術革命的挑戰，到目前爲止工會組織的回應之道就是在傳統全職制技術工人積累日益減少的特權周圍挖壕溝。可以確信的是，這種方法是最一場獲勝無望的戰役。根據所有的統計結果，目前已經

[5] Andŕe Gorz, Paths to Paradise, On the Liberation from Work, Pluto Press, London 1985, p.35.

出現的投資增加，便意味著工作數量減少（至少是工會主義者實際所形成對工作的理解）。在現代史上這種狀況是前所未聞的。工人階級（其概念形態源於知識分子「物色歷史代言人」的努力，其制度化形態源於工會的組織化實踐）行將就木。或許只能這樣說，作爲歷史代言人，他們沒有兌現其承諾，喪失良機。

上述的考慮遺漏了「大量長期處於失業，只是偶爾打點零工的工人」和「新窮人」，這些才是古羅馬人所謂真正處於世界最底層的階級；忽略日益增添的人依靠補助金或社會福利來延續他們肉體的生存；忽略那些窮困潦倒之人、殘疾、失業而缺乏技能之人，或者從最新的技術革命中（理性的最終勝利）被淘汰之人，他們均被剝奪（有些人認爲是永遠被剝奪）扮演經濟活動者的角色。他們在受苦受難。知識分子憐憫他們的處境，但不知因何緣故，知識分子克制他們的思想，不想與各種具體的苦難發生關聯。他們理論化這種不情願。哈伯馬斯曾說，新窮人不是革命性的力量，因爲他們並非被剝削者。歐菲補充道，他們在政治上起不了什麼作用，因爲他們沒有勞動可茲撤銷，他們被剝奪了討價還價的權力。總而言之，憐憫（pity）取代了同情（compassion）：新窮人需要人道幫助；他們不適合被訓練成未來世界的重建者。隨著對歷史思辨（historiosophical）興趣的喪失，從而也從窮人的迷戀中翻然醒悟。做一個窮人看來不再是一件浪漫之事，它既不沒有什麼使命，也不孕育未來的光榮。如果不從邏輯或歷史的角度，而從心理學的角度來看，新窮人似乎就是一種殘存而邊緣化的異己。

邊緣化，正讓今天的窮人展現出某種不同於過往的「新」東西，在最新的研究中，被認爲是資本從勞動獲得解放的一個成果，資本在今天不僅不能使社會的其他成員加入生產勞動；反而使參與生產勞動的人數日益減少，對於資本來說生產勞動數量愈來愈不具重要性。反之，資本使社會的其餘成員成爲消費者。更正確地說，資本所生產的消費者數量日益增加，消費者的重要性日益加大。這使我們回想起布爾迪厄經過細膩研究所得的結論：與其說消費者是被壓制，不如說是被引誘，與其說是被規範所強制，不如說是被需求所引導；對他們來說，廣告與公關技巧取代了警察與意識形態。最重要的是，他們是資本再生產的主要依賴對象，資本從勞動解放出來之前，首先的「產業後備軍」是窮人；他們使資本未來的發展具有靈活的選擇權，並且有助於使「勞資」衝突保持在一定範圍之內，不至於危及系統的繁衍。所以，窮人不但不可或缺，而且是系統絕對必要的組成部分，而絕非異己。在資本從勞動中獲得解放之後，窮人只有當他們被視爲「消費後備軍」時，他們才扮演一種類似「系統內部」的角色。然而，他們可以被這樣對待嗎？

在現代早期，運用權威以及強制規範，對人民進行鎮壓、管制和嚴格控管，構成整合機構的統治網絡，只有極少數享有特權之人以及豪富可以免於這個網絡的控制。這種控制網絡可以非常有效地運用於管理人類，而這正是工廠制度的前設。工廠制度在資本統治建立在使其餘社會成員成爲實際（或潛在）勞動力的社會中是非常重要的。爲減少對控制的反抗，愈來愈多的社會成員有機會購得擺脫控制網絡的特權。隨著資本愈來愈向擺脫勞動力的方向發展，這樣的機也會愈來愈多：由於目前這些人數日益增加，其消費能力比其生產力更有價值，因此，舊控制網絡愈來愈成爲一種反生產性的（或者是否可以說「反消費性的」？）力量，最重要的是，它與生產沒什麼關係的。目前，通過建構一系列的新制度——誘惑、公關、廣告、需求增長，這些人獲得更有效力的整合（某種程度上是藉由他們在資本再生產過程中的實際角色所產生的回應）。然而，並非所有人都能跨越分割這兩個世界的邊界。

新窮人就沒辦法做到。他們不是消費者；或者說，他們的消費對於資本的順利再生產來說無關宏旨（無論在哪種情況下，他們的消費幾乎完全被拒絕在市場流通外）。因此，他們不是消費社會的成員。他們不得不受到壓制、約束管制、權威和規範的整合性規訓。布爾迪厄的「文化遊戲」（cultural game）不是爲他們而設的。倘若他們愚蠢到否認這些的話，則其後果正如西布魯克（Jeremy Seabrook）所說的：

> 這讓我想起密雪兒（Michelle）。十五歲的某天，她開始染頭髮，先是染成紅色，然後又染成金黃色，後來她的頭髮又變得烏黑亮麗，隨後她又像非洲人一樣把頭髮編成細辮

子，然後又是梳成馬尾，後來又梳成辮子，最後當她剪了個平頭時，頭髮在腦上閃閃發光。她戴著鼻環，穿耳洞；佩帶羽飾，掛水晶、鉆石、陶製品，或銀飾。她的嘴唇塗成紅色，紫色，或黑色。她的臉時而慘白如鬼魅，時而艷紅似桃花，時而青如同被鍛鑄的金屬。爲了追逐飄忽不定的夢想，十六歲時，她與二十六歲的男友離家出走。父母要帶她回家，她則要自殺。並母親爭辯道：「可我總是讓你隨心所欲。」「這就是我要的。」十八歲時她帶著兩個孩子回到母親身邊，那個男人打她。她在臥室內坐著，逃離這裡已經三年；掛在牆上的流行歌曲的海報已褪色，他們仍然注視著她。她說她覺得自己將行就木。她覺得精疲力竭。她對生活已趕厭煩。除了厭煩，沒有什麼剩下的東西。[6]

消費者的天堂也隨身攜帶著它自己的地獄：以留給那些非法入侵者。

市場對於是否能夠成爲消費社會的合格成員，提供一種決定性的測驗。請求成爲消費社會的成員，其程序完全民主：凡信從者，將視一視同仁，信從者或被聳恿或被強迫。每個人都是潛在的被誘惑者，或是能被誘惑。然而一旦被誘惑，密雪兒和其同類很快地就會發現，他們所垂涎的商品儘管對每個人都有吸力，但

---

[6] Jeremy Seabrook, Landscapes of Poverty, Basil Blackwell, Oxford 1985, p.59.

只給某些人帶來歡愉；或許密雪兒能夠推論，她唯一所確知的只有一件事：她並不屬於這「群」。商品遊戲並不回報，遊戲本身就是報酬，它提供一種不斷翻新成功的希望。但是，爲了獲得這種回報，人必須能夠無止境地玩這個遊戲，這樣的話，希望才永遠不會破滅，失敗則總意味著一場戰役的失敗，而不是失去整場戰役。一旦你不再能夠繼續玩下去，希望就會破滅，你已經知道失敗了，不會有下一場戰役來補償你的損失。密雪兒現在知道，她是非法的：在另外一些人的聚會中，沒有她的位置。已經給過她一次機會，但她失敗了。現在她必須回到卑微的位置。

她是卑微的，是國家「慈善事業」社會救濟金或社會福利的補助對象。她和其同類，有如羅茲所說：「這種存在於福利救濟中的『接受贈送關係』，是以個人的屈辱爲代價，來換取國家對個人的幫助……請求者必須表現出哀求，如同中世紀的麻瘋病人，要將其傷口在大庭廣眾下公諸於眾。」[7]在對申請補助者的經濟情況進行調查以確定應享補助金額的社會福利活動中，並沒有看到福利國家提倡者所寄予的過高期望，有任何可能實現的痕跡。約翰沃萊爵士(Sir John Walley)提醒我們，在貝弗里奇報告(Beveridge Report)中：

---

[7] Hilary Rose, "Who can Delabel the Claimant?", in Justice, Discrimination, and Poverty, ed. by M. Adler and A. Bradley, Professional Books, New York 1971, p.152.

保險是他們希望的基礎，毋需採取任何特殊方法或者具備特殊條件，他們毋需因爲自己是一個窮人而申請補助，他們只消靠自己便已足夠，他們的意外損失會受到保險賠償。所有的公民（不只是經濟境況較好的）都按照其意願儲蓄，並且爲他們自己或他們家庭的未來作出有利安排，毋需擔心他們會在未來不幸降臨的災難中毀於一旦，這種不幸現在已經由社會保險承擔。

貝弗里奇的理念是從生產者世界中所構築，或者，是對如下世界鮮明回憶之中構築出來的:遊戲的散場只是一種暫時的災難，發現自己處於邊緣的人們有義務回到遊戲來，我們將在此獲得國家的幫助（正如克勞斯，歐菲所曾經說過的，「勞動的重新商品化」）。因此，沒有理由將他們視爲與他人完全不同的群體。貝弗里奇的思想出現之時便已經過時。隨之而來的實際否定其想法。事實上，每個社會保障的領域，獲得補償的權利被置換了，取代的是按照申請補助者經濟情況的調查，確定其應享的補助，這種方法「侵犯受贈者的尊嚴」，並且必然造成「社會分裂」。[8]分裂是這種方法給消費社會帶來的最大好處。唐尼森（D. V. Donnison）說，英國的補助金已經成爲「對被污辱的次等公民的污辱性次等

[8] Klaus Offe, Social Security – Another British Failure?, Charles Knight, London 1972, pp. 73, 108.

服務」。[9]這種服務的本質，在於故意維持其次等性，形塑造作爲二等公民的服務對象，或者，至少在他們的身上別上一個徽章，將其身分告訴周遭。

已被證明的是，這些人並不適合於被誘惑，對待他們，要用老式的或者更糟，可靠的鎮壓方法。廣告使他們盲目，或者更糟，使他們變得難以控制（像是從市中心貧民區的騷亂中，可以看到的那種砸毀並焚燒商店的現象）；對待他們，需要重新拾起暴力權威。他們新產生的需求只有預示著麻煩的將臨；需要規範以確保將窮人束縛在舊需求上。總而言之，由於誘惑是不分人種，因此需要鎮壓的手段來消除它所產生的社會秩序危害。鎮壓和規範對窮人而言並不是什麼新聞。但現在，他們處於另外一種歧視中；在愈來愈多其餘社會成員購到擺脫鎮壓、權威或規範出路之時，他們卻成了新窮人。在法律面上，在實踐面中，作爲一種被隔離的窮人群體正在形成，適用另外一種方式統治他們。紐約紐伯格（Newburgh）的市政行政長官米切爾（Josph Mitchell），一種舒適地待在消費社會圍牆內的人類典型，說道：

我們要向那些社會寄生蟲的權利提出質疑，他們用納稅人的錢撫育私生子。「我們要向那些道德騙子和懶漢們的權利提出質疑，他們永遠盤踞被救濟的名冊上。我們要向那些

[9] Cf. Paul Spicker, Stigma and Social Welfare, Croom Helm, London 1984, p.37.

因州和聯邦法而獲得救濟的游手好閒者的權利提出質疑。我們要向那些隨意辭職之人的權利提出質疑，他們一直靠國家的救濟爲生，就像被寵壞的孩子。我們要向那些（繼續）成爲公共負擔的公民的權利提出質疑。

在這挑釁的道德化宣言的背後，是一種對人的羞辱。根據菲金（Joe R. Feagin）的研究：

（在美國）社會救濟機構不僅經常對接受救濟者的婚姻和性生活進行監控，而且還對他們生活的其他面向進行監控。社會工作者們可以不經邀請地進入其家庭，審查其經濟收支狀況和用途，調查他們如何撫養子女。國家另外一個干涉這些接受救濟者的生活的例子，是極其嚴苛的強制性生育控制。七〇年代初期，許多新聞報導揭露了這些事實：一些地方性社會救濟部門參與並迫使接受救濟的母親做絕育手術。[10]

另外一個美國人的研究結果也顯示，由於目前的公共救濟系統，窮人需要「高度忍耐（像是在公共救濟部門的官員拒絕接待，並且讓受贈者無限期地等待時），對遭受粗暴和侮辱性的對待時能

[10] Joe R. Feagin, Subordinating the Poor, Welfare and American Beliefs, Prentice Hall, Englewood Cliffs 1975, pp. 3, 73.

夠充分忍耐（像是住在醫院加護病房的窮人，現在沒有人關注他們迫切地需要幫助），通常還要準備將其私生活公諸於眾（像是在公共救濟部門官員敞開的小房間中，接受與自己性生活有關的疑問）」。由官僚政治所指派的窮人角色，他們嶄新而隔離的社會定義，是如此地被教導：

> 窮人們發現，必須學會貼上由官僚機構所指定的標籤類型，像是「接受政府資助扶養的兒童」或「就業培訓計劃的參與者」來演戰。對這些角色來說，一個令人困窘的問題就是他們必須心甘情願地戴上社會所給予的標籤，這些窮人這樣才會被政府機構，有時也會被公眾所了解（例如，「受美國政府補助的貧困兒童的母親」）。一旦被貼上這個標籤，便難以消除；這些窮人將會發現，無論他為改善收入狀況做出多大的努力，人們主要仍然透過齊窮人標籤來認識他，這種標籤往往有害、侮辱且令人沮喪。

這種分類想讓自己永續經營；官僚政治實際上已經放棄所有試圖讓窮人重新獲得工作努力的偽裝，取而代之的是在它的產品上打烙，隔離，並迫使其永久化。指定窮人扮演的角色，並「成功地」讓他們意識這一點，「可以消除一個人積極行動的意願。例如，他可以學會對政府官員採取一種俯首和奉承的態度，而這正是官僚政治程序所需要的；或者他可以將那些侮辱性的標籤視為真實，從而喪失已身的尊嚴，或者只會生氣從而使事情日益糟糕」。[11]所有事情都是爲了確保這些角色認識、接受、並認同他們所處的狀況，確保他們以這樣的方式生活。正如漢德勒（Joe. F. Handler）和霍林斯沃思（Ellen Jane Hollingsworth）所發現的：

> 法律規章控制著新接受救濟者的進步，調查申請補助者的經濟狀況被賦予極大的權力，可以對新提出申請的工人進行審查。與接受救濟者有關的事差不多都可會受到官方有關單位的關切。在決定申請者的貧困程度時，不僅申請者所有的財產來源都要列入考慮，而且這些單位被允許制訂計劃以使「所有財務狀況來源都能被充分利用」……雖然對申請者的經濟狀況進行調查是管理者應履行的職能，但是調查的運用，並不只限於剛提出申請時的階段。從申請者提出申請，到接受者完成整個程序，始終都接受著調查。補助申請者的金額和必需品的數量都可能隨時被變更，都可能隨時喪失接受補助的資格……坦誠自己的財產和收入來源，公開朋友和同伴的名字，服從對自己的支出和社會行為的調查和訊問，這些都是接受政府補助的代價。[12]

[11] Hristen Grϕnbjery, David Street and Gereld D. Suttles, Poverty and Social Change, University of Chicago Press, 1978, pp. 142, 133, 134.

[12] Joel F. Handler and Ellen J. Hollingsworth, The 'Deserving Poor', Markham Publishing Company, 1971, pp. 77, 79, 165.

社會救濟法及其實踐的根本後果就是，窮人失去任何權力。他們的權力被剝奪，也就意味著接受救濟者被擋在消費社會的門外，無法再次回歸消費社會。事實上，就像蕭布里吉（Edythe Shewbridge）活生生的調查案例，[13]以及其他諸如此類的調查研究所顯明的，社會救濟制度沒有任何促使窮人重返消費社會的意思。相反的，社會救濟活動所關注的焦點是：作爲一個消費社會的成員所必需的技能中的「無法學習」面；禁止救濟者自己「選購」；專爲他們生產的物品。

福利國家對其「受惠者」的態度，是一種不人道、怨恨和徹底殘忍而可怕的混合，最重要的是，大多數人對接受救濟者抱持一種憎惡和猜疑的心態，這種心態的產生通常被解釋爲由所謂福利的功能性障礙這個特點導致：由於福利是以財產的第二次移轉（secondary transfers）爲基礎，它不涉及勞動契約，不受市場控制，因而，它似乎破壞了對「勞資」關係再生產而言絕對必需的「工作倫理」。然而，是誰有讓這些窮人破壞工作倫理的需要呢？信用卡伴隨著「想要，那還等什麼」（take the waiting out of waiting）口號的流行被引入英國。與資本再生產關係密切的工作倫理不斷遭到削弱，現在，資本利潤更加依賴操縱市場，而非剝削勞動力，在這個社會中，有目的的花錢和消費，主導賺錢和儲蓄活動。工作倫理無法被這種消費市場所容忍。在必需讓消費者

[13] Edythe Shewbridge, Portraits of Poverty, W. W. Norton, 1972.

遊戲繼續的神話中（如果從本質上來看），「終身工作」這條律令一點也不起眼。正如西布魯克所說的，在消費社會中，正在喚醒年輕人「無止盡的幻想」；「他們考慮金錢時愈來愈與工作無關，不是將金錢視爲出售勞動力的結果，而是將它視爲神祕之物，一種可能藉由中大獎，或盜竊，或擅長跳舞，或賭博，而獲得的東西」。[14]這種觀念並非源於福利國家的實踐，而源於最有力的權威——消費市場的自我宣傳，這種後現代意識形態終結了所有意識形態。

還有另外一種說法，社會救濟系統限制了市場權力，是一種「非商品化」的因素；由於被認爲具有這種性質，因此，社會救濟系統當然只被視爲消費社會的一種異化因素，消除這個系統，或者至少儘可能地削弱它，就是消費者共同要求的利益。但是事實上，正是這種信念使消費市場產生作用。使作爲被救濟者的窮人「非自然化」，正是「自然化」消費主義不可或缺的要件。消費者要維持其自我認同，需要構築一種非消費者作爲其深噁痛絕、反其道而形的對立面，一種時時警惕防範的威脅。即使沒有窮人，也要創造【窮人】。被納入救濟者的範圍，意味著不再是消費社會的成員。於是，消費者緊張而充滿挫敗的生活，與窮人相較之下，也就成爲無關緊要而完全可以忍受了。而其條件是，窮人必須如其所是地被看待：在消費市場之外，只有一種選擇，而窮人正是

---

[14] Seabrooke, Landscapes of Poverty, p.94.

其體現，消費者同意（實際上是樂於）對這兩種選擇進行討論和公開論戰。為了使另外一種選擇看來顯得恐怖，他們認為應該讓所有的其他選擇（其實就是「另外一種選擇」）變得令人恐怖。克萊夫詹金斯和巴里謝爾曼在談到今日的英國社會時說到：「英國人總為他們身為良好管理、寬容和文明社會中的一員而感到自豪，在這個社會中，人們能夠過正派和像樣的生活，社會和政治的失調被局限於最低程度。然而這個觀點要為真，他必須是男性，白人，有職業，有償還能力或非常富有（這樣更好），而且不太老，沒有殘疾，精神健康。」[15]消費社會被公認是文明社會的寫照，它需要另外一種選擇（野蠻社會）的存在，正是藉由與野蠻社會的對照，它的成就才能隨時被衡量。為了維持對其成員的寬容，它要求其成員對所有不屬於它的事物採取不寬容的態度。

事實上，新窮人是消費市場的產物。不是由於消費市場的「功能性障礙」（如前所述，以產量為導向的資本主義經濟使得窮人邊緣化），而是因其存在和延續方式。消費社會透過對定義富人，從而鍛鑄窮人，富人是好炫耀的消費者，他並非老板、創業者、另外一個階級的成員或敵人，而是確定模式的人，是可以追隨的樣板，是可以達成、超越和過時的目標；是道路上的前導，每個人都渴望追隨他，並且證明這種渴望的真實性。讓我們再次引用西布魯克的話：

---

[15] Clive Jenkins and Barrie Sheman, The Leisure Shock, Methuen, London 1981, p.105.

> 在我們社會之中，貧窮的含義以下述方式重新界定：所有試圖確定必須有多少錢才能使一個人免於匱乏的努力，看來是沒有什麼結果的，也是難以實現，沒有希望的，其代價之高令人咋舌；原因在於，被界定的貧窮，不是與需求對立，而是與生產和販售的無限潛力對立。貧窮成了無法解決的問題；或者，其解決辦法並不在於對窮人進行補償的矯正性活動，而在於糾正富人這個概念觀念，因為正是在富人意象中，重新構造了窮人。[16]

消費社會的「悲劇」在於，如果沒有維持不平等在一個不斷擴大的水準上，如果不堅持所有的「社會問題」必須轉化爲個人需求的問題，而這種個人需求可以透過對市場商品的個人消費行爲獲得滿足，則此社會無法爲繼；藉由此法，它每天都在生產其痼疾：需求無法經由市場獲得滿足，從而正好削弱這個社會得以延續的條件。用真正辨證的態度來說，消費社會無法根治其所產生痼疾，除非帶著它們走向末日。

無論什麼原因，事實是，那些受壓抑和被各種規範控制的群體在消費社會內部真實地存在，無論這個社會如何繁榮，同時，在整個「消費者－市場」生活的階段中，或許他們始終存在。因

[16] Seabrook, Landscapes of Poverty, p.87.

此，消費社會最明顯和最重要的特徵就在於，它安排了兩種全然不同的社會控制系統和機制，這個圍繞消費活動而組織的社會成員藉此才能被整合。倘若不是這種二元性和這種社會秩序模式，社會自我延續的過程都將無以爲繼。

然而，將當代社會視爲「消費社會」的理論通常並不承認這一點。爲了與消費社會的自我形象保持一致，它將受壓迫者的存在視爲邊緣現象，與它所描述的社會沒有關係；將他們視爲暫時的存在或異端，而這兩種情況都認爲無需改動基本模式的有效性，就可以消除這些現象；它將受壓迫者視爲需要另外一套事實才得以解釋的現象，而非消費社會自己的特性。

第十二章

結論：一個就夠了

一、結論 I：現代風格

本書最後幾章，我們已經試圖對現代性的理性化計劃（到目前為止）的失敗，或至少沒能實現而盤根錯節的經歷作了番探索。我們已經可以看到的是，隨理性化過程發生的是權威位置的徹底分裂；每個位置上，運用理性技術讓這些位置對系統的自主性不斷加強，而市場成為聯結這些位置唯一的連帶。導致系統分裂的理性化過程，卻沒有讓整體系統更加理性化。相反的，由於市場成為社會繁衍不可或缺的主要機制，必然會產生日漸增加的大量不合理浪費。由於不再依賴系統所支持的目標和原則，這些已分裂的部分無法對其活動作出解釋，而只能聽任在其自身的技術手段和方法潛能的支配。另外一方面，系統遇見前所未有的困難來製造合法化的能力（這種合法化能力幾乎不可能），使系統活動不只是一種準自然和非控制的過程。市場是一種系統整合的機制，它傾向控制所有可茲想像的系統合法化方式，並將其納入自己的範圍。國家的角色已經被化約為一種運用政治手段為市場統治條件永恆化的工作服務。國家首先是作為一種再商品化（re-commodification）的工具而存在。

由於欠缺系統合法化的能力，市場成為社會整合的首要機制。市場的角色在推動社會的成員的激進個人主義化（個體化）；社會成員因為市場使系統需求轉化為私人消費，而使社會中的成員被構築為個體。這個個體性建構的特徵，就是用它自己的方法回應個體性用消費活動界定的存在。市場將轉化社會成員爲消費個體。這樣一來，系統合法化的壓力減輕，系統的非理性透過日益增長的個體消費獲得解決。這樣一來，因爲減少整體理性計劃的缺乏而產生的張力也產生變化。它們毋需再創造以強制而逐漸推動的理性價值和現代社會目標實現的必要性，取而代之的是，它們產生一種強烈慾望，足以強化個體消費和對後者需求的商品供給。個體自主性的現代規劃已經從屬市場界定和市場導向的消費者的選擇自由，並被納入後者的軌道。

由於個體仍被視爲消費者，現代性計劃的失敗產生各種情況，其中最主要的乃是占有愈來愈多的商品，這種永遠無法舒緩的強烈渴望。個體需要個人自主性、自我認識、真誠的生活和人格的卓越，這些個體需要，都被徹底地轉化爲占有並消費，由市場所提供的商品需求。然而，這種轉化只涉及附著於商品表面的使用價值，而尚未涉及商品本身的使用價值；從而使這種轉化的本質顯得貧乏，歸根咎底，將暴露出奇虛無，欲望的舒解是剎那的，欲求永遠得不到滿足。若欲求的挫折感要獲得暫時的舒解，只有靠產生更多更新的欲望，更多地執著於獲得滿足的希望。當市場交易行爲統治諸要件無限延續之時，個體對於自主性需求和優渥生活需求無法獲得滿足，但是，他們從挫敗到對系統關懷（如對系統合法性的質疑）的轉化也被無限期地拖延。市場統治在人性需求和個體欲望之間劃開一道裂痕，同時，這兩者的分裂也是市場得以延續的條件。市場以它所製造的痛苦爲糧：由市場誘發個人對匱乏的擔心、焦慮、痛苦，解放市場永續生存不可或缺的消費行爲。

將實現人性需求等同於私人消費，還造成無法被引入私人消費的人性需求，要不就是被擱置，要不就是被壓制的後果。加爾布雷思（Galbraith）所謂「私人富裕，公共骯髒」的法則，便是其中一種後果的體現，無法供給「無法市場化」（或無法透過市場兌現）的需求，這種需求尙且無法透過私人化的手段獲得滿足（或者，依然爲大部分人的購買力所不及），因此，遲遲無法兌現，並且遠遠地落後於服務私人欲望，涉及私人消費商品日益複雜的消費體系。對於公共消費的忽略（具體地說，防治污染不力，缺乏最基本的治療小毛病的藥品，公共交通的削弱，國宅和公立學校的缺乏等等）只能透過個人消費稅的減免來獲得補償，進一步鞏固將人性需求的實現等同於私人消費的做法，從而鞏固了加爾布雷思所說的那種法則的支配性力量。另外一種上述後果的表現是，將社會福利服務轉化爲對某些個體需要進行壓抑的工具，這些人由於某種原因，無法從市場供應的商品中獲得補償。爲了讓接受救濟者能夠生存而採用的手段：「第二次轉移」，多多少少被排除在市場外，同時，這種方法直接針對「真實需要」（genuine needs）（或許唯有在此，這種與「人爲」需要有所區別的「真實」需要，才被市場主導型社會所承認），而其未曾以市場所引發的欲望爲中介。在市場主導型社會中，爲貧困所下的社會定義是：阻止需要被轉化成爲對於商品的欲望，被轉化成爲對實現「真誠的生活」、自主性或自我卓越的希望，後者已被壟斷。

在消費者來說，由於無止盡地追求包裝於商品外的表面使用價值，對於努力追求人格自主性或自我認同被有效地拖延，實際上已從議程中取消。在非消費者或「瑕疵」消費者這方面來說，甚至連表面使用價值都無法被作爲替代品，因此，必須透過行政手段來壓制對於人格自主性或真誠生活的追求。在這兩種情況下，連結個體需求和系統理性（後者在現代性計劃中被大加渲染）之間的橋梁被摧毀，消失無蹤影。而伴隨而來的則是個體關切日益增長的私有化，參與公共事務興趣的降低，以及「合法化論述」的緩慢而持續的衰弱。在更小範圍內的個人或局部理性化的追求，已經和理性社會的整體計劃「脫鉤」。

換句話說，現代性計劃已然殞落。或更確切地說，對實施這個計劃的走向錯誤的方向。這並不一定意味著計劃本身已經折損或命定失敗。現代性今天所試圖回應的渴望，與過去一樣栩栩如生，現代性計劃依然再有定向的、有目標的社會發展議程被提論，這些工作仍然全面實施中。爲了實施這些工作而提出的策略並沒有完全被檢證，因而尚且無法宣布這些策略皆不可靠。尙未徹底發掘現代性的可能性，必會兌現現代性的承諾。

要兌現承諾，首先需要要求讓自主性、自我卓越和確實性等價值從市場主導所加強於它們的暴力脫離，這裡的市場指的是現代社會消費者所普遍認可的市場。首要（盡管或許不是充分）的兌現條件是讓這些價值回到它們應該所屬的公共論述領域；其在實際兌現必須由論述的兌現著手，正是在論述中，提升人格取向的價值，才會再一次凸顯與理性化社會構築之間牢不可破關聯，並為我們所發現。另外，必須完成論述與實際兌現密切相關的工作，將會摒棄商品化過程的自命不凡，後者自稱能夠為實現人格取向的目標提供充分的手段；同時，在論述的過程中，將使工具理性的有限性得到發揮，從而透過實踐理性引導恢復人類溝通及其創造意義的自由。

論述兌現的緊迫性，反倒是提高了邀請知識分子前來扮演的角色的重要性。兌現論述上的現代性的承諾，毫無疑問是知識分子的責任。現代性計劃被擱置然而仍然駐足於知識分子所保持並發展的文化傳統中。與過往一樣，知識分子必須發起並領導一場啓蒙運動，而方法就是提出充分的理論（歷史理論，社會系統理論，溝通行動理論），這種理論揭示現代性承諾被兌現的可能性，這種可能性被包含在通常所預設的現代社會形式中，並且指出實際履行這個承諾的現實策略；其次是透過推動真正的民主化，使更廣泛的社會階層納入落實現代性的討論。

社會系統的合法化，必須再一次地成為公共討論之事；一旦開始，隨之必然會形成一種壓力，要求社會系統根據人格取向的價值而不是商品化的實現程度，根據實踐理性而不是工具理性，使自己合法化；這樣一來，就會形成為落實現代性計劃所承諾的解放條件。

實際的現代性歷史，與其原初計劃所設想全然不同，現代性使它所推崇倍致的個體自主性和民主寬容屈服於工業和商品生產的工具理性的功能性必要條件。這種全面性順服，使得在歷史中形塑的這種關係顯得自然而永恆。爲了挽救現代性原則，理論兌現的任務就是要揭開這種關係的偶然性；行動兌現的任務則是要打破這種關係。

除非上述工作能夠順利完成，否則，現代性就就還不能算結束。現代性活在西方文化傳統中，並且從中獲得生命力，保持和發展這個文化傳統，是智識承載者的集體性實踐所擔負的使命。對於真理、道德權利、美學判斷標準的發現，依然擺在我們的眼前，絲毫沒有失去其迫切性、重要性和現實。後現代狀況預言家們所發布的訃聞,至少有點過於倉促。從現代性計劃的角度來看，，只要現代性知識子仍然履行其使命，不被視爲多餘的話，則在本質上後現代狀況沒有什麼新鮮事。現代性的時代（其特徵體現爲人格自主性和社會理性化的雙重價值）不能就這樣結束；只有徹底實現這個計劃。目前，現代化尚未成功，知識分子的使命依然是徹底執行現代性計劃這未竟之功。

二、結論 II：後現代風格

本書的最後幾章，我們已經試圖追溯清教徒的複雜故事，回過頭看，這是場失敗冒險的經歷。無論是他們自己的原罪，還是由於其他因素的共同作用，清教徒轉化成消費者，兩者無論如何都是對立的；後一種類型的主導原則，既非「快樂原則」，亦非「現實原則」，而是「安逸原則」(principle of comfort)，在這種類型下，人其至不會為了歡愉而努力工作，既不熱愛也不強恨。清教徒的形象在知識分子計劃和策劃建設一個更美好、理性社會中，赫然聳立。因此，從從現代性到後現代性的發展過程中，召喚這個特殊假象，是當代許多知識分子所經歷過最重要的事件；畢竟在每個由知識分子指定的「理性承載者」角色的背後，都有清教徒的影子，承認他的消失，使任何對未來進一步類似的描繪喪失根基。此後，對後現代狀況最普遍的描述／解釋，就是「消費社會」，它指出新歷史時期最重要的特徵，就是消費者的降臨，以及消費者（至少是數量上的）的統治。

清教徒之死也改變了知識分子對人類和受壓迫者的態度。窮人失去其吸引力，他們不可能成為「理性化承載者」，他們會反過頭來譴責這種理性化。理論上被描述為消費者統治的世界，窮人不再是清教徒集體性自我的另外一面，不再是被囚禁的普羅米修斯，等待掙脫枷鎖之後，為苦難社會帶來真理、光明的歡愉。相反的，窮人倒是被視為占據統治地位的消費者暗沉的贗品，對後者的拙劣模仿，有時這種模仿是不幸的，有時荒謬可笑；即使「解放了」這些窮人，他們馬上把時間浪費在「過度消費消費者」(outconsume the consumer)之事上。那些窮人「相互攻擊，在猶太人聚居處放火，傷害他人，並且吸毒酗酒來傷害自己」，他們與「貧困中的消費者」一樣，缺乏吸引力；後者唯一「不曾挖掘的潛能」，不是用把火把商店燒掉，就是翻箱倒櫃，掠奪財物，甚至用純度更高、更昂貴的毒品來傷害他們自己。

就這樣，富人擁有他們所能想像的到的所有自由和自主性；這是他們花錢買來的，他們珍惜這一切；他們對於他們四周的「真正」自由和「真實」自主性的種種說法，充耳不聞；就算不小心被他們聽到了，他們也只能把這些說法理解爲更多的商品和更少的麻煩。另外一方面，窮人所想像的唯一自由和自主性的形式，就是成爲富人，在他們中間，只有少數的幸運兒提供令人折服的例證：發橫財（中彩卷）。

當然，這是一幅對現實的諷刺畫，而非玩笑。它確實反映了根據理性化進程對社會進行理論化改造的最終結果；反映了野心勃勃地想成爲立法者的後果，這個野心在歷史所形成的知識分子角色中被制度化了，過去滿懷希望，今天成爲挫折感。某種程度上，這個畫面並不那麼具有鮮明的諷刺意味，但它用一種清晰可辨的形式，支持認爲「缺乏歷史代言人」的論點，支持認爲今天（被視爲真空地帶）的歷史舞台實際上一直被某個不知名的行動者所占據著的論點。

事實上，在後工業社會中，找不到任何適合的社會團體或類屬，可以將「歷史作爲理性化理論」(history-as-rationalization theory）所說的那種「理性代言人」的角色。用比較通俗一點的話來說，意味著沒有任何社會團體或類屬，無論統治集團，還是尋求統治權的集團，對於知識分子所能夠提供的權威性真理觀、判斷力或品味，擁有壓倒一切的權利；或者更準確地說，沒有任何社會團體可以憑藉其統治地位，使他們對於這些問題的看法具有權威性。或許，這就是傳統角色崩解後所產生的焦慮的根本含義，今天，後現代狀況這個概念捕捉到這個情感。

今天，已經沒有一種擔負理性化計劃，進行組織和實際工作的主體，這個認識突然令人難堪地讓所有古老、期盼「好社會」藍圖者顯得虛假和膚淺。導致所謂的「喪失勇氣」，或喪失「夢想未來的能力」。我們的時代絕非擁有烏托邦的時代。在擁有烏托邦的時代，烏托邦被認為具有可行性和現實性；然而在我們的時代，具有實踐意向的計劃被視為烏托邦。我們感到憤怒的是，當一個學者徹底而中肯地對我們所處狀況中的種種弊病進行批評之後，最終卻無法提出改進的辦法。但是，即使他或她拿出一套治療計劃，我們也會對此表示質疑，並且譏諷這是另外一個烏托邦。試圖提出某種治療計劃的著述活動已喪失信譽，在此所指的不僅是個人的這種活動。構想未來在整個現代階段是令人推崇的，因為它總是指向某種永恆的推動力，期望可以並且主動採用理性手段，讓所提出的理性社會藍圖得以實現。大體上來說，由於不再能發現所指涉的對象，進步的夢想僅僅成為：夢想。

回應新處境可以被詮釋為當代知識分子策略。有些人主張用希望來反對希望，他們認為傳統意義上的歷史代言人，或更準確地說，就是必須找到自詡為旨在建設根據理性所組織的社會的主導力量；此外，它必然存於某地，既不被他人所知，其自身亦不自知。它必然處於一種尚未成熟的形式（潛在而非實質的），等待著被發現，或更準確地說，等待獲得幫助以發現其自身的可能性；這個代言人還沒有能力讓他自己超出其狹隘視野，必須透過教育，他才能領會自己所具有的世界性。這就是杜衡的建議，與卡斯泰爾斯略有不同；或者，西布魯克以其獨特方式所提出的：「要能抗拒這些進程，只有透過一種聯合富人與窮人的事業；一種解放運動，勇於承認富人與窮人間的共同基礎；或許還有由西方發展起來的解放神學（liberation theology）中的一種觀點，它將聯合那些豐富然而依然處於分散狀態的推動女權主義運動、和平運動和綠色運動的各種力量。」[1]昨日的女權主義者，裁減核武軍備運動的積極分子，綠色主義者，明日就會成為另外一類廣受關注的群體。在未來的某段時間之中，至少有一個東西不會發生改變，就是堅信不疑「代言人本身」的誕生，我們的使命就是找到這個群體及其發源地，說服他們並使其成為「代言人本身」，作我們的代表。事實上，這就是杜衡召喚我們做的「介入方法」（intervening method）。

另外一些策略要求我們放棄所有的整體性計劃。他們渴望從絕望中汲取勇氣；他們將絕望視為知識分子的最後勇氣。對世界抱持希望，但這個世界上沒有希望；這個墮落的世界已無藥可醫，在此，理性自身成為壓迫術，理性無法指望自己能重新找到回家

[1] Jeremy Seabrook, Landscapes of Poverty, Basil Blackwell, Oxford 1985, p. 175.

的路。知識分子最後的避難所是他們的批判精神。在與外在世界的接觸中，哲學智慧只能遭受破壞；應該杜絕這種接觸，保護其純潔，只從其自身利益出發，對它進行悉心照顧，因爲除哲學之外，無任何尚能使人類解放希望存活之物。流亡時期的胡塞爾或法蘭克福學派的理論家們（流亡是種基本的策略，這些策略專家們的流亡生活，極有力的幫助了這種策略的形成），以他們各自迥異的方式，成爲回應這類型的典型。正如學者們經常指出的，這類回應的困境在於，它想要回答的問題，卻常常被遺忘；那些提問人，無法從答案中認出問題。一旦從人類實踐中脫離，理論將無法找到回家之路。選擇採取繼續保持啓蒙運動計劃的策略，其結果是從根本上放棄這個計劃。

還有一種策略，撤退到被認爲相對安全的地帶，因爲在那裡，立法的權威性要求不可能受到挑戰。這個在理智和理性名義下的立法統治領域，被限定於特定精神領域：嚴格意義上的科學與藝術。也就是說，立法模式的知識分子角色被解釋爲由某些條件所決定，透過這些條件，真理或「好藝術」可以獲得普遍承認，獲得權威認可等等。這是一種後設科學或後設美學計劃，意圖爲知識分子活動自身（這一次不是爲世俗權力）提供根基、正當性和合法性。於是，波普（Popper）哲學傾全力於證僞，這項活動有希望使科學一勞永逸地建立在那些高於科學並無法爲知識分子本身所取代的基礎上。哈伯馬斯猛烈抨擊「實證科學」，而沒有注意到它們自身的存在基礎，沒有注意到應該爲它們自身的運作過程和結論的可接受性提供基礎。藝術家則被教導認爲需要爲他們工作的藝術性提供一種正當性的美學理論。這個策略是自我中心、自怨自艾，它最適合這個時代中的普遍性知識分子所處的氛圍：喜劇演員主要以其他喜劇演員爲取笑對象，小說作家嗜好寫那些與小說創作有關的題材，混成曲（由他人的樂譜組成的小品）成了藝術形象中最受歡迎的形式，而藝術家們認爲，油畫布的平整與顏料的色彩才是繪畫藝術最重要的主題。同時，這個策略還是對付挫折的秘方。從相同源頭所分流出的眾多知識分子活動領域，不是被其他權力成功闖入，就是已經發展出它們自己權威的基本制度；在這兩種情況下，相對於由後設科學家或後設美學家們所提供的立法性或基礎性的論述，這些領域都具有高度自主性。實際上，它們完全獨立。現在，這兩種方式依然有用，普遍性知識分子無法控制的其他因素在讓它們的活動合法化，認爲後者與自己正在進行的工作無關，因爲從它們自己的制度化標準來看，它們的工作進展得非常順利。對於這些領域，那些立法性或基礎性的論述，可謂鞭長莫及。

由於到目前爲止的三種策略都不十分令人滿意，難怪最近又開始流行起第四種策略。這種策略完全放棄立法野心，放棄始終如影隨形的立法性與基礎性的論述。或許說「完全」放棄有些過分，第四種策略確實包含立法意圖的形式，但是，現在它指的是詮釋的權威。詮釋概念預設一種建構意義的權威性，這權威性存於別處，像是在作者或文本中；詮釋的功能可以歸結爲讀出意義。

一個好的詮釋者就是一個能夠做到心領神會的人，存在著一種需要（或許人們可以期待）：可以保證一種規範的存在，可以指導解讀意義，從而使詮釋具有正當性或權威性；能夠從錯誤詮釋中篩選出合宜的詮釋。但是，詮釋策略與所有以公理形式出現的立法策略確有不同：它確實公開放棄，或說，將真理、判斷或品味的普遍性前設扔在一旁，原因無他，後者與正在進行的詮釋工作無關；它拒絕區分創造意義的各種共同體；承認這些共同體的自主性，後者是建立在共同體上的意義的唯一根基。留給知識分子的事情就是把這些意義解釋給共同體外的人聽，讓他們理解，而共同體是意義的根基；他們還引導著「有限範圍」間或「意義共同體」間的相互交流。人類社會無法避免地四處被分裂爲各種或完全或局部的自主性單元，被分裂爲各種由制度保障的傳統與「意義製造工廠」；顯然，不能否認他們之間存在著相互交流和理解的需求，上述知識分子的工作無疑並非微不足道。因此，伽達馬的主張看來極具吸引力（如果加之以貝蒂所提出的要求，使這工作成爲立法權威的基礎，以適合於首先被視爲「溝通－詮釋」過程的世界狀況，那麼，伽達馬的主張就更具吸引力）。但是，舊疑惑仍在。最好的詮釋必然還是得回到那些想要促進他們自己理解的人身上去。他們會接受這些詮釋嗎？要讓他們接受，知識分子對於詮釋正當性的保證是否已經足夠？要使人們接受正確解釋，而非錯誤解釋，畢竟還是一種思想改造的形式。只憑藉知識技能本身的力量，這種思想上的轉變是否還會實現？

同樣的疑惑，在羅逖那裡仍然存在，羅逖的觀點是所有對後現代狀況的回應中最爲激進的一種（雖然他不承認其哲學是對後現代狀況的一種回應，但只要他強調源於整個西方歷史的哲學思考乃是哲學家的終極自由，並從此不再受時空條件的限制，那麼，他的哲學就必然是對後現代狀況的一種回應）。他的策略是，終結任何策略。他聲稱，尋找某種特定策略是徒勞無功的，是找錯目標。知識分子活動從他們自己的道德信念中汲取合法性，後者關係到他們工作的價值，關係到他們論述活動的價值，他們始終延續著論述活動的活力，悉心守護，以防止它在眾聲喧嘩的共同體傳統中被窒息或麻痺。如若採納這種策略，則我們所提供的合法性即使爲他人所置之不理，也不再成爲一個難題。我們只是不再提有關合法化的問題而已。我們不再將自笛卡爾、洛克或康德以降的那種活動作爲我們的工作，也就是我們所信服的，也將他人信服。簡單地說，我們再也不做這些事情。

羅逖的「反策略」，簡單來說，似乎非常適合自主性和受制度關切鼓勵而自我再生產的學院哲學，只要它仍然繼續發展。

人名

對照表

A

D' Alembert, Jean Le Rond	達朗貝爾
Althusius, Johannes	阿爾都修斯
Ariés, Phillippe	阿里埃，菲利普
Arnold, Matthew	阿諾德，馬修
Attali, Jacques	阿塔利，雅克

B

Bacon, Francis	培根，法蘭西斯
Baudelaire, Charles	波特萊爾
Baudrillard, Jean	布希亞，讓
Becker, Howard	貝克，霍華德
Bell, Daniel	貝爾，丹尼爾
Bénéton, Philippe	貝奈通，菲利普
Benjamin, Walter	瓦特，班雅明
Bentham, Jeremy	邊沁，杰里米
Bercé, Y. M.	貝爾斯
Berman, Marshall	伯曼，馬歇爾
Bernstein, Richard J.	伯恩斯坦，理查
Bodin, Jean	布丹
Bourdieu, Pierre	布爾迪厄，皮耶
Brym, Robert J.	布賴姆，羅伯

Bürger, Peter	彼得伯格

C

Cabanis, Pierre Jean Georges	卡巴尼斯，皮耶，讓，喬治
Calinescu, Mattei	卡利內斯古，馬泰
Calvin, John	加爾文，約翰
Carroll, John	卡羅爾，約翰
Cerneades	塞爾尼阿德斯
Certeau, Michel de	塞圖，米歇爾．德
Chisick, Harvey	奇西克，哈維
Cochin, Augustin	科尚，奥古斯坦
Cohen, Stanley	科恩，斯坦利
Comte, Auguste	孔德，奥古斯特
Condorcete, Marie-Jean	孔多塞

D

Dante Alighieri	但丁．阿利蓋里
Darwin, Charles	達爾文，查爾斯
Delves, Anthony	戴爾維斯，安東尼
Descartes, Rene	笛卡爾
Diderot, Denis	狄德羅

Disraeli, Benjamin 迪斯累里，班傑明
Duchamp, Marcel 杜象，馬塞爾

E

Eaton, Marcia 伊頓，瑪西婭
Elias, Norbert 伊利亞斯，諾伯特

F

Feagin, Joe R. 菲金，喬
Febvre, Lucien 費布弗，呂西安
Foucault, Michel 傅柯，米歇爾
Freud, Sigmund 弗洛伊德
Frey, M. 弗雷
Furet, Francois 菲雷，弗朗索瓦

G

Gadamer, Hans 伽達馬，漢斯
Galbraith, John Kenneth 加爾布雷思，約翰
Gammon, Vic 根蒙，維克
Gassendi, Pierre 伽森狄，皮耶

Geertz, Clifford	格爾茲
Gellner, Ernest	艾尼斯特．葛爾納
Giddens, Anthony	季登斯，安東尼
Goldstein, Kurt	戈爾德斯特恩，克特
Gouldner, Alvin	古德納，艾文
Gorz, André	戈爾茲，安德列
Gramsci ,Anthony	葛蘭西，安東尼

H

Habermas, Jürgen	哈伯馬斯，尤爾根
Hall, David	霍爾，大衛
Handler, Joel F.	漢德勒，喬爾.
Heidegger, Martin	海德格，馬丁
Heller, Agnes	赫勒，阿格妮絲
Helvetius, Claude-Adrien	愛爾維修
Hirschman, Albert O.	赫希曼，艾伯特
Hobbes, Thomas	霍布斯，托馬斯
Hogden, Margaret	霍格登，馬格利特
Holbach, Paul Henre Dietrich	霍爾巴哈，保羅
Husserl, Edmund	胡塞爾，愛德蒙

J

K

L

M

Marx, Karl	馬克思，卡爾
Mills, C. W.	米爾斯
Montaigne, Michel	蒙田，米歇爾
Muchembled, Robert	米尤琴布萊德，羅伯

N

Napoleon	拿破崙
Nietzche, Friedrich	尼采，佛烈德里希

O

Offe, Klaus	歐菲，克勞斯
Olsen, Theodore	奧爾森，西奧多里
Ortega y Gasset	奧特加，加塞特
Orwell, George	歐威爾，喬治

P

Parsons, Talcott	帕森斯，塔爾科特
Popkin, Richard H.	波斯金，理查.
Popper, Karl	波普，卡爾

R

Radin, Paul	雷頓，保爾
Revel, Jacques	勒韋爾，雅克
Rosenberg, Bernard	羅森伯格，伯納德
Rousseau, Jean-Jacques	盧梭
Rubenstein, Richard L.	魯賓斯坦，理查

S

Sennett, Richard	塞納特，理查
Shaw, Bernard	蕭伯納
Shils, Edward	席爾斯，愛德華
Simmel, Georg	齊美爾，喬治
Spinoza, Benedictus	斯賓諾莎
Ssteiner, George	史坦納，喬治
Stent, Günther S.	斯坦特，京特
Sypher, Wylie	賽弗，懷利

T

Toqueville, Alexis de	托克維爾，阿列克謝·德
Touraine, Alan	杜衡

Tracy, Destutt de	特拉西，德斯蒂 特・德
Trotsky, Leon	托洛茨基，列夫
Turgot, Ann-Robert Jacques	杜爾哥

V

Voltaire, Francois-Marie	伏爾泰

W

Walley, Sir John	沃萊，約翰爵士
Weber,Max	韋伯，麥克斯
Wittgenstein, Ludwig	維根斯坦，路德維希

Y

Yeo, Stephen	耶奧，斯代芬

立法者與詮釋者

主　　編／張家銘博士
原　　著／Zygumunt Bauman
譯　　者／王乾任
執行編輯／徐偉傑
出 版 者／弘智文化事業有限公司
登 記 證／局版台業字第 6263 號
地　　址／台北市中正區丹陽街 39 號 1 樓
電　　話／（02）23959178・0936252817
傳　　真／（02）23959913
發 行 人／邱一文
總 經 銷／旭昇圖書有限公司
地　　址／台北縣中和市中山路 2 段 352 號 2 樓
電　　話／（02）22451480
傳　　真／（02）22451479
製　　版／信利印製有限公司
版　　次／2002 年 6 月初版一刷
定　　價／290 元

ISBN 957-0453-59-1

國家圖書館出版品預行編目資料

立法者與詮釋者 / Zygumunt Bauman 著；王乾任譯.
--初版. --台北市：弘智文化； 2002〔民 91〕
冊： 公分
譯自：Legislators and interpreters：On modernity,
post-modernity, and intellectuals
ISBN 957-0453-59-1（平裝）

1. 知識份子

546.1135 91007602